U0734615

# 电商

# 文案写作

# 全能一本通

安佳 ◎ 主编

人民邮电出版社

北 京

图书在版编目（CIP）数据

电商文案写作全能一本通 / 安佳编著. -- 北京：
人民邮电出版社，2018.4（2023.9重印）
ISBN 978-7-115-47752-1

Ⅰ. ①电… Ⅱ. ①安… Ⅲ. ①电子商务－策划－写作
Ⅳ. ①F713.36②H152.3

中国版本图书馆CIP数据核字(2018)第011179号

## 内 容 提 要

电商圈竞争激烈，究竟谁才能脱颖而出，成为黑马？作为爆款的幕后推动者，电商文案创作者在其中起着十分关键的作用。如何才能抓住买家注意力，刺激买家主动下单？这是文案创作者主要考虑的问题。在本书中，作者将专业的理论知识与精彩案例完美结合，循序渐进地向读者介绍了电商文案写作的思路及方法，让读者能紧跟时代步伐，写出能够引领"潮流"的一流电商文案。

本书几乎涵盖了各行各业的精彩电商文案案例，可读性和借鉴价值都很高，既适合从事电商运营及电商文案写作的专业人士阅读，也适合对电商文案写作感兴趣的读者阅读学习，还可作为大中专院校电子商务专业、电商培训机构等的学习教材。

◆ 编　著　安　佳
责任编辑　武恩玉
执行编辑　刘　尉
责任印制　焦志炜

◆ 人民邮电出版社出版发行　　北京市丰台区成寿寺路 11 号
邮编　100164　电子邮件　315@ptpress.com.cn
网址　http://www.ptpress.com.cn
北京七彩京通数码快印有限公司印刷

◆ 开本：700×1000　1/16
印张：17　　　　　　　　2018 年 4 月第 1 版
字数：285 千字　　　　　2023 年 9 月北京第 23 次印刷

定价：49.80 元

读者服务热线：(010)81055256　印装质量热线：(010)81055316
反盗版热线：(010)81055315
广告经营许可证：京东市监广登字20170147 号

# 前　言

　　电商文案是营销的灵魂，每一个文案创作者都应是高明的销售人员。在内容为王的"互联网+"时代，电商掘金离不开强力文案，因为它是自动成交机器。文案不是填塞界面的无用之物，不能死气沉沉地堆积在计算机和手机中，它们应该能够刺激买家的心理，占据买家的心智，激发买家的购物欲望。

　　国际奥美广告公司创始人戴维·奥格威曾说过："99%的广告文案都没有对产品的销售起到很好的促进作用。"可见，写电商文案容易，但写出吸引买家眼球、让买家主动下单的电商文案很难。

　　电商文案要写得足够个性，就要在赋予商品"人格"的同时严格把脉买家心理。做到这些，电商销售会出现意想不到的惊喜：商品页面的点击量直线上升，商品的转化率不断提高，爆款数量不断攀升。

　　如何提升电商文案撰写的能力？怎样增强电商文案的说服力？怎么做才可以写出优秀的电商文案？为了解决这些问题，更好地指导读者学习电商文案的写作，我结合自己多年的学习体会与教学经验，精心撰写了本书。

　　本书以新的观察视角和前沿的电商文案创作技巧阐述为主，将专业的理论知识与精彩案例完美结合，循序渐进地向读者介绍了电商文案写作的思路及方法，让读者能紧跟时代步伐，写出能够引领"潮流"的一流电商文案。

　　本书共分12章，从介绍电商文案的基础知识开始，按照电商文案写作的顺序，依次从电商文案的写作准备、整体构思和思维激发、写作切入点、创作密码、品牌命名和关键词设置、文案标题写作、网店文案写作、品牌故事撰写、推广文案写作、软文撰写入手，分别介绍了不同类型的电商文案的独特撰写技巧；最后深入剖析了各行业的电商文案经典案例，旨在帮助读者全面提高电商文案的写作能力。

　　本书由安佳老师编著，课堂教学给予了作者编写此书的灵感和动力。在编写过程中，作者还得到了石家庄学院文学与传媒学院各位同仁以及家人的支持和帮助，在此向他们深表谢意。最后，感谢书中案例原创者们的优秀文案创意。

编　者

2017 年 8 月

# 目 录

# 第一章
# 电商文案：用文字符号温柔地俘获消费者

在互联网传播时代下，随着电子商务的迅速发展，电商文案推陈出新，创造了一个又一个的奇迹。随着电商日渐火热，电商文案已经深入我们日常生活的各个层面，从红极一时的"凡客体"到大受欢迎的薛之谦段子文案，从"励志橙"褚橙的大卖到"小酒"江小白的热销，从昨天的短信、论坛文案编撰到今天蓝V军团的群体盖楼，已经涌现出了一大批优秀的文案作品，这些电商文案用文字符号温柔地俘获了广大消费者。

## 一、互联网世界中的电商文案

互联网的快速发展推动了电子商务的不断进步，据中国商务部发布的《中国电子商务报告（2016）》指出，2016年我国电子商务交易额高达26.1万亿元人民币。电子商务发展热潮不断袭来的重要推动力是电商文案的不断进步及创新，电商文案使其逐渐发展成为了一个新兴行业。

### （一）何为电商文案

通常来说，广告文案有两层含义：一是指为产品而写下的打动消费者内心，进而打开消费者钱包的文字，是广告内容的文字化表现；二是指专门从事广告文字创作的工作者，也简称为文案。本书中的文案如无特别说明，均为第一层含义。

传统的广告文案是指广告中的语言文字部分，是沟通标识与文字符号的一种元素。文案通过描述产品的卖点，把控消费者心理，激发消费者的购买欲望，达成销售目标，因此也常被称为"纸上销售术"。

电商文案作为一种商业文体，主要是基于电子商务行业平台，以文字为元素，以吸引消费者为目的而存在的。近些年，随着电子商务不断发展，电商文案既传承了传统文案写作的特点，又有其独特的写作要求。电商文案是一种艺术创作，也属于经济活动的一部分，成功的电商文案能依靠卓越的文字表现力，描绘出美好的产品形象，促进产品的销售，并塑造品牌形象。

### （二）电商文案的发展现状

电商行业整体看似光鲜亮丽，冲击了传统商业，使各大电商平台赚得盆满钵满。然而，如果把目光聚焦到平台上的商家，现实可谓非常残酷。随着电商竞争日渐激烈，文案也成功地走在了电商竞争的前端。电商文案可以辅助视觉设计，解决电子商务的流量问题和转化问题。优秀的电商文案可以提升产品的价值，促进销售，同时还可以提升店铺的信任度，增强品牌力。

文案是一种以文字符号形式存在的广告载体，已经走向了电商竞争的第一线。早在几年前，电商的个性之战就已经打响。在淘宝、天猫、京东商城、唯品会、苏宁易购、聚美优品等线上商圈中，文案创作者层出不穷，他们利用紧抓用户眼球的方式赚取点击率、人气、流量，从而提高产品销量，而每年上半年的"618"和下半年的"双十一"已然成为电商们的集体狂欢。

当前竞争激烈的常见电商购物网站，如图1-1所示。

| 京东商城 | 聚美优品 | 1号店超市 | 国美在线 | 苏宁易购 |
|---|---|---|---|---|
| 折800 | 银泰百货 | 唯品会 | 返利网 | 官网购iPhone |
| 卷皮网 | 当当网 | 达令网 | 天猫商城 | 天猫超市 |
| 优购网 | 糯米网 | 尚品网 | 麦包包 | 华为商城 |
| 小米商城 | 海尔商城 | 大众点评团 | 百联热卖 | 醉品商城 |
| 大朴网 | 美丽说 | 万表网 | 义乌购 | 飞飞商城 |
| 新蛋网 | 梦芭莎官网 | 上品折扣网 | 嗨茶网 | 酒仙网 |
| M18麦网 | 沱沱公社 | 本来生活网 | 顺丰优选 | 也买酒 |
| 网易考拉 | 必迈户外 | nike官网 | 网酒网 | 购酒网 |
| 中酒网 | 易视眼镜 | 爱慕商城 | 海信商城 | 联想手机商城 |
| 360手机 | 网易严选 | 西集网 | 奥特莱斯正品特卖 | 丽芙家居 |

图1-1　常见电商购物网站汇总

在电商个性化发展的今天，专业从事电商文案撰写工作的创作者日复一日地进行着各种公开较量，尤其在每年的"双十一""双十二"、圣诞节、春节、"520""618"、母亲节、父亲节、情人节等一系列节日中，更是充斥着浓重的"电商文案战争的火药味"。

审美因人而异，文案也是如此，千人千面，各有意境。文案对电商店铺销量的提升作用很大，走心的文案对转化率的提升作用不可估量。下面以江小白的文案为例进行说明。

江小白的文案句句入心，没有追求奢华、尊贵、高大上，而是十分接地气。当然，这些看似简单的句子绝非信手拈来，而是基于对青年群体消费心理的敏锐洞察。一句"我是江小白，生活很简单"切中了多少奋斗在都市中的青年落寞、无奈的痛点：我奋斗了很多年，但仍然碌碌无为，面对社会我很无助，多希望生活和工作简单一点儿，纯粹一点儿。

江小白打动青年人群的包装文案如图1-2所示。

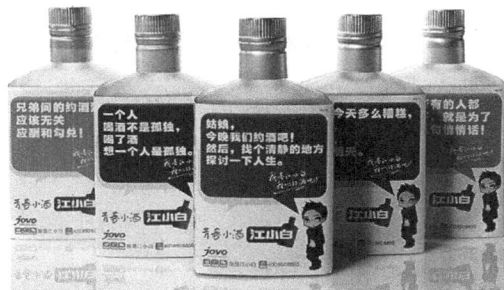

图1-2　江小白小酒包装文案

江小白"兄弟版"小酒包装上的文案是"80后""90后"群体的现实写照，一句句文案，就像"酒后吐真言"的哥们儿道出的知心话，刺激着目标消费者。

毕业时约好一年一见
再聚首却已近而立之年

攒了一肚子没心没肺的话
就想找兄弟掏心掏肺

友情也像杯子一样
要经常碰一碰才不会孤单

卸下层层面具
在你们面前我才是我自己

他们只在朋友圈神出鬼没
却在现实的圈子无影无踪

最后我们都变成了那个
曾经以为俗不可耐、平庸无趣的人

每天相处最久的同事
我们之间却没好好聚一聚

现实的我们
在某一刻能如此真实的存在
正好！

所谓成熟就是明明该哭该闹　　　　　用 45 度的单纯
　　却不言不语地微笑　　　　　　　　去忘却世界的复杂


　　兄弟间的聚会　　　　　　　　　老说"有空了一起聚聚"
　　无关应酬和勾兑　　　　　　　　其实不过是个拖延的借口


　　江小白的文案在微博上更新得比较多，从小白语录到各种话题互动，使该品牌显得有情绪、有态度。其文案内容大多是一张图配几行简单的文字。但是看完这些文案的你，内心总会有所触动，然后默默陷入沉思，恨不得立刻找来三五好友喝上几口小酒。

　　又如，在以"岁月友情"为话题互动时，它们写道：

我们生活在一座只有动脉的城市　　　　应酬和刷手机是我们闲暇的日常
它的毛细血管被切割在我们的"围城"里

　　每天我们匆匆进出围墙　　　　　我们渐渐忘了简单生活的快乐
　　忍受拥堵，为生活而忙　　　　以为在朋友圈里晒照是证明我们活得
　　　　　却只见　　　　　　　　　　　　"漂亮"
城市越来越大，围墙越来越多　　以为点赞和红包可以让兄弟间的情谊
道路越来越堵，你我越来越远　　　　　　　升华
　　　　　　　　　　　　　　　　　　但我们却不得不面对
　　我们的城市得了"病"　　　　你约我今天喝酒，我说改天的尴尬
　　我们都是"被传染者"
所以我们习惯了做围墙里的人　　冷漠早已固执地生根在这座"围城"
　　享受着故步自封的乐趣　　　　不管你昨夜经历了怎样的泣不成声
追寻着相同圈子里的绝对安全感　　　明早的城市依旧车水马龙
　　以及朝九晚五的单曲循环

　　我们乐此不疲　　　　　　　终于这一天"管理者"说
即便十年为邻也可无半句寒暄　　今后我们的城市不再建封闭小区
以为我们已经麻木到不与"圈外人"　　打破围城，让公共设施共享
　　　　讲话　　　　　　　　　　还城市的血液流淌

　　　　　　　　　　　　　　　但也许我们拆得掉小区的墙

可更该拆掉的是
你我相隔在虚拟与现实里的屏障

请给兄弟情谊多留一点时间
别让城市的围墙变成防守彼此的城墙
一杯45℃的温度足以冲破一切
下班了，我们一起去约酒！

时间在消磨城市建筑的棱角
我们也在慢慢变老

江小白白酒微博话题互动文案如图1-3所示。

图1-3　江小白白酒微博话题互动文案

　　这些年，江小白的瓶身文案已经成为白酒行业一道独特的风景。江小白白酒在互联网媒体上发布的广告文案也被许多消费者自发整理汇总成"江小白语录"。此外，江小白在各种青春影视剧中频频闪亮登场，使其品牌热度如火箭般快速升温，巨大的品牌关注度产生了巨大的流量，彻底引爆了江小白的电商销售，使其成为中国白酒时尚化创新第一品牌。

## 二、电商文案的特征

　　电商文案也是广告文案的一种，所以它具备广告文案的特征，即创作目标一定是为了迎合市场，提高产品的转化率；而它又自带互联网属性，所以在写作方式和传播媒介上与传统的广告文案有着巨大的不同。它更侧重于互动和分享，互动模式多种多样，文案创作者还可以记录和分析广告效果，以便及时调整文案内容。综合来说，电商文案主要具有创作目标市场化、平台渠道互联网化、内容表现多媒体化和广告效果可测量化四个特征。

## （一）创作目标市场化

电商文案作为一种商业文体，不管是文案的主题表达，还是具体的商品信息传播，都是为了促进交易的产生和完成。它不但要求创作者懂得文字所要达到的市场化商业目标，而且要求创作者懂得不同文字对达到商业目标所起的不同作用，以便创作者在文案创作中选择最佳的文字方案。

通常来说，在电商文案的创作过程中，创作者会采用不同的表达方式来串联文字内容，让消费者通过接触文字，逐渐对文案想要表达的内容形成较为全面的认识。具体来说，电商文案的市场化目标主要包括两项指标：第一，使消费者了解产品信息，明白产品与自身利益的关系，进而有效地促进产品销售；第二，有力地打造品牌形象，增强电商产品的品牌力，为产品的长期销售奠定基础。

## （二）平台渠道互联网化

与传统文案不同，电商文案的媒介平台是互联网。互联网的兴起给广告文案带来了重要转折，它改变了传播的媒介，使得传播手段、传播链条都发生了明显的变化。基于网络特点，电商文案中的用语更加自由和时尚，常常使用到互联网流行语，通过使用网络中流行的新词、热词来吸引消费者的关注。例如，"皮皮虾，我们走"（网络游戏中的热词）和"洪荒之力"（因中国游泳运动员傅园慧的采访语而兴起）等。

此外，平台的互联网化还体现在以社会化媒介为传播渠道，使得电商文案更加具有"社交感"。从传播模式分析，传统的广告文案是 AIDCA 模式，其中 AIDCA 分别是指 Attention（注意）、Interest（趣味）、Desire（欲望）、Conviction（确信）、Action（购买行为）。该模式说明，广告文案先要引起读者注意，激发消费者的消费欲望，进而使消费者相信商品的作用，并引导他们产生购买行为。

电商文案除了遵循传统广告文案的 AIDCA 模式外，还要考虑到双向互动的"二次传播"模式。也就是说，在社会化媒介平台上进行传播的电商文案，应该根据这样的标准来撰写：不仅要考虑到如何引发消费者的阅读兴趣，还要让消费者在读完之后产生分享给他人、参与活动，以及引发再创作和二次传播的冲动。

## （三）内容表现多媒体化

传统的广告文案主要通过文章内容或图文并茂的形式进行传播，是静态的；电商文案拥有更加丰富的内容表现形式和传播途径，是动态的。进入网络世界，人们看到的是由画面、文案、声音共同组合而成的五彩斑斓的世界。在这一点上，它给广告人提供了无限创作的空间。电商文案中不仅包括文字，还能通过图片、视频、音频、H5、超链接等网络元素，丰富文案内容，使文案更加富有吸引力。

以近三年的京东家电节为例。2015 年，京东商城请来了王力宏为五一大促活动"站台"，并拍摄了一段时长 30 秒的广告视频。在广告视频中，王力宏讲道：

家，是无可奈何

家，是哭笑不得

家，是蛮不讲理

家，是同甘共苦

家电，家的一分子

京东家电

让你更"享"家

京东家电节的广告视频截图如图 1-4 所示。

图 1-4　京东家电节的广告视频截图

2016 年，京东家电的广告大规模占领各大主流网站及客户端，以一句"买家电，上京东"的广告口号引爆了京东商城对家电市场的争夺战。

京东家电节广告截图如图 1-5 所示。

2017 年，京东商城在自身应用程序（App）中制作了 H5 互动小游戏，来吸引消费者关注并参与京东五一家电节。京东 App 制作的 H5 游戏截图如图 1-6 所示。

图 1-5　京东家电节广告投放截图

图 1-6　京东家电节 H5 游戏截图

## （四）广告效果可测量化

在信息化时代下，人们通过互联网进行购物的行为促进了电子商务的发展，企业也开始在第一时间将产品广告信息通过互联网发布出去。那么，如何引导目标用户在众多信息中选择和购买自己的产品，就显得十分重要。

电商文案广告投放的效果可以通过呈现产品曝光率、转化率等实际数据，在企业网络服务器中进行分析评估。这些数据一方面可以形成庞大的数据库资源；另一方面，也方便文案创作者适时进行广告创作的修改和调整。

## 三、电商文案的分类

根据文案在电子商务业务中发挥的作用不同，我们将电商文案划分为展示类电商文案、品牌类电商文案、推广类电商文案和软文类电商文案，下面将分别对其进行介绍。

### （一）展示类电商文案

展示类电商文案是电商文案中最常见的一种文案形式，目的是展示产品，促进产品销售，其又可以细分为横幅展示类广告文案和产品详情页展示文案。

#### 1. 横幅展示类广告文案

横幅展示类广告（Banner Ad）又称旗帜广告，是网络广告最早采用的形式，也是目前最常见的形式。它是以 JPG、GIF、Flash 等图像格式横跨于网页的矩形公告牌上，当用户单击这些横幅时通常可以跳转到相关的网页。

一般横幅广告会设置在网页中较为显眼的位置，如网店主页的顶部等。图1-7 所示为小熊官方旗舰店的横幅展示类广告。

图 1-7　横幅展示类广告

横幅展示类广告一般比较简洁，往往只是放置一个简短的标题、产品的名称或品牌的 Logo 等，主要起到提示的作用，引起消费者注意并单击进去获取更多的广告信息。

### 2. 产品详情页展示文案

产品详情页展示文案的唯一目的就是促进产品销售。文案创作者在创作产品详情页展示文案时，需要提炼产品的核心卖点，用清晰、简洁、真实的语言描述产品的价值，告诉消费者本产品与其他竞争者产品相比的优势所在，让人一目了然，还要让消费者觉得物有所值、物超所值，这样才能真正地打动消费者。

产品详情页的设计创作直接决定了产品交易的成功率。仍以上面的案例进行说明，单击横幅广告，进入的就是产品详情页，如图 1-8 所示。

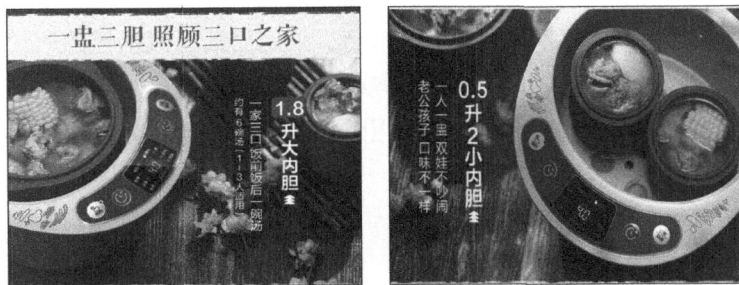

图 1-8　产品详情页展示类电商文案

产品详情页展示文案通过文字、图片等元素全面、详细地展示产品的具体性能、特点、产地和物流等信息，从而增加消费者对产品的兴趣，激发其潜在需求，最终促成其下单购买。

电子商务时代是一个方便消费者进行"货比三家"的时代，产品详情页是买家浏览并获取产品信息的主要渠道。文案创作者在撰写产品描述时，通常要包括图1-9所示的内容。

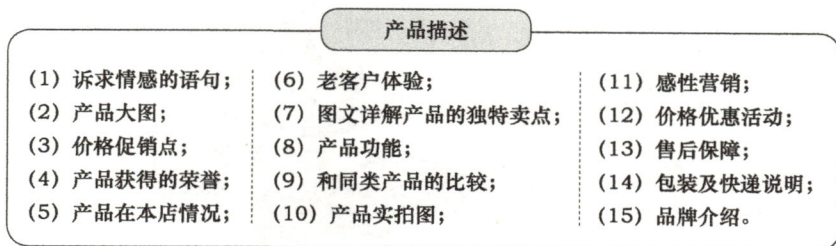

**产品描述**

(1) 诉求情感的语句；　(6) 老客户体验；　　　　　(11) 感性营销；
(2) 产品大图；　　　　(7) 图文详解产品的独特卖点；(12) 价格优惠活动；
(3) 价格促销点；　　　(8) 产品功能；　　　　　　(13) 售后保障；
(4) 产品获得的荣誉；　(9) 和同类产品的比较；　　(14) 包装及快递说明；
(5) 产品在本店情况；　(10) 产品实拍图；　　　　　(15) 品牌介绍。

图 1-9　产品描述的主要内容

产品详情页文案的撰写需要注意以下几点。

（1）主题明确，内容翔实。产品详情页的主题应着重表现产品的独特卖点，让消费者能够直观地感受到产品给其带来的实际利益；内容应该包括产品的属性信息、功能和卖点、产品优势、物流信息、促销信息以及售后服务等。

（2）考虑消费者的注意力和可接受性。产品详情页应抓住消费者的黄金三秒注意力，可以通过文案标题让消费者利用搜索引擎找到对应文章，尤其是"前三屏"（网店术语，"一屏"即一个屏幕单位所能容纳的内容量）产品详情页的撰写是吸引消费者注意力的关键部分。文案的目的在于推动消费者产生购买行为，在产品详情页中应充分考虑消费者的可接受性，切忌夸大宣传，以免引起消费者的不信任。此外，应尽量保证交流工具的便捷。

（3）文字简洁，图文配合。随着速读时代的来临，消费者不愿看到长篇累牍的文字。详情页的文字内容应尽量精简，采用简洁、概括性的语句描述产品信息。文案的视觉表现也很重要，文案中应尽量选择匹配、美观的图片，采用图文结合的方式，用文字解说图片或用图片诠释文字的意义，使文案内容更加丰富，画面更加美观。

（二）品牌类电商文案

品牌类电商文案主要用于塑造品牌形象，累积品牌资产。品牌类电商文案主要通过讲述品牌故事建立与传播品牌形象。一个好的品牌故事既能体现品牌文化的核心价值，又能达到脍炙人口、源远流长的效果。

品牌类电商文案可以打造一个企业的文化传说，也可以讲述品牌的创业故事。图 1-10 就讲述了品牌创办者从消费者到创业者的角色变换过程。

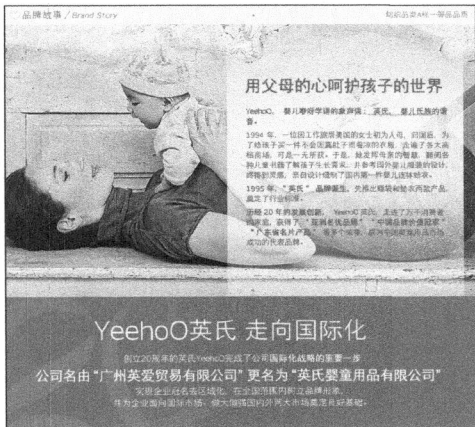

图 1-10　品牌类电商文案

因为创业者也是一位母亲，因此她的需求也能反映出广大父母消费者的实际需求，她创办的企业品牌也会更懂消费者，生产出各种呵护孩子的产品，这就在无形中增强了消费者对品牌的信赖程度。

（三）推广类电商文案

推广类电商文案是为了对产品或服务进行宣传推广的一种文案，其目的在于通过外部链接引发更多消费者的关注和转发，从而达到较好的传播效果。常见的推广平台包括网站、论坛、电子邮件、微博、微信以及视频直播平台等。

图 1-11 所示为星巴克在圣诞节期间的微博推广文案——"圣诞从这杯开始"，其成功带动了消费者对参与 DIY 专属咖啡杯活动的积极性。

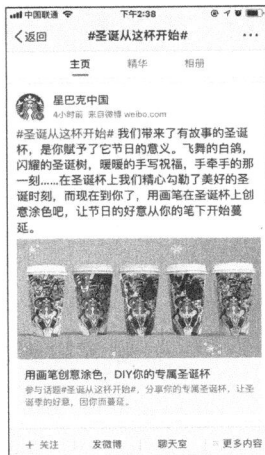

图 1-11　推广类电商文案

（四）软文类电商文案

软文与硬性广告相对应，软文的精妙之处在于能将宣传的内容与文章内容"合二为一"，让用户在阅读文章内容时不知不觉地接受广告信息。软文类电商文案以"润物细无声"的方式，在电商文案中独树一帜，成为许多电商的选择。

图 1-12 所示为南方网育儿频道发布的一篇文章，这篇文章将当下人们最

关注的二胎信息与奶粉联系起来，对各种奶粉品牌进行了汇总分析，成功地吸引了准备要二胎或已经有二胎的用户的注意力。

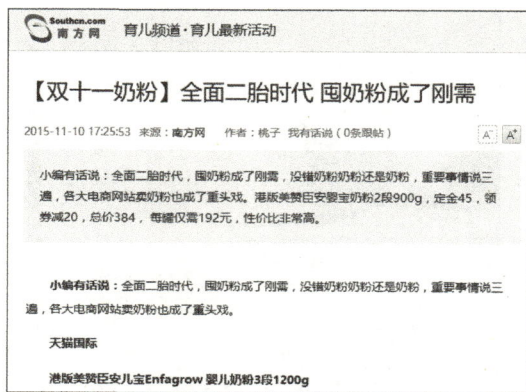

图 1-12　软文类电商文案

此外，根据发布推广的媒介渠道不同，我们还可将文案分为网店文案、微博文案、微信文案、论坛文案、电子邮件文案等。

## 四、小文案，大效果

一则出彩的文案会使人开怀大笑或潜然泪下，它可以让人感慨人生，也可以让人为它的创意点赞叫好。获得每一位消费者的喜爱是文案创作者的骄傲，但文案的出发点并不只是让人喜欢，而是实现促进产品销售、促进品牌资产积累的作用。

文案虽小，在电子商务品牌营销中的效果却很大。具体来说，其效果包括以下几个方面。

### （一）增加信任，促进销售

电商文案是一种带有销售性质的文案，它的主要目的是让消费者信任文案中所描述的产品，并产生购买欲望。此外，通过文案，消费者愿意去感受它的呼吸，去寻找它的形态，甚至试图与它进行交流，这会令消费者的潜在需求被激发出来，使消费者产生共鸣，促进消费者产生购买欲望。

例如，2012 年，上海一户外运动装备服装公司 The North Face 联手奥美上海，推出倾力打造了一个激动人心的全新 360 度品牌活动。在本次的品牌活动中，公司以"对人性生理和心理的极限挑战、人际关系深化以及探索推动"为主题拍摄了四组短片。

文案内容如下。

<table>
<tr><td>去拥抱陌生、相聚、分离</td><td>去体验极限</td></tr>
<tr><td>不要去等谁</td><td>战胜登顶的最后一米</td></tr>
<tr><td>不期而遇正在路上等你</td><td>征服自己 心就是最野的山</td></tr>
<tr><td>去野</td><td>去野</td></tr>
<tr><td>丢掉形形色色的标签</td><td>成为空气、山泉</td></tr>
<tr><td>在旷野跳跃奔跑</td><td>融进绿色的土地</td></tr>
<tr><td>释放自己 做回大自然的野孩子</td><td>去消弭人和自然的距离</td></tr>
<tr><td>去野</td><td>去野</td></tr>
</table>

面对城市消费者愈加沉重的工作压力，忙忙碌碌并久坐少动的生活形态，The North Face 的"去野"品牌活动带给城市人一股清风，鼓励人们摆脱"依赖电脑进行餐饮预订、购物等"的生活模式，去大自然中体验恬淡刺激的户外生活。本次活动成功地得到了户外爱好者的信任，并有效地促进了产品的销售。

（二）整合互动，宣传推广

电商文案的创意原点在于推动成交。电商文案基于互联网平台发展，商家对文案的整合互动、宣传推广都可以通过各种平台完成，以提高文案的效果。商家可以利用 QQ、微博、微信、邮件、论坛等对文案进行整合营销传播，及时与消费者沟通互动，形成讨论话题，实现二次传播。

（三）树立品牌，积累资产

文案需要具备销售力。优秀的文案能提升产品价值，促进产品销售，同时还能提升产品的公信力，形成长线的发展趋势，很多人称此为品牌力。

随着市场不断变大，产品竞争不断加剧，产品品牌之间的竞争也越来越受到商家的重视，而且许多消费者选购商品时也容易受到品牌的影响。1991 年，大卫·艾克（Aaker）在前人的基础上提炼出品牌资产的"五星"概念模型。他认为品牌资产是由品牌知名度（Brand Awareness）、品牌认知度（Perceived Brand Quality）、品牌联想度（Brand Association）、品牌忠诚度（Brand Loyalty）

和其他品牌专有资产五部分组成的，具体内容详见表 1-1。

表 1-1　品牌资产五星模型的具体内容

| 组成结构 | 具体内容 |
|---|---|
| 品牌知名度 | 即消费者对一个品牌的记忆程度。品牌知名度可分为无知名度、提示知名度、第一未提示知名度和第一提示知名度 4 个阶段 |
| 品牌认知度 | 即消费者对某一品牌在品质上的整体印象。它的内涵包括：功能、特点、可信赖度、耐用度、服务度、效用评价、商品品质的外观，它是品牌差异定位、高价位和品牌延伸的基础 |
| 品牌联想度 | 即通过品牌产生的所有联想，是对产品特征、消费者利益、使用场合、产地、人物和个性等方面的人格化描述 |
| 品牌忠诚度 | 是消费者在购买决策中多次表现出来的对某个品牌有偏向性的（而非随意的）行为反应，也是消费者对某种品牌的心理决策和评估过程。根据品牌忠诚度，可将消费者分为五个等级：无品牌忠诚者、习惯购买者、满意购买者、情感购买者和承诺购买者 |
| 其他品牌专有资产 | 指品牌有何商标、专利等知识产权，如何保护这些知识产权，如何防止假冒产品，品牌制造者拥有哪些能带来经济利益的资源，如客户资源、管理制度、企业文化、企业形象等 |

　　撰写电商文案，尤其是撰写品牌故事，可以将企业和产品品牌以形象、生动的文字表达出来，让消费者了解品牌的形成过程、品牌所倡导的企业文化精神、品牌所代表的寓意等。利用这种方式提高品牌的形象，增加消费者对品牌的好感和信任度，日积月累，就可以逐渐积累起品牌的知名度和美誉度，增强公众对该品牌的认可，促进品牌资产的积累。

## 五、电商文案创作者的职责要求与能力素养

　　电商文案创作者不仅要是一个创意艺术家，还要是一个坐在屏幕前的销售家。其工作不是全身心地投入文化创作，而是说服人们购买产品与认可品牌。文案创作者的能力素养决定着其文案作品的优秀与否。

（一）电商文案创作者的职责要求

　　纵观求职网站对电商文案创作者的职位描述和岗位职责要求，不难发现，电商文案创作者的工作职责主要包括以下几方面。

（1）负责公司在电商平台（天猫、京东、微信等平台）的产品撰写描述、提炼产品卖点和创意。根据公司品牌定位及产品风格，撰写产品的展示类文案，挖掘产品卖点，吸引顾客注意。

（2）负责公司品牌文案、营销广告语、微信稿、微博稿、新闻稿、软文等各类文案的策划和撰写工作。

（3）能了解并学习平台规则，分析竞争对手的文案策划特点，洞察消费者心理，撰写文案，提升公司和品牌形象。

（4）熟练掌握各类网络推广平台的文案撰写推广方法，如论坛推广、微商推广、SNS 推广等。

（5）完成与运营相关的文案需求，为产品及图片设计提供文案支持，参与并协助公司团队完成推广方案的策划和撰写。

每一位以码字为生的文案创作者，都要在写作过程中始终明白自己的文案"为谁写、以什么身份写、为谁的利益而写、如何写、如何写得更好"这些问题。这样既是对客户负责，也是为了减少反复修改，为自己负责。文案创作者要像一个文字剑客，用最简洁、最直接的方式直击受众的心灵，而不能成为文字的傀儡。

## （二）电商文案创作者的能力素养

电商文案创作者可以创作一些文案，或重塑一种词组，但必须具备优秀的思考能力，深刻理解商业的本质，明白能为此商业模式带来什么，以及做到利润、好感度和诚信度的最佳值。电商文案创作者是积极热爱生活的人，是心思细腻的人。通常情况下，更多的是爱读书、爱运动、爱浪漫、爱音乐的理性与感性并存的人。文案创作者应始终坚信文字的力量，能通过洞察消费者痛点，用创新的表达方式敲击顾客心灵，从而引起共鸣。

当你选择电商文案这个职位时，就注定了你的特殊身份，你可以将自己定义成任何角色，但唯独不要把自己定义成电商文案创作者。你仅仅是一名电商文案创作者吗？或者说，你甘愿只做一名电商文案创作者吗？别小看了自己，你的潜力远不止如此，有时你是一位社会的旁观者，有时你也可以是一位思想家。

尽管电商文案创作者笔下创作的不是散文和诗歌，而是广告文字，但要想成为一名合格的电商文案创作者，应该具备胜任岗位的基本能力和素养。

（1）熟悉专业创意方案，思维敏捷，洞察力强，有丰富的想象力与优秀的创造力，洞悉广告文案的表达。

（2）拥有优秀的文字功底、文案策划能力、PPT 制作及陈述能力，文笔流畅，有良好的写作品牌故事、新闻稿、企业软文、产品软文、微信软文、论坛文章等方面的能力。

（3）对新媒体的新鲜感和敏感度高，能透过现象看到本质，善于抓住舆情趋势，对互联网及电商行业热点和网络文化有高敏感度和理解能力。

（4）具备良好的沟通和协调能力，具有良好的团队合作能力。

（5）具备高度的责任心以及严谨的工作态度，能接受一定的工作压力。

想要在"成为优秀电商文案创作者"这段旅程中收获不一样的风景，那你最好在出发前做些准备。

首先，每一位以码字为生的文案创作者要培养阅读的能力。优秀的文案创作者喜欢阅读。他们阅读目所能及的一切，报纸、杂志、书籍、网页、朋友圈、获奖者作品集，他们驻足街头阅读片言碎语或街边散发的传单。

其次，文案创作者要勤练多写。文案创作者当然要会写，并且要知道怎么写。创意并不是只可意会不可言传的，你可以尝试着将它生动地描述出来。走在路上，灵光乍现，你得及时写下来；坐在案头，面对一个标题，你必须懂得何时下笔；行走在路上，你要记录下你的心情感受。

当然，你写下的这些未必都是直接有用的，但是在写的过程中会激发出许多灵感。写作可以帮助你梳理思路，创造奇迹。勤练多写，慢慢积累经验，写给身边的人看，甚至是给陌生人看，询问他们的感受，总有一天你会在写作上游刃有余，如鱼得水。

再次，要热爱生活。只要你认真对待生活，生活才不会亏待你。文案创作者要了解时尚流行文化，并要不断找到新的刺激点和兴趣点，让自己时常对生活保持新鲜感，只要激情还在，一切都将是新的。

最后，要重视知识的积累。常识是文案的必修课。这些常识来自天文、地理、文学、历史、市场营销、广告学、消费心理、哲学……作为电商文案创作者，你必须什么都得懂一点儿，通晓得越多，对你而言只会有百益而无一害。文案创作是一门没有教科书的学科，一开始你就要认真对待，做好打持久战的准备，目光要看得远一点儿，一点一点去累积，有规划地去完成学习目标。

## 💡 本章实操训练题

现有某公司拟推广由中科院研发的一款光触媒除甲醛溶剂，请根据本章介绍的知识判断该公司应选用哪种类型的电商文案进行新品推广。

# 第二章
# 电商文案的写作准备

　　电商文案创作者为了促进产品的销售，需要做好在互联网"淘金"的准备，提早熟悉互联网的传播和互动方式，此外，还要具备传统的销售员那样敏锐的市场眼光，对市场和自己的产品有深刻的认识。只有做到这些，电商文案创作者才能结合产品卖点和网络思维找准消费者的习惯，促进产品的销售。

## 一、电子商务时代下的互联网思维

　　在互联网飞速发展的今天，电商带来的是整个消费生态的剧变。大量的新兴品牌伴随淘宝、天猫等电商平台的发展而不断创造着电商品牌的奇迹。以三只松鼠为例，该品牌于 2012 年 6 月在天猫上线，短短 65 天后就成为中国网络坚果销售第一名。从 2012 年 6 月的第一笔订单到 2016 年全渠道销售额超过 50 亿元，三只松鼠只用了五年时间。它打造的商业神话一直被人津津乐道，也成为了业内竞相仿效的标杆。

　　消费者在购买三只松鼠产品后，通常会配套得到品牌卡通形象的包裹、开箱器、坚果包装袋、封口夹、垃圾袋、传递品牌理念的微杂志、卡通钥匙链和湿巾等小物件。三只松鼠小礼品如图 2-1 所示。

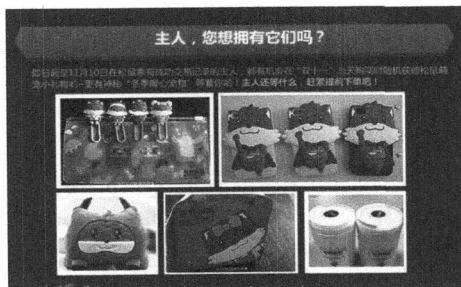

图 2-1　淘品牌三只松鼠小礼品

一个"淘品牌"，为什么要煞费苦心地做这些呢？这主要源自于电子商务时代下的互联网思维的转变。与之前传统的模式不同，当前"80后""90后"年轻一代成为消费主力，他们参与的积极性更强，对产品的话语权不断扩大，互联网思维成为电商发展要考虑的必备因素。

具体来说，互联网思维下的电商文案写作应包括抓住消费者痛点、场景化和情绪感等。好的电商文案应在互联网思维下进行创作，直击消费者的痛点，展示想象空间，促进和受众的互动。

同样是卖干果，爱奇艺自制节目《奇葩说》在米未小卖部出售的粑粑瓜子（见图2-2）同样也是互联网思维下的产物。它是米未传媒公司在《奇葩说》节目大热后，用来测试粉丝黏性和转化率的一次尝试。

这样一款名称奇特的瓜子产品，销量却远远超出了预期，最初的两万罐以及后续的两次补货都被卖光了。针对目标消费群体——年轻人的工作和生活状态，其在销售网页文案中写道："你难捱、难受、难言，我们都懂，没什么大不了，不过是吃口Shi冷静一下，粑粑瓜子希望你笑对一切，勇敢地走下去"，具体文案如图2-3所示。这一文案直接戳中了目标消费者内心，增强了其对该产品的好感度。

图2-2 《奇葩说》粑粑瓜子广告

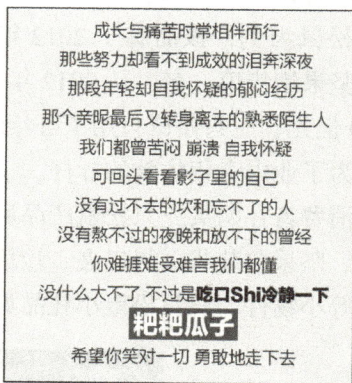

图2-3 《奇葩说》粑粑瓜子广告文案

两罐装220克的粑粑瓜子，售价为69元，有人认为售价偏贵，也有粉丝表示想买却买不到。这样的销售奇迹只能发生在互联网思维不断发展下的互联网创新时代。

我们再以网易严选中的男士衬衫专题文案为例。在这段文案中，创作者就利用互联网思维精准地抓到许多男士网购衬衫的痛点：一方面，它指出衬衫是男生想要变身型男的第一步，勾起消费者心中购买衬衫的欲望；另一方面，它又详细描绘了许多男生以往购买衬衫的经历，让消费者产生共鸣，进而认同其推荐的产品。网易严选男士衬衫文案如图 2-4 所示。

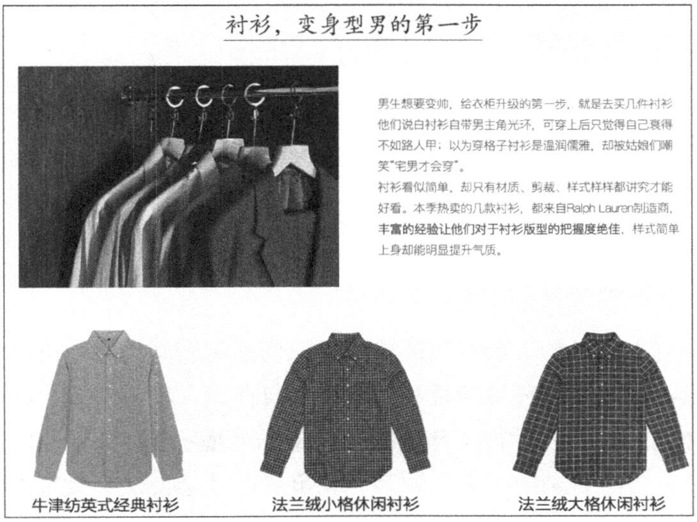

图 2-4　网易严选男士衬衫专题文案

## 二、认识并分析市场

　　除了具有互联网思维，一个合格的电商文案创作者还要具备市场销售人员的市场眼光。为了明确销售产品的市场状况，写出有针对性的文案，电商文案创作者必须进行必要的市场调研和市场环境分析。

### （一）市场调研

　　市场是不断发展变化的，其发展一方面受到有关政治、经济、社会文化、科学技术等市场环境的影响，另一方面受到资金、产品、价格、销售、广告等市场因素的影响。电商文案创作者如果想要文案达到预期的效果，就要通过市场调研及时了解和获取各种市场环境因素和市场因素的变化，从而写出有针对性的电商文案。

　　电商文案创作者一定要分析市场调研的结果，理解广告策划的意图，最好能亲自参与市场调研和广告整体策划的过程，这样才能写出真正优秀的文案。

市场调研的作用如图 2-5 所示。

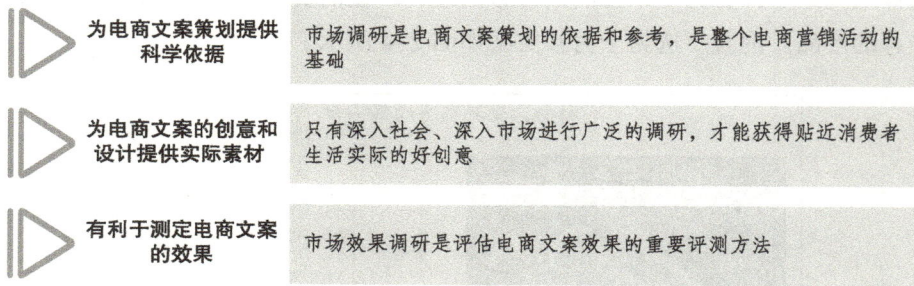

| 为电商文案策划提供科学依据 | 市场调研是电商文案策划的依据和参考，是整个电商营销活动的基础 |
| 为电商文案的创意和设计提供实际素材 | 只有深入社会、深入市场进行广泛的调研，才能获得贴近消费者生活实际的好创意 |
| 有利于测定电商文案的效果 | 市场效果调研是评估电商文案效果的重要评测方法 |

图 2-5　市场调研的作用

## （二）市场环境分析

市场环境主要是指市场营销环境，即一切影响和制约企业市场营销决策和执行的内部条件和外部环境的总和，包括人口环境、经济环境、政治与法律环境、社会文化环境和科学技术环境等宏观市场环境；也包括企业内部、各类资源的供应者、各类营销中间人、顾客、竞争者、社会公众等微观市场环境。市场环境分析就是指对这些环境因素进行汇总分析。

### 1. 宏观市场环境分析

宏观市场环境是指企业无法直接控制的因素，是通过影响微观环境来影响企业营销能力和效率的一系列巨大的社会力量，包括人口、经济、政治法律、科学技术、社会文化及自然生态等因素。由于这些环境因素对企业的营销活动起着间接的作用，所以又称为间接营销环境。

常用的宏观环境分析方法为 PEST 分析法，如图 2-6 所示。

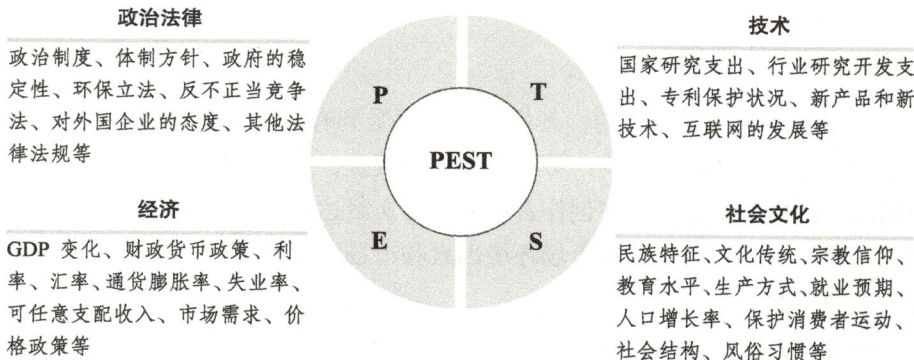

**政治法律**
政治制度、体制方针、政府的稳定性、环保立法、反不正当竞争法、对外国企业的态度、其他法律法规等

**技术**
国家研究支出、行业研究开发支出、专利保护状况、新产品和新技术、互联网的发展等

**经济**
GDP 变化、财政货币政策、利率、汇率、通货膨胀率、失业率、可任意支配收入、市场需求、价格政策等

**社会文化**
民族特征、文化传统、宗教信仰、教育水平、生产方式、就业预期、人口增长率、保护消费者运动、社会结构、风俗习惯等

图 2-6　PEST 分析法

### 2. 微观市场环境分析

微观市场环境是指与企业紧密相连、直接影响企业营销能力和效率的各种力量和因素的总和，主要包括企业自身、供应商、营销中介、消费者、竞争者及社会公众等因素。由于微观环境因素对企业的营销活动有直接影响，所以又被称为直接营销环境。

## 三、熟悉你的产品

托尼·考克斯（Tony Cox）在《全球 32 位顶尖广告文案的写作之道》一书中提到，广告文案有一个其他任何形式的写作都不能替代的特点：广告的目的并非自身，而是超乎其自身的东西——产品。

电商文案都是以产品为基础的。凡是拥有好文案的电商品牌都非常重视对自己产品特色的打造。电商文案创作者必须首先对广告的客体——产品有比较透彻的了解和认识，才能写出对路的文案。电商文案创作者要善于研读市场调查资料，如果条件允许，最好直接参与市场调查，即使不能参与调查，也应向使用该产品的熟人了解情况，以增加对产品的感性认识。电商文案创作者在撰写文案时要突出并放大产品卖点，以促成销售。

《奇葩说》在米未小卖部销售的粑粑瓜子的产品特点主要包括：瓜子的原产地（内蒙古大草原）、瓜子的品质（颗粒大、不油腻、不黑手、少坏籽、无添加）、瓜子的包装（有趣、有品位）等。其售卖页上的广告文案将这些产品特点作为重要宣传点，突出其产品特色。

粑粑瓜子产品文案如图 2-7 所示。

图 2-7　粑粑瓜子产品文案

图 2-7　粑粑瓜子产品文案（续）

通常来说，电商文案创作者可以从以下四个角度进行产品分析，即产品的独特卖点、产品的生命周期、产品的市场定位及产品的品牌形象。

## （一）产品的独特卖点

进入市场的产品必须具有一定的价值。文案创作者在为某一款产品进行电商文案写作时，必须清楚地知道这款产品的独特卖点和这款产品可以满足消费者的哪些需求，以及其在质量、功能和款式上有哪些特点。电商文案创作者要尽量假设自己是消费者，推测消费者会对哪些卖点感兴趣，希望在电商文案中获取哪些产品信息。对产品的理解与把握有利于电商文案创作者写出专业性和针对性较强的广告文案。对产品专业性的介绍往往能激起消费者的购买欲望。

广告学中知名的 USP 理论（Unique Selling Proposition）要求广告创作应向消费者表明产品"独特的销售主张"，其内容包括三个方面，如图 2-8 所示。

图 2-8　USP 理论的内容

### 1. 提出利益承诺

广告不仅依赖于文字或图像，还要对消费者提出利益承诺，即购买本产品将得到的明确利益。

### 2. 具备独特性

这一特性一定是该品牌独具的，是竞争品牌不能提出或不曾提出的。

### 3. 说辞强有力

广告内容必须具有足够力量吸引消费者，招徕新顾客。

M&M's 巧克力豆"只溶在口，不溶在手"的广告词就是典型的利用 USP

理论而提出的。

　　某婴儿纸尿裤在其电商广告中介绍了产品的特点，详细描述了产品的原料材质、制造工艺、专项设计等。这些专业性的文案介绍，让消费者深入了解了产品，并提出了"保持小屁屁干爽，细菌无处滋生"的明确利益承诺，进而促成了消费者购买。

　　婴儿纸尿裤的产品文案如图2-9所示。

　　产品的卖点是店家传递给消费者最重要的产品信息，它可以向消费者传递某种主张或承诺。消费者通过文案信息知晓购买产品后会得到什么样的好处。产品卖点的展现角度很多元，一般来说包括六个角度，如图2-10所示。

图 2-9　产品特点文案

图 2-10　产品卖点的展现角度

## （二）产品的生命周期

　　产品的生命周期是指产品自进入市场到最终被市场所淘汰的整个过程。一般来说，产品的生命周期包括萌芽期、成长期、成熟期和衰退期四个阶段。不同产品有其自身的特性和市场需求，因而其生命周期也都不一样。

　　文案创作者在撰写某个电商文案时，必须明确该产品所处的生命周期，进而采取不同的广告策略。一般而言，当产品处于萌芽期时，电商文案要侧重突出产品的新特点、新功能，可以使用一些具有时尚感和新奇感的语句，引起消费者的注意；当产品处于成长期时，电商文案要侧重宣传产品的优势和品牌实力等；当产品处于成熟期时，电商文案要注重宣传产品的售后服务、附加值等，以培养消费者对品牌的忠诚度；当产品处于衰退期时，就可以适当减少广告宣传，准备把精力集中到新一轮产品的广告宣传中。

同样是碧浪机洗洗衣液，新款产品与传统产品的广告文案截然不同，具体文案分别如图 2-11、图 2-12 所示。

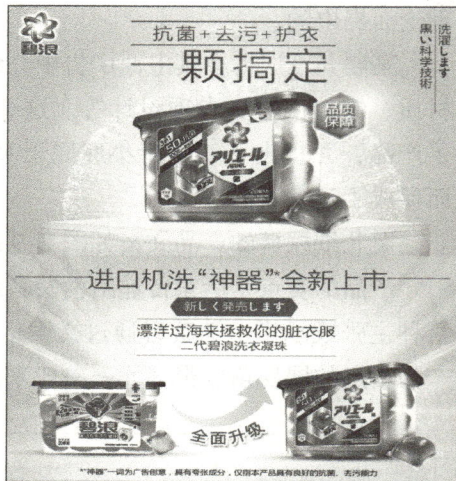

图 2-11　碧浪新品上市广告语

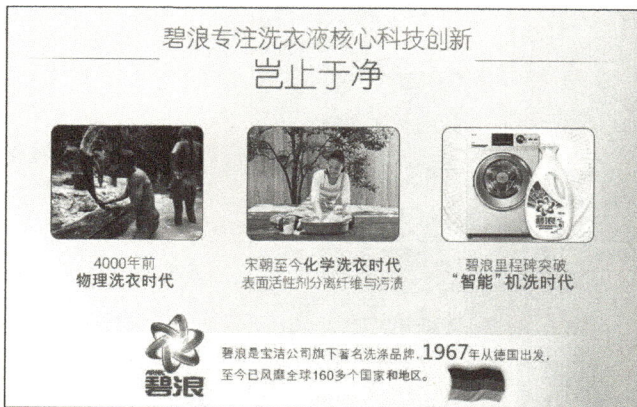

图 2-12　碧浪产品成熟期广告语

## （三）产品的市场定位

电子商务中的产品种类繁多，品牌也越来越多，这就使消费者在进行网络购物时有了更为广泛的选择空间。因此，为了更好地找到目标消费群体，商家需要准确地进行产品的市场定位。电商文案创作者在文案创作前需要明确产品的市场定位，如果产品的市场定位有误，就很难收到良好的广告宣传效果。

定位理论是由艾·里斯和杰·特劳特提出的，他们指出，"定位是你在未来潜在顾客心智上所下的功夫，也就是把产品定位在你未来潜在顾客的心中。"定位理论的内涵已把原来企业内部的产品定位扩展到市场和消费群体领域，并把确定产品在消费者心目中的位置作为广告定位理论的主要内容。为此，美国广告学者里斯认为："广告定位不是广告主在广告之前所应考虑的问题，而是广告本身的目的。"由此，产品的定位也就具有了一定的战略性质。

例如，滋源洗发水的广告语为"无硅油洗头水只选滋源"，定位了其在无硅油洗发水市场的地位；阿芙精油则号称"我们定义精油"，宣告了其在精油市场的定位；韩都衣舍宣称"没空去韩国？就来韩都衣舍！"，突显了其韩式潮流服饰的市场定位。

一般来说，定位的方法主要有十种，如图 2-13 所示。

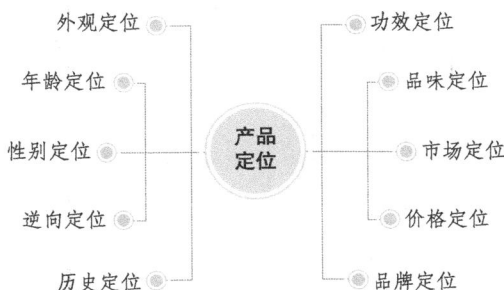

图 2-13　产品市场定位的方法

### （四）产品的品牌形象

产品品牌形象策略，即在广告宣传中通过表现消费者享用这种产品时的风度、形象或生活氛围，给人以心理的冲击，从而吸引消费者。当同类产品出现了大量不同的品牌之后，每种品牌的品质大同小异，商家已经很难在广告中强调自己拥有某些别人不具备的特色。因此，广告前辈大卫·奥格威提出了产品品牌形象策略，即使产品具有与其他产品不同的形象特征。

奥格威认为：一个产品如同一个人，也应该有自己的形象。这个形象是由广告策划者根据产品的个性及其消费对象的审美情趣设计出来的。这个形象就是产品的个性，广告所推销的正是这种设计出来的形象。因此，消费者购买产品与其说是为了满足某种使用需要，不如说是为了享受该产品所表现出来的形象、追求心理的愉悦和满足。

在电子商务中，许多商家也纷纷塑造起有自身特色的产品品牌形象。如图 2-14 所示，该品牌以"女人的理想生活就是每天都成为话题中心"和"你需要一双好鞋，因为你有很多人要见"为广告语，配以图片设计，打造出一位"社交女王"的产品形象。

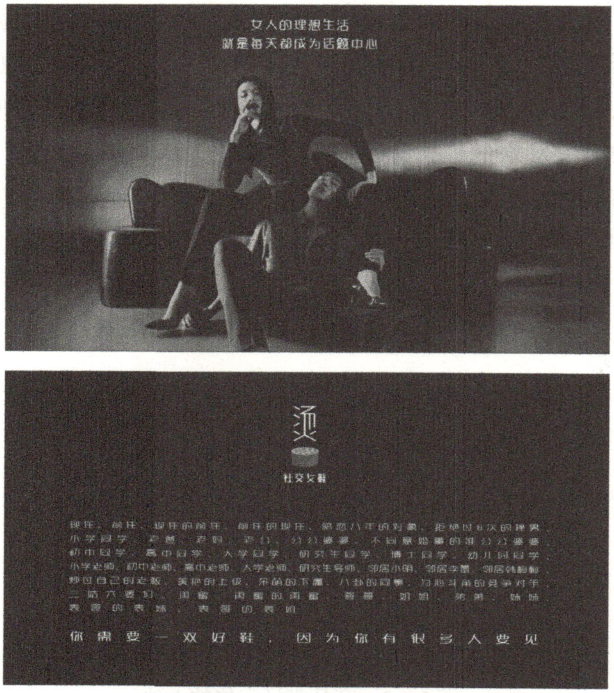

图 2-14　产品的品牌形象广告文案

## 四、了解你的受众

对消费者的了解、熟悉和洞察是电商文案获得良好传播效果的前提之一。电商文案不一定要有华丽的辞藻、幽默诙谐的口吻、对仗工整的句子等，更需要的是写出消费者的内心独白。

文案创作者要具备"用户思维"，既要知道用户到底是谁，又要知道他们到底在想什么、想要什么。要钻到用户的脑子里，找到那句能挑起他们欲望、打动他们情感、唤起他们情绪的话，从而促使他们做出购买的决策。

### （一）给目标受众画像

要想使电商文案达到最好的销售效果，首先要圈定目标受众。电商文案创作者可以在撰写文案前进行市场调查，也可以通过现有的电商用户数据进行挖掘推测。总而言之，建立目标受众的画像，可以使电商营销更加精准。

具体来说，画像就是根据用户的社会属性、社会习惯和消费行为等信息抽象出的一个标签化的用户模型。给目标受众画像就是给用户贴上"标签"。注意不要将你的目标人群简单形容成"女，18~25 岁的年轻人，受教育程度，家庭月收入……"这样干巴、生硬的信息。你需要在脑海中为目标受众画像，如"她是一位名叫 ×× 的女人，常年出差在外，生活却十分精致，在机场候机室会翻看时尚杂志，外出一定化妆，最爱的香水味道是 ×× 的，喜欢穿 ×× 牌子的衣服，并且每两天健身一次，每个周末都会约朋友一起去咖啡馆喝咖啡，平日也喜欢和闺蜜一起品尝下午茶。"

我们在开始构思文案前一定要进行消费者调研。由于问卷调查成本略高，我们要发挥电商的优势，善于运用互联网的数据分析工具——百度指数和阿里指数。

以"零食"这个类目下的"蜜饯/枣类/梅/果干"为例，我们在写文案之前，可以先用百度指数、阿里指数看一下目标人群是什么类型的人。根据简单的数据分析，就可以知道网购零食的人群主要有如下几类。

（1）喜欢在网上购买"蜜饯 / 枣类 / 梅 / 果干"类零食的女性多于男性。

（2）淘宝买家新手较多，消费层级属于中等水平，受众人群以少年和青年为主，青壮年次之。

（3）买家多为白领和学生，家庭主妇占比也较大。

基于这类人群特征，我们再确认文案的风格，写出目标人群喜欢看的文案。以"三只松鼠"为例，他们运用具有标识化的卡通形象，整体风格可爱，文案也运用拟人化的语言，十分逗趣。白领和学生面临的压力较大，当他们进入网店时，看到小松鼠可爱的文案语言和卡通形象就能会心一笑，减轻压力，其对品牌的好感度也随之提高，进而带动转化。

三只松鼠的广告文案如图 2-15 所示。

图 2-15　三只松鼠的广告文案

新生代市场监测机构（以下简称"新生代"）在中国消费者细分市场的分群深度研究上取得了重大成果。基于在美国、日本业界领先的消费者生活形态的分类研究模型 VALS（Value and Life Style），通过 1997 年以来在中国进行的关于居民媒体接触习惯和产品或品牌消费习惯的连续调查积累的大量翔实的数据，新生代对中国的消费者进行了心理层面上的分析，建立了适应中国市场分众时代复杂的经济态势下的中国消费者生活形态模型——CHINA—VALS。

这一模型把中国消费者按消费心理因素分为 14 种族群，其中理智事业族、经济头脑族、工作成就族、经济时尚族、求实稳健族、消费节省族 6 种族群为积极形态派，占整体的 40.41%；个性表现族、平稳求进族、随社会流族、传统生活族、勤俭生活族 5 种族群为求进务实派，占整体的 40.54%；工作坚实族、平稳小康族、现实生活族 3 种族群为平稳现实派，占整体的 19.05%。

CHINA—VALS 模型如图 2-16 所示。

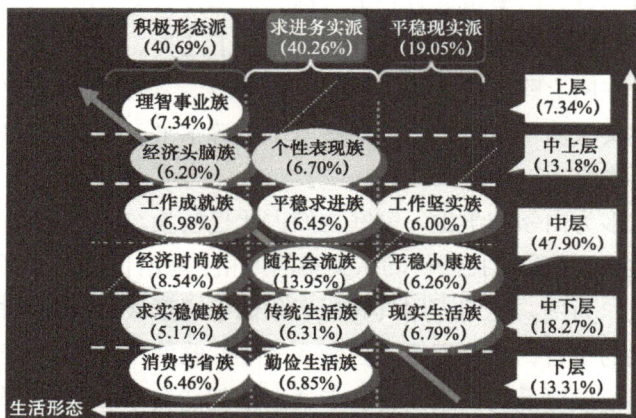

图 2-16　中国消费者生活形态模型——CHINA–VALS

对于电商文案创作者来说，在撰写广告文案前，明确产品的目标消费者的生活形态属于哪一族群，在购买力、购买行为上有什么特征，再进行有针对性的广告投放是十分有必要的。例如，针对理智事业族消费者的广告文案，要尽量做到理性诉求，以理服人。

消费者的需求偏好与人口统计因素也有密切的关系，这些因素主要包括年龄、性别、家庭生命周期、收入、职业与教育程度等。

（1）年龄：不同年龄的消费者对商品有不同的需求。一般来说，儿童消费群体（0~6 岁）的需求主要是食品、玩具、童装和儿童读物等；少年消费群体（7~16 岁）对学习资料、文娱用品、书籍等需求较大，但少年儿童的购买自主决定权十分有限，在购买商品时一般由父母提前确定，其购物特点是目标明确、购买迅速；青年消费群体（17~35 岁）是占比最多的一部分消费人群，也是商家最重视的一部分人群，当然，在这部分群体中，对于同一类型的产品，不同年龄阶段又有不同的细分需求。以女性护肤品为例，18~24 岁、25~29 岁、30~35 岁等不同年龄阶段的女性对产品的需求也有所不同，分别有祛痘、美白、保湿、去皱、紧肤等需求；中年消费群体（36~60 岁）的个性与心理已经相当成熟，更加趋于理性消费；老年消费群体（61 岁以上）经验丰富，情绪平稳，往往只购买自己需要的产品，尤其对保健类、药物等产品有更多的需求。因此，对网络消费者的年龄结构、各年龄段消费者的构成比例、各年龄段消费者的需求特点进行分析，可以更好地定位市场。

（2）性别：男性消费者与女性消费者在产品需求与消费习惯上也有明显不同。女性消费者冲动消费较多，喜欢追求时尚的事物，比较容易受到外界影响而改变购买决策，挑选产品时也比较细腻，对产品的颜色、外观、包装等都有要求，是服装、化妆品等类别产品的主要购买人群；男性消费者则更为理智，善于控制情绪，喜欢在购买前进行比较和调查，比较注重商品的性价比和品质，稳定性好，品牌忠诚度高，是汽车、科技数码产品的主要购买人群。

（3）家庭生命周期：消费者在家庭生命周期的不同阶段，其购买力、购买需求也会有所不同。单身人士往往没有养家的经济负担，喜欢尝试新鲜事物，会成为新产品的主要购买人群；组建初期的家庭，对耐用品、大型家电等产品的购买需求旺盛；有子女的家庭，孩子的各项支出则成为家庭的主要消费。

（4）收入：收入水平的高低决定了消费者在进行购买时所购买产品的价格和品质。收入水平越低的消费者越关心产品的价格，而收入高的消费者则更看重产品的品质以及购物的便捷性等。例如，大学生群体受经济条件限制，往往在网上购物时更容易被价格低廉的物品所吸引。

（5）职业和受教育程度：不同职业的消费者对产品的需求也不同。此外，消费者的受教育程度、生活方式、兴趣爱好等差异，也会影响消费者的购买行为和习惯。

（二）从顾客的购买动机出发

消费者在购买产品的时候有一定的内驱力，这就是所谓的购买动机。消费者的购买动机通常包括实用动机、方便动机、健康动机、求美动机、求廉动机、求新动机、求名动机和安全动机等。电商文案创作的一大忌在于谈论的都是"我"，而不是消费者。电商文案创作者要善于根据特定的社会背景下的消费者的特定消费动机，使文案内容说到消费者的心坎上去。所以写好文案的基本要素就是多使用"你"字：你是不是遇到困难了？你最近压力大吗？你觉得自己胖了吗？你想过对自己好点儿吗？

电商文案创作者要让消费者相信你所说的话，这样消费者才会按照你说的去做。要想让消费者觉得你了解他们，就要知道他们的现实处境，从消费者的购买动机出发撰写文案。

佳能办公的广告文案，如图2-17所示。

图2-17　熟悉消费者现实处境，写出走心电商文案

理想篇：我找老板谈工资，他却跟我谈理想。

背黑锅篇：有时，为老板背黑锅，也是分内的工作。

上班族们每日的生活环境基本上由三部分组成：家里、通勤路上和办公室，其中又以办公室最为主要。上班族们绝大部分的时间和精力都用来处理发生在办公室里的各种事务，但对办公室生活有精准洞察的传播案例少之又少。

佳能办公用品在该系列广告中试图发掘办公室里的小情景。这一系列广告的策略在于，如果文案创作者不了解消费者的心情，就无法真正为他们提供适合的产品和解决方案，更无法真正成为他们的伙伴。而这一系列广告的文案正是在向用户描述佳能洞悉的办公室生态，进而让消费者感受到"佳能是你的工作伙伴"。

工作中有快乐也有烦恼，有亲密也有纷争。这些文案有对职场生活的牢骚，也有对未来的努力和期许，有小职员的辛苦和自勉，也有大老板的温馨和自嘲。其中大部分都与当今的职场生活紧密相关，文案中描绘的画面就近在身边，甚至就发生在自己身上。

正是这种了解消费者现实处境、从消费者的购买动机出发撰写的文案，使消费者对文案内容报以好感，从而产生购买欲望。

再以某品牌护肤品为例，该产品的核心卖点在于祛除黑头粉刺。该产品电商展示网页中的文案从消费者的购买动机出发，详细阐述了清透毛孔、吸除黑头粉刺的产品功能，以及实现消费者和"草莓鼻"说再见的购物目的。

WIS 护肤品的电商文案如图 2-18 所示。

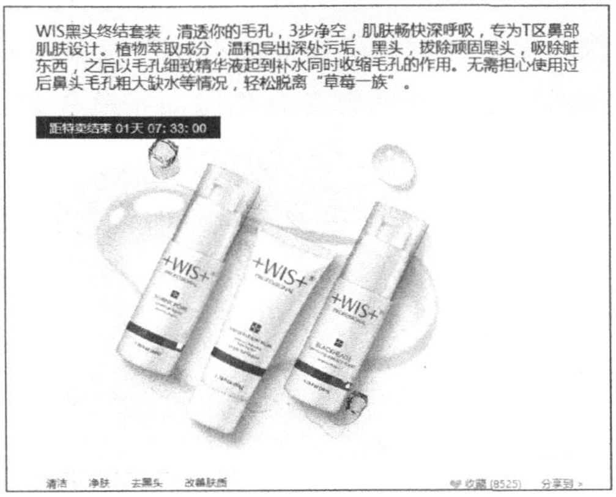

图 2-18　从消费者的购物动机出发撰写电商文案

## （三）洞察消费者内心

消费者购物时，内心经历着复杂的心理活动。消费者的购物心理就是指消费者因为一定原因而产生购买产品的一系列心理活动。不同人群、不同消费者的购物习惯会产生不同的购物行为。对消费者购物心理进行研究，可以更加准确地定位消费者的购买行为，撰写出符合消费者需求的电商文案。

一条走心的电商文案背后，通常需要洞察消费者的内心。洞察就是要发现消费者心底的秘密。洞察消费者内心的广告能吸引消费者的眼球，让消费者陷入思考。电商文案创作者要善于抓住目标消费者所关心的利益点。通常来说，消费者对以下宣传内容会较为关注：自身经济利益、身体健康、儿童成长、刺激人的健全欲望、安全感、美好享受、激发进取心、舒适感、提高工作效能、促进社交活动、激发自尊心和爱心、给人以同情等。

以某品牌古法花生油为例，其文案中写道："上一辈的健康，不将就！下一代的未来，不妥协！给家人撑起一道健康屏障，从一滴好油开始！用×××花生油，每餐只需几元，为全家人的健康买单，值！""你是我生命中最重要的人，山川异域，风月同川，你之幸福，我之所愿。"

古法花生油的广告文案如图 2-19 所示。

电商文案创作者要深入挖掘目标消费者的购物心理。人到中年，上有老下有小，每天的打拼就是为了家人的幸福与健康。该文案洞察到消费者的内心，指出该产品既有利于老年人的身体健康，又对孩子的茁壮成长有益，作为家庭的顶梁支柱，在选购食用油时自然会优先考虑选择这种为全家人健康保驾护航的产品。

有的消费者在购物时喜欢名贵的产品；有的消费者则喜欢购买价格便宜的实惠产品；有的消费者愿意尝试新鲜事物，追求时尚潮流；有的消费者则趋向保守固定，喜欢经典复古；有的消费者总是倾向于购买名人同款，参照别人；有的消费者则专门选择"不走寻常路"的个性化产品。不同的消费者在进行网上购物时的消费心理不同。文案创作者需要对消费者的消费心理进行研究判断，精准定位消费者的购物行为，从而写出有针对性的电商文案。

常见的购物心理包括八种，如图 2-20 所示。

图 2-19　洞察消费者内心的电商文案

图 2-20　常见的购物心理

### （四）找准消费者的"痛点"

电商文案创作者要精准捕捉消费者的需求和欲望，并使其与品牌建立起联系。一方面，要能精准地捕捉到消费者的内在需求，找准消费者的"痛点"所在；另一方面，洞察力对于产品价值的展示非常重要，在分享、互动至上的互联网时代更是如此。

好的文案往往都是用其他的表现形式来宣传自己的产品，喊出自己对消费者的心声，采用换位思考的理念，让消费者觉得非买不可。例如，"双十一"活动期间百雀羚"不做欧巴桑"的文案，准确击中目标群众爱美、追求年轻的痛点，从而有效地吸引了消费者的注意。又如美图手机"媲美单反的高清细节"的文案，很容易打动追求手机拍照效果更好的消费者。再如帮宝适"干货踢馆到你家，一片安睡到天亮"的文案（见图 2-21），则抓住了为宝宝深夜更换纸尿裤而烦恼的父母们的需求，从而使得目标消费群体心动，产生购买意愿。

写文案要找到消费者真正的需求所在，说出消费者心里的那句话，将消费者"痛点"作为消费者需求或消费者问题的代名词。消费者会通过经验的棱镜去感受世界。

他们能感受到什么事物在干扰他们——他们的痛苦在干扰他们，但人们常常想不到解决痛苦的方案——建立在痛苦之上的需要。因此，电商文案创作者要把眼光投向消费者的痛苦。想想那些让消费者不安、沮丧、紧急或难受的事情，然后带着这些清楚认识并铭记于心的痛苦，开发"治疗"的方法，并将重点放在可以解决消费者痛点的产品或服务上，告知消费者你们正在舒缓他们的痛苦。

许多消费者都有午休的习惯，但苦于公司无法提供休息的场所，只能在办公桌前小憩。为应对消费者的这种"痛点"，某款单人午休折叠床（见图 2-22）的宣传文案中如此写道。

图 2-21　找准消费者"痛点"

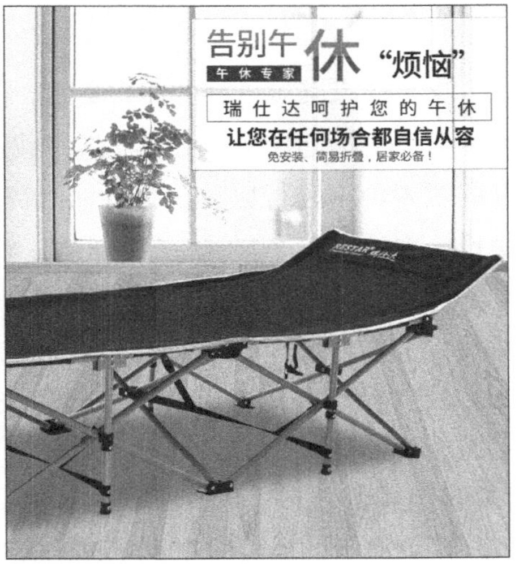

图 2-22　瑞仕达品牌折叠床找准消费者
午休烦恼的"痛点"

告别午休"烦恼"，

午休专家，

瑞仕达呵护您的午休，

让您在任何场合都自信从容。

## （五）成为消费者的心灵伴侣

当前是"注意力经济"时代，如何从各种新闻、广告、段子、娱乐资讯等信息资源中争夺消费者的注意力，激起他们的好奇心，让他们愿意阅读下去，就成为文案创作者要思考的问题了。电商文案就像一种产品，需要经过文案创作者的精心设计和仔细打磨才能获得目标受众的关注，进而获得用户的好感，促使消费者积极互动、主动转发，并最终达到商家的营销目的。

只要半个平方米的价格，日韩新马泰都玩了一圈；

一两个平方米的价格，欧美列国也回来了；

下一步只好策划去埃及南非这些更为神奇的所在；

几年下来，全世界你都玩遍，可能还没花完一个厨房的价钱；

但是那时候，说不定你的世界观都已经变了。

生活在于经历，而不在于平方米；

富裕在于感悟，而不在于别墅。

这是北京某旅行社的广告文案，此文案一出，就被各大文案网站、广告设计师以及文案创作者的社交网站转载。这篇文案将北京居高不下的房价和旅行社的旅游价格进行比较，为目标消费者算了一笔"心动账"，刺激深受北京高房价压力的人去旅游。

优秀的电商文案要通过洞察把握消费者的痛点，用创新的表达方式带动消费者的内心节奏，引起消费者的共鸣。电商文案是沟通产品与消费者的桥梁，消费者通过文案了解产品的相关信息。因此，文案创作者就要担当用文案赋予产品以生命和人格化的使命，让受众通过文案感知产品的人格化魅力和品牌形象。

别克旗下的昂科拉汽车定位的客户群体为中国都市青年阶层，其广告口号为"年轻！就去SUV"。其对核心受众进行分析后，为了配合"80后""90后"年轻人的口味，在广告文案中提到"你知道她买早饭的摊点、遛狗的路线，你知道她很多，只是，不知道她的名字；喜欢一个人，就该立刻、马上、现在，冲过去，有感觉就去追。"这篇文案把该款汽车的特性与目标受众的个性呼应起来，让消费者感觉这款产品是"懂我的"。

别克汽车的广告文案如图 2-23 所示。

图 2-23　别克汽车的广告文案

此外，电商文案创作者还可以将消费者的喜好和产品的特点联系起来。了解了自己的产品，找到了优势和劣势，也知道了自己产品的主要价值，从中挑出消费者最感兴趣的部分，通过加工提炼打造出直指消费者痛点和爱好的文案。美国某款知名品牌洗发水在进入中国电商市场后，在其广告宣传文案中指出，该产品系《欲望都市》女主莎拉、金球奖得主安妮斯顿长期选用的洗护产品。该产品的目标消费群体很多都是美剧迷，将消费者喜爱的明星与产品结合起来，比较容易得到消费者的认可。

美国某款知名品牌洗发水的电商广告文案如图 2-24 所示。

图 2-24　美国某款知名品牌洗发水的电商广告文案

最后，再来看看某品牌蚕丝被子的"被治愈物语"系列文案（见图 2-25）。

"三年的爱情扑了个空，但愿一觉醒来就能往事随风。"

"一千五百方的办公室压得喘不过气，摔进被子里才松一口气。"

"心心念念他在多远的未来，睡好美容觉，会来的总会来。"

"他怕热，我怕冷，幸好被子里不分春夏秋冬。"

"看着小负担的甜睡模样，舍不得他承受多一点点的重量。"

"重返职场竟比十年前还忐忑，好在软软的被子让我安心入睡。"

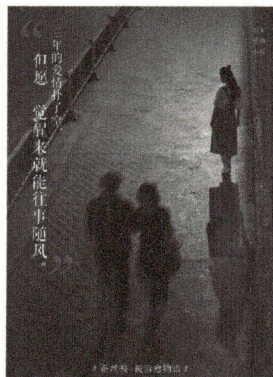

图 2-25　某品牌蚕丝被子的"被治愈物语"系列文案

乍看这组文案，很难想象这能跟被子有什么关联。当其他蚕丝被还在为到底什么是"真蚕丝"而争得面红耳赤的时候，该品牌则换了个角度，从挖掘消费者的情感需求出发，用一场温暖人心的"被治愈物语"，诠释出一条被子应有的温度。

　　30 岁左右的女性作为寝具的主要消费群体，承担着家庭与事业的双重压力，往往情绪波动较大，更需要通过良好的睡眠来保持健康的身心。因此，该品牌将目标锁定在了这些女性身上，通过回顾她们在人生不同阶段的睡眠与成长，唤醒她们关于被子的温暖记忆。从失恋到职场压力，从渴望爱情的单身生活到拥有爱情的两口之家，从初为人母到重返职场，每一个人生阶段都是目标消费群体亲身经历的过程，而蚕丝被在这些过程中始终相伴，是陪伴她们成长的心灵伴侣，这让消费者意识到购买一床好被子是多么的必要。而消费者在阅读整个广告文案的过程中，就像与一位"闺蜜"畅聊生活，互相安慰鼓励，通过这系列文案，消费者对该品牌的认可度有所提升。

　　再来欣赏一下该系列的文案。

　　「被治愈的情伤」失恋是很多人重重摔过的坎。当曾经的爱人将目光投向别处，你的失望与心酸早已被视而不见。与其沉溺于过往，不如哭过之后大梦一场。

　　「被治愈的压力」初来乍到，与兵荒马乱的世界撞个满怀。林立的高楼，闪烁的霓虹，明明很美却总让人喘不过气来。好在只要钻进被窝，就能被这个世界温柔相待。

　　「被治愈的不安」想得不可得，你奈人生何？没人爱你，才应该好好爱自己。不安的等待，不如读书、健身、旅行，睡个美容觉，会来的总会来的。

　　「被治愈的矛盾」都说婚姻是爱情的坟墓，当浪漫褪去，只有矛盾被无限放大。可夫妻哪有隔夜的仇，当吵完架回到同一个被窝，就会重新发现彼此的好。

　　「被治愈的担心」初为人母，稚嫩的不只是孩子。母亲泛滥的爱化作无尽的担心，恨不得为他披上天上的云朵，只为给他最轻盈的呵护。

　　「被治愈的焦虑」做全职母亲是一个艰难的决定，而重返职场却需要更大的决心。与其一味地担心所剩无几的筹码，不如先睡个好觉让自己清零，人生的豪赌才刚刚开始呢。

　　没有谁的人生能一帆风顺，那些大大小小的波折或许无路可逃，但睡眠可以为生活按下暂停键，让我们在黑夜里疗伤、休整，然后从头来过。药材和食物能治愈身体，但唯有好的睡眠能够治愈人生。

## 五、确立企业的广告营销策略

　　企业对自己的产品最了解，对该产品的市场也理解得比较透彻，且企业更关注产品的实际销量以及广告宣传的实效。因此，在进行文案写作前，文案创作者应充分与企业进行沟通，尽可能全面地了解更多关于企业和产品的信息，了解他们的广告宣传要求与意向，确定企业的广告目标、广告基调和广告策略。

（一）广告目标

企业以创造理想的社会效益和经济效益为目标。广告目标是指企业的广告活动所要达到的目的。确定广告目标是广告计划中至关重要的起步环节，是为整个广告活动定性的环节。例如，不少电商确立了冲钻、冲冠等具体的广告营销目标（见图 2-26），也有一些电商则确立了树立品牌形象、增强品牌忠诚度等目标。

图 2-26　电商"双十二"冲钻的营销目标

电商文案创作者需要明确企业具体的广告目标任务，之后可以根据企业确定的广告目标来完成文案的撰写。

（二）广告基调

企业的广告目标是一种可以直观量化的要求，但是企业的广告基调、广告感觉则是一种无形之物，难以把握和琢磨。文案创作者要在与企业进行沟通时听出企业对广告基调的要求，写出符合企业本次广告基调的电商文案。

（三）广告策略

广告不是一堆词语的集合，而是融入了各种传播学策略的"大杂烩"，其目的是让消费者从当前的旁观者心态转变为买主心态。

广告策略是根据广告目标所采取的与消费者沟通的手段与方法，包括广告诉求策略、广告创意策略、广告媒体策略等。

广告诉求策略要解决三大问题：第一，解决"对谁说"的问题，明确目标受众；第二，解决"说什么"的问题，明确广告内容；第三，解决"怎么说"的问题，明确广告方式。广告诉求策略是电商文案写作的前提和基础。

广告创意策略则是影响电商文案写作的最核心部分，确定了企业广告宣传的风格调性和具体的创意方法。

广告媒体策略旨在解决广告的媒体发布渠道问题，不同的广告媒体平台对电商文案的推广也会有不同的制约和影响。例如，目前大量的 SNS 平台的活跃用户在网络社交中就可以完成产品的销售，很多人的微信朋友圈俨然成为了"小淘宝"，如图 2-27 所示。消费者对互联网媒体平台的使用与电商多平台推广密不可分，这部分内容将在本书第十章中进行更为详细的阐述。

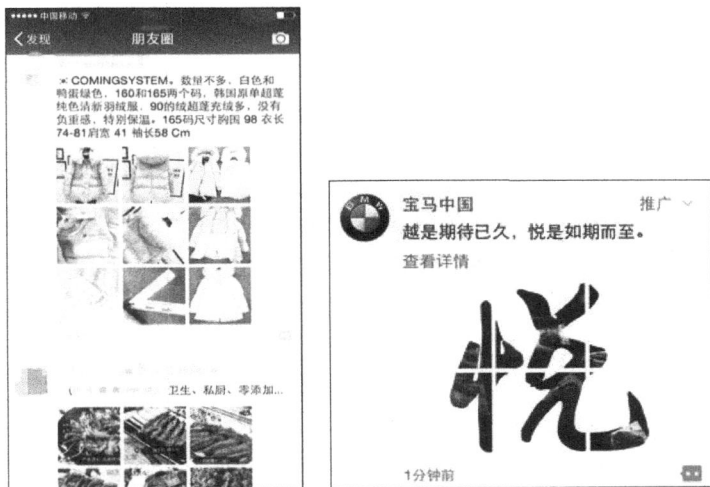

图 2-27 微信朋友圈电商广告

## 六、撰写电商广告创意简报

制定了广告策略后，企业在消费者的需求与产品所提供的好处之间就找到了一个切入点。但是，策略需要落实在实施与执行的各个方面，为了让创意和执行人员更好地理解广告策略最核心的部分，这时就需要撰写创意简报。

一份出色的创意简报不仅能为广告的创作确立方向、制定策略、发出指引，还能在事实和创作之间起到纽带作用，确保广告策略和创意的统一。

一般情况下，创意简报应该包括六个部分的内容，如图 2-28 所示。

图 2-28　创意简报的主要内容

其中，品牌定位简报包括目标消费者、品牌名称、品牌性格、产品架构、消费者利益点、品牌核心等；品牌定位包括产品和消费者的独立关系的描述；创意说明包括广告目标、目标诱因、期望回应等。

## 本章实操训练题

面对日益激烈的竞争，很多年轻人不得不选择离乡到外地工作，但家中的老人日益衰老。某款针对老年人的健步鞋价位比较高，父母自己往往舍不得购买，但不少远离家乡的儿女会给父母网购一双这样的鞋。本章介绍了受众分析的相关内容，请你根据本章所学洞察这类消费者的心理，创作出适合的电商文案。

# 第三章
# 电商文案的整体构思和思维激发

电子商务热潮不断袭来，电商文案的不断改善、不断突破也起着至关重要的作用。完成前期电商文案的写作准备工作后，电商文案的整体构思是电商文案正式写作的第一步。在这个阶段，电商文案创作者必须明确电商文案的主题，确定电商文案的诉求重点、诉求方式及表现方法，选择文案的创意表现风格，并在文案创作过程中充分调动各种思维。

## 一、确定电商文案的主题

电商文案的主题就是电商广告所要表达的核心思想，它是电商广告的统帅和灵魂，可以增强电商广告的诉求力。通常我们会用一个公式来定义电商文案主题，具体如下。

电商文案主题 = 广告目标 + 信息个性 + 消费心理

需要说明的是，这三者不是简单的相加，而是要相互融合。主题不只是广告传递的主要信息，还应包括消费者的"人性"因素。

以某款重庆小面方便食品（见图3-1）为例，其在网店中的海报文案如下。

麻辣小面 不仅是面
凝结的，是重庆人的情怀
遍访 167 家重庆小面馆，终调制出经典味作！这味道，是我怀念的，重庆的味道！

图 3-1　某产品电商文案以突出重庆特色为主题

041

该产品以突出重庆特色为主题，之后在商品详情页（见图3-2）中对产品的这一特征进行了拆解，分别呼应产品的特点。

重庆特色小面，佐料是麻辣小面的灵魂，麻得醇厚，辣得过瘾，骨汤提味，鲜香过瘾。

重庆特色小面，我们有味道，一碗地道的麻辣小面，麻辣自是要出众。

重庆特色小面，麻辣是小面的灵魂，采用四川上好朝天椒，文火炒干，置入石舂中捣碎成粉。

重庆特色小面，时蔬是小面的青梅竹马，冻干时蔬，用温度，保留下了原始的美好，热汤回暖，唤回它的生命，大片大片的嫩绿，不仅给了装扮，还给了维生素。

图3-2　产品详情页展示类电商文案与主题呼应

在这一案例中，重庆特色小面的文案主题是"麻辣小面，不仅是面。凝结的，是重庆人的情怀。"该广告主题不仅包括了产品的个性信息"麻辣小面，不仅是面"，还包括了消费者的人性化因素，彰显了消费者追求地道重庆特色食品的消费心理。

众所周知，电商文案在受消费者中打造出了一个以文字为元素、以产品为载体、以消费者为对象的多维世界，同时又兼有广告传播的功能。作为一种艺术创作和经济活动，电商文案依靠卓越的文字表现能力塑造了一个美好的产品形象，同时也促进了产品的销售。

在确定电商文案主题时，文案创作者需要抓住一个宗旨：文案是为店铺服务的，是为了促进消费者购买产品的。因此，文案创作者在撰写文案时要注意分析店铺的消费群体是哪些，店铺的风格如何，活动的目的是什么，要销售的产品与竞争对手相比有什么优势等。

文案创作者在撰写文案主题时，要体现出产品的与众不同和差异化优势，这样才能引起消费者的关注，刺激其购买欲。也就是说，电商文案的主题必须精准地反映广告目标。

此外，文案创作者也可以从消费者维度确定电商文案主题，从消费者的需求入手进行文案撰写。电商文案的主题要深刻揭示消费者的内心需求，洞察消费者、购买者和使用者的心理。

药酒作为中国特色产品，一直被许多中老年人作为滋补用品来调理身体。某药酒品牌在近年来的销售推广中一直把目标客户定位为送药酒给父母的子女。因此，其推广的电商文案主题为"父母身体好，儿女没烦恼。"该药酒品牌的电商文案如图 3-3 所示。

图 3-3　某产品电商文案从消费者角度确定主题

最后，电商文案的主题还应有自己的个性，要能给消费者留下深刻的印象。例如，韩国某款护肤品（见图 3-4）打出了"青春步伐蜗牛化，不用手贱抠！"这一主题文案，使产品特点十分形象化，从而吸引了目标消费者的注意。

图 3-4　某产品电商文案个性化主题

电商文案不是一种普通的艺术，它是关于如何在更多的时机卖更多的东西给更多的人而赚更多的钱的艺术。成功的电商文案是科学化与专业化的结果，需要用最小的成本换取最大化的收益。让文案活起来，深刻起来，这就是文案创作者要达到的目标。

## 二、选择电商文案的诉求方式

电商文案的诉求方式通常有三种类型，如图 3-5 所示。

图 3-5　电商文案的诉求方式

文案创作者可以根据产品或服务的特点，结合具体情况选择不同的诉求方式。

### （一）理性诉求

理性诉求方式就是通过摆事实、讲道理的方法为消费者提供购买产品的理由，从而促使消费者购买该产品的一种广告诉求方式，就是人们常说的以理服人。

下图所示是一款在网上热卖的洗面奶产品，该产品的主要特点在于不含苯甲酸酯类防腐剂，不含香料，不含紫外线吸收剂，不含色素，低刺激。其文案明确阐述了此产品与其他同类产品的差异点，清晰地介绍了此产品的优势，如图 3-6 所示。

图 3-6　理性诉求类电商文案

在选择理性诉求方式时，要根据产品自身的特点来考虑，通常越是科技含量高的产品、越是有独特配方的产品、越是需要受众理智判断的产品，越适宜采用理性诉求方式。理性诉求的关键是给消费者提供有价值、具体的信息，这些信息必须客观、可信、有逻辑性，并且主要侧重于对功能性、实用性的描述。

（二）感性诉求

感性诉求方式是通过感情的渲染让消费者的心灵产生波动或反应，从而促使消费者购买产品的广告方式，即通常所说的"以情动人"。

感性诉求主要通过影响消费者的情感、情绪，引起他们的共鸣，进而使其产生认同感。感性诉求又分为正面情感诉求和负面情感诉求。正面情感诉求主要利用人的正面情感，如爱情、友情、亲情、乡情、同情等，唤起消费者的愉悦情绪，并将这种愉悦情绪延伸到产品上，从而使消费者对产品产生好感。

下面是某款威士忌酒在父亲节活动时推出的广告文案。

因为我已经认识了你一生
因为一辆红色的 RUDGE 自行车曾经
使我成为最幸福的男孩
因为你允许我在草坪上玩蟋蟀

因为你的支票本在我的支持下总是很
忙碌
因为我们的房子里总是充满书和笑声
因为你付出无数个星期六的早晨来看
一个小男孩玩橄榄球

因为你坐在桌前工作而我躺在床上睡
觉的无数个夜晚
因为你从不谈论鸟类和蜜蜂来使我难堪
因为我知道你的皮夹中有一张褪了色
的关于我获得奖学金的剪报

因为你总是让我把鞋跟擦得跟鞋尖一
样亮
因为你已经38次记住了我的生日
甚至比38次更多
因为我们见面时你依然拥抱我

因为你依然为妈妈买花
因为你有比实际年龄更多的白发，而
我知道是谁帮助它们生长出来的
因为你是一位了不起的爷爷

因为你让我的妻子感到她是这个家庭
的一员
因为我上一次请你吃饭时你还是想去
麦当劳
因为在我需要时，你总会在我的身边

因为你允许我犯自己的错误，而从没
有一次说"让我告诉你怎么做"
因为你依然假装只在阅读时需要眼镜
因为我没有像我应该的那样经常说
谢谢你

因为今天是父亲节
因为假如你不值得送 CHIVAS
REGAL 这样的礼物
还有谁值得

这是典型的正面情感诉求类文案。

负面情感诉求则相反，它主要利用人的愤怒、恐惧、不安等情感，非常容易吸引眼球，并产生强烈的冲击力，在消费者脑海中留下深刻的印象。负面情感诉求文案如图 3-7 所示。

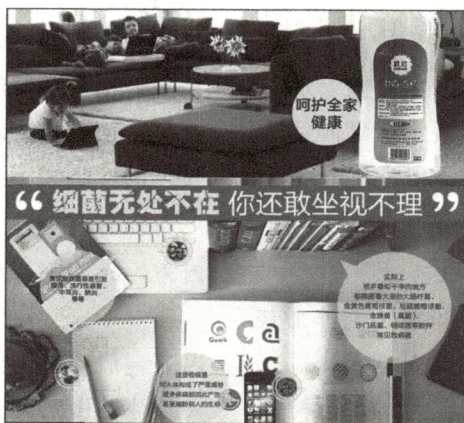

图 3-7　负面情感诉求类电商文案

情感因素是指产品设计的情感程度。参与度是指消费者在购买产品时需要投入的时间、努力及思考。例如，同样是冰激凌，消费者面对哈根达斯和面对蒙牛时的情感和参与度是完全不一样的。哈根达斯的经典广告口号"爱她就请她吃哈根达斯"深入人心。所以哈根达斯贩卖的已经不再是冰激凌，而是与爱情有关的理念。

总之，感性诉求电商文案主要以情取胜，深入了解消费者的心理，采用温情的、幽默的、优美的，甚至威胁的语言来达到更好的劝说效果。这种文案在整体上呈现出一种辞藻华丽，婉约而又豪放的美学风格，并不失幽默风趣，向消费者传达了深刻而又富有哲理的思想与观点。

（三）情理结合

在撰写文案时，单纯进行理性诉求，存在着平淡、生硬、乏味的缺点；单纯进行情感诉求，又不容易直接传递有效信息，理据不够充分。因此，越来越多的电商文案创作者在撰写电商文案时开始注重两者的结合，采取"理性诉求 + 情感诉求"相结合的方式。

图 3-8 所示的一款速食产品电商文案，一方面理性地阐述了不吃早餐的危害以及产品的特点；另一方面用拟人化、诙谐幽默的口吻，通过"猴姑想对您说"的方式告知消费者该款产品的营养价值优势，既"以理服人"，又"以情动人"。

图 3-8 "理性诉求 + 情感诉求"两者兼具类电商文案

在情理结合的诉求方式中，有些电商文案是以情感诉求为主，辅以理性诉求的；有些是以理性诉求为主，辅以情感诉求。无论以哪种诉求方式为主，电商文案创作者在整体构思电商文案时应分清主次，合理安排。

京东白条在推广之初也曾采用以情感诉求为主、辅以理性诉求的情理结合的电商文案。

毕业 3 年初吻还在，可以忍，
护照办了 3 年却没盖一个章，不能忍。
说分手就分手，可以忍，
分手时还要 AA，不能忍。
一周相亲 4 次，可以忍，
4 次都穿同一件衣服，不能忍。
房价 8 个月翻一番，可以忍，
发际线高了一点点，不能忍。
周末只休一天，可以忍，
却用半天来擦地，不能忍。
忍得了和谁都不来电，
但忍不了手机动不动就没电。
忍得了挤 4 万公里的地铁，
但忍不了耳机线总挂在陌生人拉链上。
忍得了异地恋，
但忍不了为了省流量不敢视频的日子。
忍得了加班到深夜，
但忍不了深夜回家却不敢叫加价车。
已经在忍 500 的雾霾，
别再让我忍 5 块钱的口罩。
已经在忍合租的公用厕所，
别再让我忍马桶上的茶色斑点。
已经在忍一个人的晚饭，
别再让我忍一副不成套的劣质餐具。
忍不了在机场星巴克吃泡面时店员的眼光，
更忍不了公司里看不见的鄙视链。
忍不了 80 公里漆黑的夜路，
更忍不了午夜时分堵车的大望桥。
忍不了一个无所事事的上午，
但更忍不了和 2 亿人挤在同一天放假。
你可能都已经习惯了，
因为忍耐会变成习惯。

你习惯忍着一双不舒适的鞋，
忍着公交车里的气味，
忍着周围奇怪的眼光。
忍着同龄人的比较，
忍着爸妈的唠叨。
忍着默默无闻，
忍着无所适从，
忍着睡眠不足，
忍着前途未卜，
忍着假新闻，
忍着毒鸡汤，
忍着天花板。
忍着尴尬，
忍着未知，
忍着迷茫，
忍着说教，
忍着无趣。
忍着穷，
忍着忙，
忍着困，
忍着挤，
忍着胖，
忍着糙。
忍着别人，
忍着自己。
但，生活不是忍出来的。
最不能忍的，
就是把最好的年纪，
就这么忍过去。
京东白条，
愿所有忍耐前行的年轻人，
不再错过生活。

## 三、明确电商文案的写作风格

回顾很多品牌的成长历程，它们之所以能成为互联网品牌，就是因为它们有一个明显的品牌风格。品牌风格是可以通过产品、文案和设计三者共同去体现的。

以女装品牌茵曼为例，其产品风格是棉麻风，崇尚自然，比较随性，喜欢买他们产品的多是文艺女青年。她们通常学历较高，喜爱阅读、电影、拍摄等。因此，茵曼在文案上也选择使用符合文艺女青年阅读习惯的文字。以茵曼2017棉素生活美学系列的电商文案为例，从中不难看出其整体的风格。

棉花，是一种神奇的花。

经历春、夏、秋、冬，许多的花开过谢过之后，

有的什么都不会留下，有的会结出香甜的果实。

只有，棉花结出的果实仍然是：一朵花。

棉花的花语：珍惜身边人与眼前的幸福。

让棉的治愈系美学，

融入每件服装的设计中。

确定文案的写作基调后，店铺所有的海报文案都要在统一的文案形式上进行延展，保持风格的统一。文案的目的不是忽悠人去买他们不需要的东西，而是更精准地找到需要该产品的人。因为每个人买东西时都会对那件产品有某种憧憬，将他们的憧憬、幻想、渴望写出来，就是走心的文案。

只要读者觉得有趣，他们就会看你的广告。他们不会读无趣的文案，无论乏善可陈的是内容，还是风格。大卫·奥格威在《奥格威谈广告》一书中提道："假如大家觉得无趣，产品不可能卖得出去。你只能通过提升他们的兴趣来卖产品。"

淘宝网中有一些非常有个性的电商店铺，南食召就是其中非常成功的一家。南食召是淘宝食材行业的佼佼者，某店铺中的图片非常文艺、朴素，文案也是文艺风格，一直崇尚自然、质朴、传统、手工等，其店铺销量也非常高。

南食召的店铺风格与产品文案如图3-9与图3-10所示。

图 3-9　南食召店铺风格与产品文案

图 3-10　南食召电商产品文案

南食召店铺中热销的一款纱面，其产品文案如下。

儿时与伙伴在田野间玩累了，奶奶喊回家吃"接力"（"瑞安话"，下午点心的意思），这"接力"常是一满大碗纱面，加一勺白糖、半勺猪油，甜香可口，吃完我便又生龙活虎地去玩耍。

过节过年随父母去走亲访友，也常提一篮沉甸甸的纱面作为礼物，上面放上一片红纸，红白相映，甚是喜庆。未到饭点时刻，亲友间的招待，便是一碗纱面，浇一点黄酒，放上炒好的姜末、香菇、肉末，再盖上两个煎鸡蛋，香气腾腾，实是人间美味……

大学在外念书，每遇节假日回家，我做的第一件事就是求母亲来一碗纱面。只有在实实在在地端着一碗纱面狼吞虎咽时，儿时的那些记忆碎片才变得明晰起来。

常想，大概纱面是古时乡人对自己性格的写照吧，也只有清幽的江南人才会迷恋如此阴柔、温和、细滑的食物。

所以，我们要开个家乡的食材店，和各地的朋友分享这份乡情，首先想到的便是纱面了。

温州乃至整个浙南地区多处均保留有纱面制作工艺，在其中找出好的纱面并不容易。我们询问了许多长者和喜爱吃纱面的人，最后把目标锁定在了"纱面村"——南山村。

这里是远近闻名的纱面专业村，几乎家家户户都会制作纱面。为了保留纱面制作这个传统的工艺，村里成立了合作社，统购统销，保证了纱面的产量。

但是几年下来，统购统销的农业合作社模式的弊端很快就暴露出来了，因为合作社向农户收购纱面是不分质量好坏全部统一价格的。做得好的和做得差的都卖一个价格。加上近年机制纱面的冲击，所以很多原本做工比较好的人家，为了赶产量开始敷衍了事，不再精耕细作，造成了南山村外销纱面整体质量的下降。

我们找到的林师傅为人憨厚，尽管不少村里人会笑他傻，但他和妻子两人仍然坚持用祖辈的老工艺制面（如别人搓面只搓一遍，他坚持反复搓三遍），每天只能做 80 斤左右的纱面（产量大的农户，一天能做 140 斤左右）。林师傅亲手为我们煮了一碗他的纱面，那种细腻柔韧的口感确实不是一般面所能企及的。

也许，世间所有美好事物都源于那种近乎痴傻的坚持吧。

制作纱面和木活字印刷、古法红糖一样，都是靠天吃饭的手艺，天气不好的话根本无法进行生产。听说当初《舌尖上的中国》的拍摄组本打算拍瑞安纱面，但因为连日阴雨，只能放弃拍摄计划。难怪那么多传统工艺在这个讲究精确和数量的时代举步维艰，机器为逆天而生，而手艺则必须顺天。

我们愿和大家分享家乡的这种由阳光赐予的"顺天之味道"——纱面！

从表面上看，不同的元素传递着不同的信息，但当它们被组合起来构成了整个版面时，就形成了一个"场"。对读者来说，它就可能是一种特定的、由品牌传递出来的感觉、氛围或气场。不同类型的产品要配合不同的文案。例如，游戏类文案要体现出酣畅淋漓的感觉，可以选择豪放风格或者幽默风格；美食类文案要体现出食物的特性，可以选择朴实型风格；情人节专场类文案则要体现出甜蜜、浪漫，可以选择温婉风格等。总之，电商文案创作者要根据广告的整体策略和广告创意确定电商文案的风格。

## 四、完成电商文案的整体构思

电商文案的构思是在完成广告创意之后，在具体创作过程中对文案的总体构想和设想。文案创作者需要在此时搭建文案的框架，以理清条理；当要写某篇文案时，就要把脑海里储备的以及市场调研获得的资料都罗列出来；列出来以后，就开始做归类和筛选工作。

归类，就是把那些内容相似的归为一类。筛选，则是把那些没有必要写的，以及没有素材支撑的内容排除掉。经过分类、筛选的素材便成为了一篇文案的框架。然后电商文案创作者只要根据框架进行填充、扩展，便可创作出一篇电商文案了。

电商文案创作者在创作电商文案时需要注意文案的统一性。因为只有具有统一性的文案才能更容易被消费者接受，更好地帮助店铺塑造品牌风格。在确定文案写作基调后，首页、详情页、客服、包装、售后卡、宣传册等文案都需要在统一的文案形式上进行延展，保持整体风格的统一。

在首页、详情页的展示页面上，除了要具备营销性的促销文案外，还可以在页面的分栏处放一些符合店铺调性的辅助文案。图3-11所示为某款体感游戏机的辅助文案，其情景式的询问既能引发消费者的思考，也能提高消费者在店铺页面的停留时间。

除此之外，商家还可以在客服话语上花些心思。例如，别人常用的客户称呼是"亲"，那我们可以使用公主、主人、小主、娘娘等个性化的称呼；在产品包装上，可以印上店铺的品牌形象，再加上一些符合品牌个性的文案。如果店铺的文案风格是卖萌风格，还可以配套找一些网络段子、搞笑对话等文案。

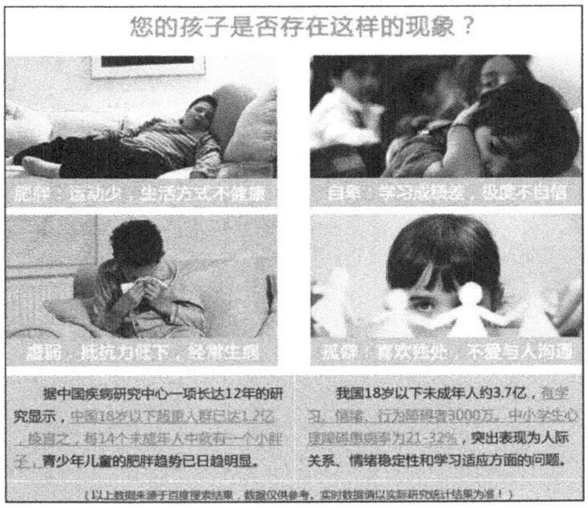

图 3-11　电商文案的整体构思应统一

商家要让消费者感受到我们是愿意交流的。例如，出售复古风或者民族风产品的商家，可以选择一些较为诗意的文字作为文案；出售甜美浪漫产品的商家，就适合写一些较为舒缓细腻的文字作为文案。总之，创作者应在创作之前就明白自己要的是哪种风格的文案，文案整体构思是怎样的，应该从何处落笔，从而实现文案从形式到内容的延伸和统一。

## 五、电商文案的创造性思维方法

文案创作是一项创造性活动，需要创作者激发不同的思维方式，不能过于保守，要有创意。一般来说，人的思维方法主要有垂直思维和水平思维、收敛思维和发散思维、顺向思维和逆向思维，以及头脑风暴法等。

### （一）垂直思维和水平思维

垂直思维和水平思维的概念是由剑桥大学心理学博士爱德华·戴波诺提出的。垂直思维又被称为纵向思维，这种思维方法偏重于以往的经验、模式，是对旧意识的改良，并不能产生新的创意。其在电商文案中的应用，以雨伞产品为例，雨伞的电商文案中经常出现"防晒防雨、出行无忧、结实耐用、方便携带、设计精美"之类的套话。

水平思维又称横向思维，是与垂直思维相对应的一种思维方法。这是一种摆脱旧意识、旧经验的约束来思考问题的方法，往往能打破常规，创造出一些新的想法，适合进行创新。同样是雨伞电商文案，我们在网易严选上看到的文案如图 3-12 所示。

图 3-12　水平思维创作的电商文案

在这个文案中，雨伞已经不再是传统的防晒防雨工具。从英国绅士谈到《哈利波特》，雨伞已然成为一种时尚配饰，是彰显消费者品位的道具。

### （二）收敛思维和发散思维

发散思维与收敛思维是相对的。收敛思维又称集中性思维，是指以某个思考对象为中心，从不同的方向和角度将思维指向这个中心，以达到解决问题的目的，通常是综合搜集已有的信息，推断出结论的思维过程。

发散思维是指人们的思维方向是辐射性的，而不是沿着一个确定的方向发展，通常是指在思维过程中充分发挥人的想象力，使其从一点向四面八方延伸，然后通过知识和观念的重新组合，找出更好的答案和想法。与收敛思维相比，这种思维方法更具创造力。

### （三）顺向思维和逆向思维

顺向思维就是指顺着一条固定的思路想下去。逆向思维则是相对于顺向思维而言的，是与通常的思路相反，逆着想下去的那些思路。在文案创作中，文案创作者要想做到一针见血地表达自己，有时可以尝试用倒推的思维顺序去创作，如此创作出的文案可能会更理性、更沉稳、更为企业实际之所需。

与网红品牌"喜茶"不同，2017 年的春天，饿了么和网易新闻这两家诉求不同的企业联手，把概念"蹭"着热点落地，将网络戏谑变成现实，开了一家"丧茶"茶店。尽管这家店只开业4天，但店内的"加油你是最胖的红茶拿铁""加班不止加薪无望绿茶"非常畅销。丧茶广告文案如图3-13所示。

仔细分析，我们会发现"丧茶"背后实则是对消费者需要释放负面小情绪的痛点进行的逆向洞察。"丧文化"背后是年轻人宣泄负面情绪的一种形式，传递出一种"我已经是个废物"的自嘲式信息。"丧文化"用冷讽刺、黑幽默的方式和消费者产生情感共鸣，点燃消费者负能量的引爆点，引起他们的共鸣，这是饿了么联手网易新闻做的一场内容营销。

虽然这是一场典型的O2O营销推广文案

图3-13 逆向思维经典案例

活动，但在纯粹线上的电子商务领域也同样需要充分发挥逆向思维的思考方式。

## （四）头脑风暴法

头脑风暴法又称脑力激荡法，是美国人奥斯本提出的一种创造能力的集体训练法。头脑风暴有利于激发创新思维，即在不受任何限制的情况下，集体讨论问题能激发人的想象、热情及竞争意识。人人自由发言、相互影响、相互感染，能形成热潮，突破固有观念的束缚，可以最大限度地发挥创造性的思维能力。

头脑风暴法的实施方式通常是举行一个研讨性小型会议，使与会者可以自由、毫无顾虑地提出各种想法，彼此鼓励，相互启发，引起联想，刺激形成创意想法，产生众多创意。具体来说，头脑风暴法的实施要点包括五点，如表3-1所示。

表3-1 头脑风暴法的实施要点

| 构成要点 | 实施要点 |
| --- | --- |
| 会前准备 | 会议要明确主题。会议主题提前通报给与会人员，让与会者有一定准备；选好主持人。主持人要熟悉并掌握该技法的要点和操作要素，摸清主题现状和发展趋势；与会者要有一定的训练基础，懂得该会议提倡的原则和方法 |

| 构成要点 | 实施要点 |
|---|---|
| 参加人数 | 参加人数一般为 4~15 人（最佳构成人数为 6~10 人），课堂教学也可以"班"为单位，最好由不同专业或不同岗位者组成 |
| 会议时长 | 会议时间控制在 1 小时左右 |
| 人员配置 | 设主持人一名，主持人只主持会议，对设想不做评论；设记录员 1~2 人，要求认真将与会者每一设想都完整地记录下来 |
| 会议要求 | 要求与会者自由畅谈，强调在有限时间内提出设想的数量越多越好。一般一次会议可得到数十以至几百条新的创意设想 |

## ☀ 本章实操训练题

　　轻奢，顾名思义，即"轻度的奢侈"。近年来所谓的"轻奢生活"在年轻人中颇为流行，成为许多年轻人所追求的一种生活品质。现有一款床品套件，材质为棉麻纤维，天然取材，绿色环保，采用了高支高密织布工艺，请你以轻奢风格撰写这款产品的电商文案。

# 第四章
# 找到电商文案的写作切入点

电商文案创作者在创作电商文案时一定要富有创意，但也不要忘了初衷，那就是激发消费者的购买欲，提高转化率。要想电商文案达到提高转化率的目的，文案创作者就必须在写作前找到写作的切入点，与消费者需求接轨，自然而轻松地吸引消费者注意，打动其内心，抓住其痛点。

## 一、蹭热点

元旦、春节、情人节、中秋节、圣诞节、母亲节……每一个节日对市场营销人员来说都意味着一场没有硝烟的战争。电子商务中的营销大战非常残酷，除了传统的节日营销，还有大量的电商自造节日营销。大量文案创作者为了获得更好的节日营销效果而不断努力着。图4-1所示为京东节日营销界面。

图4-1 电子商务平台节日营销界面

追热点、用热词早已经不是营销的秘密武器。文案创作者每天都在关注着当前最新的热点话题、最流行的词汇以及最热门的明星等热门信息。

网络文化的兴起，同时也产生了一些网络流行语，如"有钱任性""也是蛮拼的""我也是醉了"等。文案创作者在撰写产品文案时，往往可以通过加入流行语元素来引起消费者的注意。文案创作者如果可以很好地掌握这些网络潮语，并将其延伸到产品文案中，这将有利于加强宣传推广的效果。例如，前几年电影版《何以笙箫默》的上映，让"不将就"的话题登上了热门，而这三个字之所以能登上热门正是因为它切中了时下都市消费者的生活理念。如果产品的品牌调性、文案风格与之相匹配，就可以使用适当的流行语来激发受众的关注。

在2016年的里约奥运会上，中国游泳选手再创佳绩，引起了全国人民的关注。孙杨的爆发和傅园慧的表情包一度成为热门话题，不少电商品牌文案都想搭上顺风车，借势营销。例如，美的在其官微上以#不止于此#为话题进行内容延展，将体育的精神与美的产品"积极向上，为健康而拼搏"的品牌理念相融合，引起了人们的共鸣。图4-2所示为当时美的发在微博上的推广文案。

图4-2　美的里约奥运会期间蹭热点文案

再如，当时安踏的广告文案："天生快乐的人，真的有洪荒之力"，如图4-3所示。

三星Galaxy手机的广告文案："经得起不一样的考验，给质疑不一样的表现"，如图4-4所示。

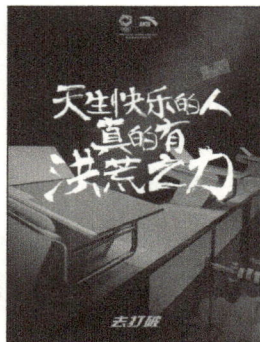

图4-3　安踏里约奥运会期间蹭热点文案

图4-4　三星Galaxy手机里约奥运会期间蹭热点文案

要知道，热点就像早班车，文案创作者若想"蹭"热点一定要赶早，如果没有坐上第一班车也就没有必要再追了，因为后续不管在什么样的广告语前面加上"洪荒之力"，都会让人感觉有些审美疲劳。所有的文案都只是引导语言，能激发消费者欲望的文案才是好文案。

除了热点话题、热门人物，借热门 IP 的"东风"也是近年来常用的撰写电商文案的手段之一。电影、电视剧、动漫卡通和综艺节目，都很容易成为电商文案的写作切入点。随着电视剧《欢乐颂》的热映，电商"××同款"关键词已成为热搜；小黄人成为男女老少的新萌宠，网店在装修时恨不得将店铺颜色全部都改为黄色，如图 4-5 所示。

图 4-5　蹭热门 IP 的电商文案

很明显，电商文案要与时俱进，紧贴舆论热点，要做到真正与品牌玩创意、与社会玩创意、与产品玩创意，并在玩创意的过程中实现营销的目的。

## 二、激好奇

好奇是人类的天性。如果你希望用户能很认真地看完自己写的产品描述，就要想办法激发并放大他们的好奇心，只有这样才能让他们对你的产品一直保持热情。如果买家看到你的产品，点击进去就有想关闭页面的冲动，你就没有成交转化的机会了。因此，激发买家的好奇心，并留住买家，这才是产品描述文案的关键所在。

激起用户好奇心的一种有效方式（甚至会让他感觉有义务去看你的文案），可以是尝试各种有趣且能有效吸引人们注意力的东西。例如，"今年夏天冷到家的热门新闻"的文案标题便是一种能激起用户好奇的文案标题。

值得一提的是，虽然一条精心构筑的标题能够激起用户足够的好奇心，从而激发用户继续阅读的兴趣，但文案创作者也不要使用没有针对性、仅仅为了吸引眼球的标题文案，即成为我们通常所说的"标题党"。这只会让买家觉得你在扭捏作态或者故作机灵。在电商实践中，你需要的不仅仅是吸引更多消费者的眼球，更需要吸引合适的消费者的眼球，以达成更高的成交转化率。

文案创作者想要吸引消费者的眼睛，首先，要在文案上故弄玄虚，布下疑阵，使人在乍看时不解广告画面的题意，形成一种猜疑和紧张的心理状态；然后，在观众的心理掀起层层波澜，产生夸张的效果，驱动消费者强烈的好奇心，开启消费者积极的思维联想，引起观众进一步探明广告题意之所在的强烈愿望；最后通过广告标题或正文点明广告的主题，使悬念得以解除，给人留下难忘的心理感受。

悬念手法有相当高的艺术价值，它能加深矛盾冲突，吸引观众的兴趣和注意力，造成一种强烈的感受，产生引人入胜的艺术效果。2015 年，小米公司在小米 Note5 新品发布前曾发出一则预热文案，消费者在看到文案后会自觉填充四字成语里空缺的那一个字：（薄）如蝉翼、（大）有来头、（轻）若鸿毛、（双）喜临门、（快）刀斩麻、（稳）操胜券和不同凡（响），如图 4-6 所示。而这些空缺的字，正好跟小米这次发布会的内容关联起来："薄""大""轻""快""稳"是产品的体验触感；"双"是指小米 Note5 为双卡双待手机；"响"是指新产品具备 Hi-Fi 功能。

图 4-6　激发消费者好奇心的新品发布预热文案

文案一旦引起了消费者的好奇心，自然就容易使消费者与商品之间产生互动。人们总是对新鲜的事物感兴趣。文案创作者在文案撰写时尝试以"新"馋人，激发买家的好奇心，不失为一个较好的文案撰写切入点。

## 三、借权威

权威人物具有很高的可信度，因此他们提出的观点会获得广泛的认可。人们会认为权威人物肯定已经研究这个问题多年，对该事物有话语权，因此也都愿意听从权威人士的意见，并认为按权威人士说的做肯定没有错，即形成了所谓的从众效应。

图 4-7 所示为某款母乳喂养辅助用品电商文案，其中写道"众多医院和妈妈的选择"，这就相当于让医院和妈妈们为该品牌进行了背书，增强了该商品的可信任度。

名人的任何事情都是大众所关注的，无论是他们的工作还是生活，甚至是他们的兴趣爱好都能得到大众极大的关注。明星效应在任何社交媒体都是极其有效的，好奇心始终长存于人性之中。

明星在社交媒体上的一句话、一张图，哪怕只是一个表情，都能引起粉丝的关注。电商品牌 Roseonly 很精准地定位到明星情侣，巧妙地植入广告，让明星们抱着花，拍照秀恩爱，再发微博，这就足以引起众多粉丝的关注和跟风购买，如图 4-8 所示。

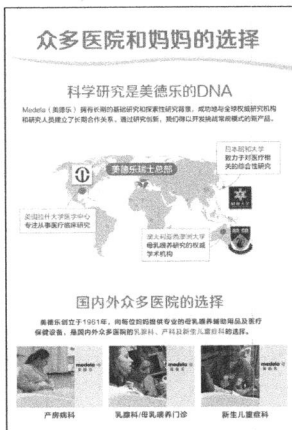

图 4-7　借权威式的电商文案

图 4-8　明星效应式电商文案

无论是借力权威人士还是明星名人，都属于傍权威式的电商文案，该类型文案借"权威"之口发声，吸引用户的关注。

## 四、造冲突

在撰写文案时，文案创作者有时会根据需要有意制造冲突性话题。例如，有的电商在文案中写道："你知道吗？洗衣机比马桶脏 64 倍，也许你正在使用这样的洗衣机……"看到这样的文案，消费者会是怎样的反应？这种与常理不同的矛盾突破了人们的心理预期，极具话题性。

那么，如何制造意外冲突，吸引买家的注意呢？首先，这种矛盾冲突要与受众息息相关，要贴近受众的生活，最好能说到消费者近期的忧虑所在。例如，"孩子学习成绩差，不好好听课，学校又没有办法管理怎么办？""还在为遇到碰瓷而烦恼吗？"（AutoBot eye 电商文案，如图 4-9 所示），这样买家在看到文案时就会被你制造的冲突所吸引。

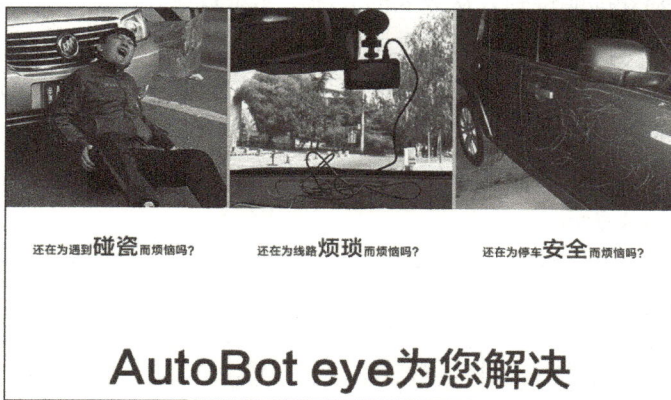

图 4-9 造冲突式电商文案案例

其次，有许多问题是人们认知层面深层次的固有矛盾，如小与大、多与少、梦想与现实，减肥与节食等，这些问题既有共性，又难以解决，也极具话题性。运用这类话题时，文案创作者可以先找到一个大家都认可的关注点，然后马上设置一个意外的转折，这往往能给用户带来一种出其不意的感觉，用户也会顺着你造的"滑梯"迅速地滑下来了。

例如，苹果公司在发布第一代 iPod 时，谈到 iPod 的轻薄小巧和大容量，乔布斯说"把 1000 首歌装到口袋里"，这就让用户感受到了小与大的冲突。再如"不用节食，还你苗条身材"这句文案，让消费者突破了原有的减肥必须节食的心理预期。

最后，在进行互联网营销推广时，与竞争对手共同制造噱头，互相挑逗，也是一种常见的撰写文案的手段。例如，在中国内地市场，宝马、奔驰和奥迪是中高端汽车销量的前三甲，奔驰在网上发布了一张 E 级轿车宣传海报（针对其主要竞争对手宝马 5 系和奥迪 A6），借三国中关羽过五关斩六将的典故来暗讽竞争对手，文案中写道："过 5 关，斩 6 将，全新梅赛德斯——奔驰长轴距 E 级车，文武双全"，如图 4-10（左）所示。

作为奔驰的竞争对手，宝马迅速贴出海报回应："大 E 失荆州，失 E 走麦城，无宝马，不英雄"，如图 4-10（右）所示。与此同时，其他汽车品牌纷纷在网上跟风 PK，引来关注流量。

图 4-10 竞争对手造冲突式文案

## 五、反其道

以著名广告大师伯恩巴克为创办人之一的广告公司（Doyle Dane Bernbach，DDB）为大众汽车在 1959 年推出的平面广告"想想小的好处"（Think Small），是典型运用逆向思维的创意广告，文案一反美国消费者一味追求"大"的思维，突出一个"小"字，为大众甲壳虫汽车在美国成功开拓了巨大市场。

反其道而行之的文案撰写切入点是指运用"反常规、反传统、反顺向"的思维方式，构想出一个意想不到的广告创意。生活中，我们常说"女儿是父母的贴心小棉袄"，支付宝为了宣传其转账功能，曾反其道而行之，撰写过一篇名为"闺女不一定是老爸的贴心小棉袄，也有可能是……"的文案，如图 4-11 所示。

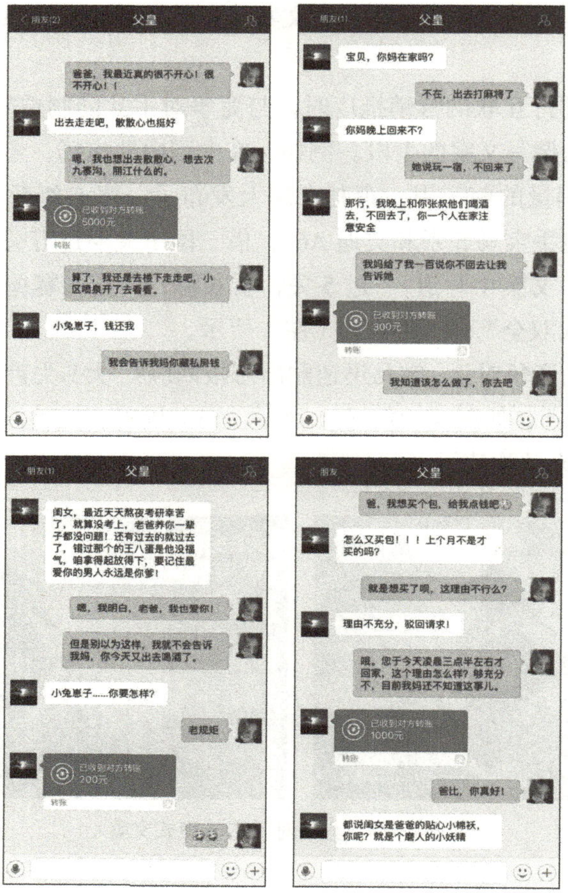

图 4-11　反其道式电商文案案例

反其道，有时也可以从消费者角度入手进行反向思维。例如，某款洋酒的文案并不是针对常见的目标消费者的，而是针对那些买不起的人的，用反其道的方式去暗示顾客的"阔气"和产品的高贵。

"假如你还需要看瓶子，那你显然不在恰当的社交圈里活动。"
"假如你还需要品尝它的味道，那你就没有经验去鉴赏它。"
"假如你还需要知道它的价格，翻过这一页吧，年轻人。"

文案撰写有很多规则，但也没有绝对的规则。有时，当别人采用常规的文案撰写方式时，我们可以尝试用与众不同的切入点着手文案的创作。

## 六、列数据

电子商务中充满了各种数据，从"9.9 元包邮"到"19.9 元最后 2 小时"，从线上销量 30 000 件到全网销量第 1 名，从"直降 100 元"到"立减 60 元"，在电商领域几乎可以说"无数字，不文案"。

在电子商务的产品介绍文案中，文案创作者应根据自己出售的产品类型，在广告中将数据信息尽可能地介绍清楚。数字能给人最直观的感受，既让消费者能在详情页中剖析产品特性，还能增加文案的真实性。如图 4-12 所示，"100% 阿克苏长绒棉，全年日照 3 000 小时以上，棉纤维长度达到 37mm~40mm"和"90% 白鸭绒"，这些文案直接用数字表现该产品材质优良、含量丰富等特征。

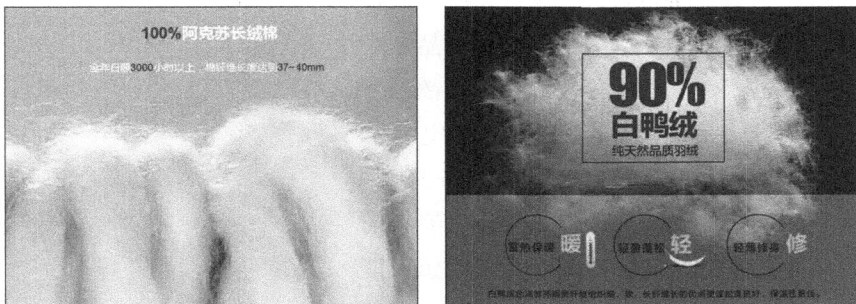

图 4-12　列数据式电商文案

消费者通常对数字十分敏感，但有时又没有具体的形象概念，文案创作者在列数据时可以尝试将空洞的数据转化为形象的、可以被感知的数字内容。例如，经典的奶茶文案"1 年卖出 7 亿多杯，连起来可绕地球两圈"，就让大家具象化地感知到该品牌奶茶的销量之多，这样的表达方式可以让消费者看得懂。再以某款空调的产品详情页介绍文案为例，该文案为让消费者直观了解该商品 1.5L/h 的超大除湿特点，将 1.5L 转化为人们熟悉的 500ml 纯净水，用图形解释了不熟悉的数据内容，如图 4-13 所示。

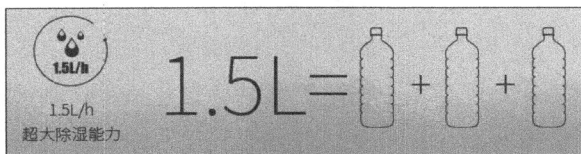

图 4-13　数据解读案例

# 七、搭场景

搭场景是电商文案中常选择的切入点。在撰写文案时，文案创作者不要一直强调个人的感受，而要把体验过的场景描述出来。如此，当别人看到这些文字的时候，就会产生强烈的"代入感"，仿佛进入了自己的生活场景。

文案创作者在撰写搭场景式文案时，一方面可以用描绘情境式的文案，让用户处于文案所描述的情境中，产生对产品的联想和需求；另一方面，也可以告诉买家在什么情况下会用到该产品，让其处于使用产品之后的"未来场景"中，激发买家的购买欲。下面这个案例就是某款扫地机器人的电商文案，一句"生活本该自由，不做家务真好"直抵消费者内心需求。后面对扫地机器人清扫后的干净地板的场景描写很有画面感，能让买家产生一种代入感，如图4-14所示。

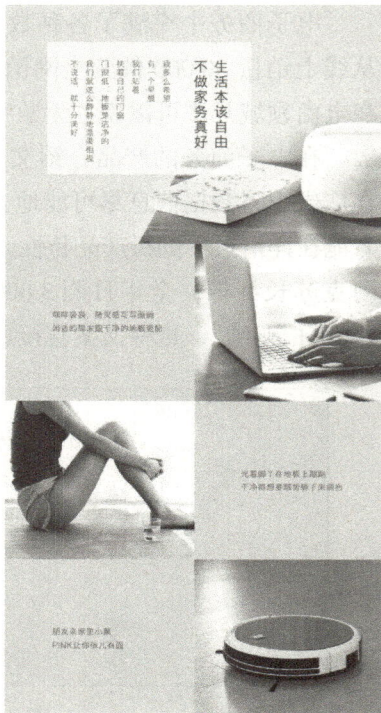

图4-14　搭场景式电商文案

生活本该自由
不做家务真好

我多么希望，有一个早晨，我们站着，扶着自己的门窗，门很低，地板是洁净的
我们就这么静静地温柔相视不说话，就十分美好

咖啡袅袅，随灵感写写画画，闲适的周末跟干净的地板更配
光着脚丫在地板上蹦跶，干净得想要顺势躺下来拥抱
朋友来家里小聚，PINK 让你倍儿有面

走心的文案一定是能与用户产生关联的场景化描写，制造场景化阅读。在一个特定的场景中跟买家讨论一个话题，比直接跟他们讲道理、说教要容易得多，他们会觉得自己也正在经历这些苦恼，这些内容说的就是发生在他们身边

的事。例如，某款男士矿漠泥保湿套装的文案如下。

"皮肤问题，男人觉得不爽，只因油光失控。1. 户外运动　好心情被油光毁掉，户外运动将刺激皮肤出油，无法痛快玩耍；2. 城市污染　加速油光重生，城市污染增加皮肤出油率，长久净爽难以实现。"

在选择"搭场景"这一写作切入点后，文案创作者想完成文案的撰写只需两步。

第一步，用文字、画面勾勒出一个场景。这个场景一定是大多数人在生活中需要面对或经历过的，文案创作者想只是用图文等信息工具作为刺激物，把用户记忆中存储的场景画面调取出来。

第二步，在这个场景中与用户进行沟通，并提出解决方案或者对平台的思考、建议。

| | |
|---|---|
| 天南地北吹牛的人很多 | 只有你 |
| 只有你 会为我转来救急的钱 | 为真爱付出 每一笔都是在乎 |
| 喝一瓶 装心事的酒 | |
| 为友情支付 每一笔都是在乎 | 坐过 55 小时的火车 |
| | 睡过 68 元的沙发 |
| 千里之外 每月为爸妈 | 我要一步步丈量 |
| 按下水电费的支付键 | 这个世界 |
| 仿佛我 从未走远 | 为梦想付出 每一笔都是在乎 |
| 为牵挂付出 每一笔都是在乎 | |
| | 今年的账单上 |
| 我曾与很多姑娘 | 90%的付款记录是为了我 |
| 说过情话 | 爱别人前 |
| 但让我习惯 | 我想先学会爱自己 |
| 为她买早餐的人 | 为悦己支付 每一笔都是在乎 |

这是支付宝结合场景化阅读撰写的文案，一段段的文字把一幅幅生活场景的画面展现出来，能很好地传达支付宝在生活中方方面面的应用，并以多个主题系列呈现在用户面前，就更加俘获了用户的心。

场景化阅读是指在某个特定场景中完成信息的传播沟通，强调的是被传播的信息在一个相匹配的场景氛围中被传递出来。而场景化阅读如果脱离了场景，阅读本身也就丧失了一般的意义。

## 八、创意境

意境是指一种情景交融的艺术境界。文案创作者在撰写电商文案时，要将文字的内容与所营造出来的意境相互交融。具体到电商文案的写作切入点，应适当地用文案营造产品氛围，针对不同类型的产品，配合撰写不同的文案。下面以臻三环品牌的电商文案为例，介绍电商文案写作中如何以"创意境"为切入点。

臻三环作为百年传承的非物质文化遗产手工锻打工艺制品，在店铺中始终努力凸显"传统技艺""中国工匠""手工锤打"等关键词。通过一系列电商文案，为该品牌营造出了一种匠人匠心的品牌意境，如图4-15所示。

其品牌故事文案如下。

臻三环传承百年京勺技艺

臻，美而至也

是老手艺人对品质的追求

三环，品牌的标志

也是铁匠们对产品质量的承诺

在机械化普及的今天

臻三环依然秉承传统工艺

每次锤打都是时光叩击历史的回响

每口臻三环锅都蕴含着满满的诚意。

图4-15　臻三环品牌故事

这段品牌故事明确了品牌的定位——"传统工艺制造，追求高品质的手工锻造锅"。那么，在产品的详情页、辅助文案、随文介绍中也要用适当的文字表现出这一品牌定位。在产品详情页中，文案创作者对产品制作工艺流程的描述便营造出了一种适合产品意境的氛围，如图4-16所示。

臻锻三万六千锤
是锤不是吹
手工铁锅是怎样炼成的
锻打一口铁锅需要 24 种不同规格的
锤子
铁锅在不同阶段不同的部位需要不同
规格的锤子

有理有据的三万六千锤
将一块铁板锻造成铁锅需要锻打
36 000 次以上

几万次的锻打
铸就每口锅的灵性
温馨相伴的万家灶火
谱写着动人的美食传奇

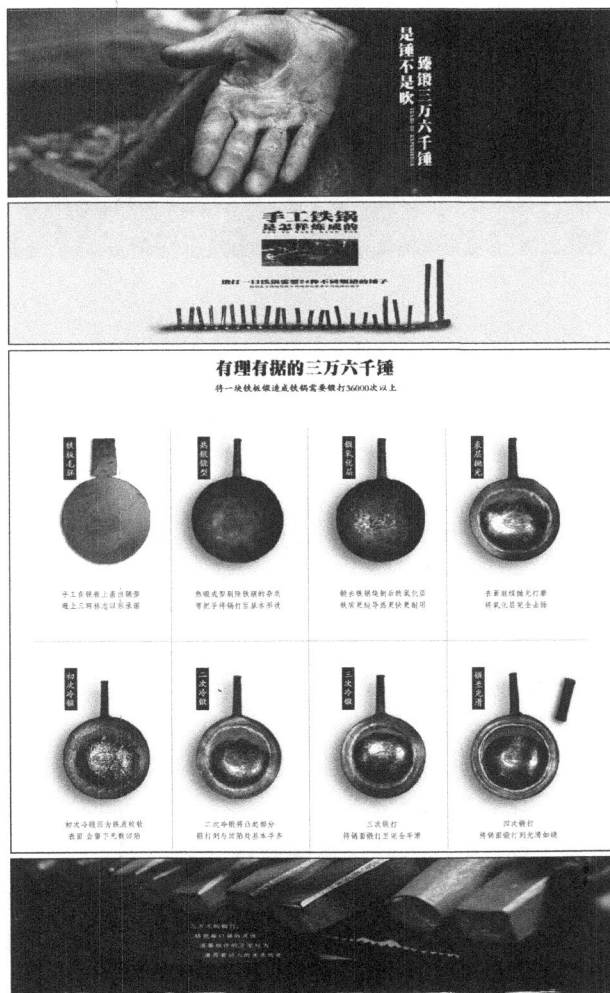

图 4-16　创意境式电商文案

最后，文案创作者还在臻三环官方旗舰店中配以视频及图片，详细讲述了濒临消失的非物质文化遗产，并通过介绍手工锅背后的故事，再次烘托强调该产品的可贵之处，如图4-17所示。

图4-17　臻三环品牌电商文案

淘宝网中的南食召、故乡车站、裂帛等知名淘品牌都是通过创意境式的电商文案打造出整体店铺意境和品牌调性的，这种电商文案深受用户的喜爱。

## 本章实操训练题

本章介绍了八种常见的电商文案写作切入点。请用不同的方法分别为某款保温杯撰写一篇文案。这款保温杯的特点如下。

大容量真空保温杯（1000ml、800ml）；SUS304不锈钢材质内胆，采用电解研磨技术；24小时保温保冷、食品级硅胶密封圈，密封防漏；食品级PP材质杯盖、时尚便捷提绳。颜色：钢本色、咖啡色、红色、黑色。

# 第五章
# 激活优秀电商文案的创作密码

优秀的电商文案总是洞悉人心的，它或短小精悍，或创意连篇，或图文精美，或文字诗意，能在消费者不知不觉间渗透电商概念，使消费者在热情的持续期间产生对品牌或商品的好感。文案创作者在创作电商文案时，要紧跟潮流，扣准网络脉搏，在网络世界中构建电商生态，尽善尽美地与用户交流，让他们在愉悦的心情下产生购物行为。如此，即使用户没有立刻购买，至少也已经处在购物的心智旅程中。

## 一、优秀电商文案的特征

优秀的电商文案不仅会增加产品的点击率，还能给人留下深刻的印象，它可以充满创意、充满生命感，让消费者自然地去寻找它的形态，甚至试图去与它进行交流。成功的电商文案能够找到每一位目标客户的兴奋点，能让每一位消费者找到共鸣，而这也是文案创作者的骄傲。

通常来说，优秀的电商文案具备以下特征。

### （一）通俗易懂

在众多电商文案中，我们发现平实的文字最有效。准确规范、通俗易懂是电商文案撰写的最基本要求，电商文案要实现对主题和创意的有效表现和对产品信息的有效传播。

（1）文案中的语言表达要规范、完整，避免语法错误或表达残缺。

（2）文案中所使用的语言要准确无误，避免产生歧义或误解。

（3）文案中的语言要符合常规的表达习惯，不可生搬硬套，或者自己创造新词。

（4）文案中的语言要尽量通俗化、大众化，避免使用冷僻及过于专业的词语。

下面这款手表具有防水功能，在其电商文案中，文案创作者放弃使用一些专业术语介绍防水原理，而是单纯选择"洗手、下雨等生活场景可正常使用"这样一句平淡无奇、通俗易懂的文案，再配上戴表洗手的图片，这样买家就可以轻松获知该产品具备防水这一特点的信息，如图 5-1 所示。

图 5-1　防水手表电商文案

此外，很多电商平台中的产品介绍都充满了虚化的概念，不易被人理解，如使用"顶尖、黑科技、最好、领先、大众化"等虚词。通常来说，为了使文案更加清晰易懂，电商文案创作者可以把虚化的概念具体化，来迎合人类最基础的视觉、触觉、嗅觉等感官需求，也就是说，文案创作者要让写出来的文案的感知性强一些，要让人能产生亲身体验的联想。

近年来，电商文案创作有口语化趋势，这种口语化的表达让人感到亲切、实在，平易近人。图 5-2 所示为某款枸杞的介绍详情页之一，其文案简单明了地向消费者介绍了该款产品是正宗中宁枸杞，并用口语化的自述方式分别从颜色、顶端和形状三个方面介绍商品特征。

图 5-2　口语化自述式电商文案

## （二）创意新颖

"加班到最晚，加薪排不上；今天不运动，明天你最胖；游戏玩不好，嘴炮特别棒；开会都在想，何时能开完……是不是有很多事想'吐槽'？真材实料的马奇新新燕麦饼干约你来爆点生活的真料。"

看到这样的电商文案，相信许多人在阅读后都深感其说出了自己的心声，并愿意参与互动。这是马来西亚第一饼干品牌马奇新新在进入中国市场后，为品牌旗下主打产品燕麦饼干撰写的文案。其中加上了适时排毒、"丧丧更健康"的新宣传点，于是其在官方微博上开启了一个#爆点生活的真料#的话题，与粉丝进行积极互动。

在这次活动中，商家还发布了针对某些人群展开的定向创意电商文案。下面就是针对广告人制作的定向文案，这个文案通过一系列创意新颖的内容来吸引受众眼球。

### 马奇新新燕麦饼干
### 广告人篇

#### 客户虐我
千百千百千百千百千百千百千百遍，
我待客户如初恋；
听过最多的谎言是不用改了，然后又
双叒叕又要改稿了。
现在把话筒递给广告人，大声说出你
们的故事！

#### 02
最能体现我跟客户间默契的就是
"今天下班前给你＝明天你上班前能
收到"
别人的饼干吃不下去，我们的饼干听
不下去。
马奇新新燕麦饼干，爆点生活的真料。

#### 01
含泪对每一版设计稿唱：
"可惜不是你，陪我到最后"
别人的饼干吃不下去，我们的饼干听
不下去。
马奇新新燕麦饼干，爆点生活的真料。

#### 03
客户要什么样的方案，我不知道
反正他不要你写的这一个
别人的饼干吃不下去，我们的饼干听
不下去。
马奇新新燕麦饼干，爆点生活的真料。

04

传说"广告狗"都是狼族的后裔

可靠的解释是他们都在夜晚精力旺盛

别人的饼干吃不下去，我们的饼干听

不下去。

马奇新新燕麦饼干，爆点生活的真料。

05

曾经有很多甲方否定我的创意

后来他们就……

都如愿以偿了

别人的饼干吃不下去，我们的饼干听

不下去。

马奇新新燕麦饼干，爆点生活的真料。

06

该下班的时间，没活就快走

千万不要手贱，再收一次邮件

多看一眼，可能就是一场加班

别人的饼干吃不下去，我们的饼干听

不下去。

马奇新新燕麦饼干，爆点生活的真料。

07

人有多大胆

方案拖多晚

别人的饼干吃不下去，我们的饼干听

不下去。

马奇新新燕麦饼干，爆点生活的真料。

08

死了都要改，LOGO 不大不痛快

——致"设计尸"

别人的饼干吃不下去，我们的饼干听

不下去。

马奇新新燕麦饼干，爆点生活的真料。

09

客户说：这个方案不错

你以为你就不用改了？

别人的饼干吃不下去，我们的饼干听

不下去。

马奇新新燕麦饼干，爆点生活的真料。

马奇新新燕麦饼干文案如图 5-3
所示。

图 5-3　创意新颖的马奇新新燕麦
饼干电商文案

人们总是对新鲜的事物感兴趣，任何一样东西看久了都会觉得腻。因此，文案创作者要经常进行思维创新，给文案增添新的元素，关注当下热点，洞察消费者，撰写出创意新颖的电商文案。在抢夺受众注意力的战场上，只有那些创意新颖、能让消费者愿意阅读下去的文案才能让人产生分享和传播的欲望。

某款电商品牌的核桃枣的文案如下。

幸福趁枣　核你分享

孝顺要趁"枣"　健健康康要陪你到老

表白要趁"枣"　真真切切知道你对她的好

关心要趁"枣"　伴手好礼，分享更味美

暖心要趁"枣"　时时刻刻把精力填充

在这个文案中，撰写者将红枣的"枣"字和核桃的"核"字进行了谐音联想，这不禁能让买家在阅读时感慨其构思巧妙，这样的文案既突出了核桃枣的产品核心，又用感性诉求的方式直击买家内心，进而促成购买行为。

（三）简明扼要

我们常说"大繁至简，返璞归真"。文案在文字语言的使用上要简明扼要、精炼概括。首先，文案创作者在撰写文案时要以尽可能少的语言和文字表达出产品的精髓，电商文案要求摒弃任何无用的、无关的信息，以实现有效的信息传播；其次，简明、精练的文字有助于吸引目标受众的注意力，并使其迅速记住文案内容；最后，文字逻辑清晰，即分清主次，抓住重点。

20 世纪 30 年代，著名的建筑师路德维希·密斯·凡德罗说过一句话"Less is more"，意思是"少即多"。这是一种提倡简单、反对过度装饰的设计理念。在他看来，简单的东西往往会带给人更多的享受。

一方面，简单内容比较容易记忆。现在人都很懒，网上店铺又很多，人们没有时间和精力去仔细阅读长文案，所以电商文案一定要简洁，最好能在最短的时间内打动消费者的心，能用一句话概括的绝对不多说一个字。

另一方面，简单是对付混乱的有效方法，可以有效地打破混乱。要想在那些让人眼花缭乱的广告中脱颖而出，有时使用简明扼要的文案创作思路反而会更有优势，毕竟干扰越少诉求越强。新加坡作家尼尔·弗伦奇建议："对付你的下一个广告，简化到只剩一样东西。有时只是一个标题，有时则是一个图像。

无论怎样，都是只剩一样东西。你往广告结构中加的每一个元素，都会削减其他元素的重要性；相反，你删减掉的每一个元素，都会提升别的东西的可看性与重要性。"

（四）关注细节

文案高手 David Abbott 在《全球 32 位顶尖广告文案的写作之道》一书中谈创意之道时说："如果你相信事实胜于雄辩（我就相信），你最好是学会写明细，好叫它读起来不像明细。"好的撰稿人要具备高超的说服能力。好的电商文案是能撰写出好理由的文案，而好理由很少有人能信手拈来。撰稿人要条理分明，客观有序，一个字挨着一个字，一个句子接着一个句子地为客户写稿，好文案的成功往往源自认真、严肃和一丝不苟地追求细节。

电子商务中店铺中的每一个细节都是在跟买家对话。下面是某款钻石饰品的文案，文案中对佩戴饰品后的细节描述很能打动买家的心。

**钻石耳坠文案**

"日光、烛光、火光

在你的脸上投射

铺陈了一道光芒

带给你肌肤新的光辉

你将不自觉地将头发盘在耳后

它将成为你的一部分"


**钻石戒指文案**

"外表炽热

但手上感觉冰冷

并将各种光芒变得更亮

每隔一会儿就偷看一下

你也会自愿常修指甲"

再以某款太阳镜的细节展示为例，由于电商产品不能供消费者在购买前进行试用，因此好的电商文案非常重视对产品细节的描述和展示，如图 5-4 所示。

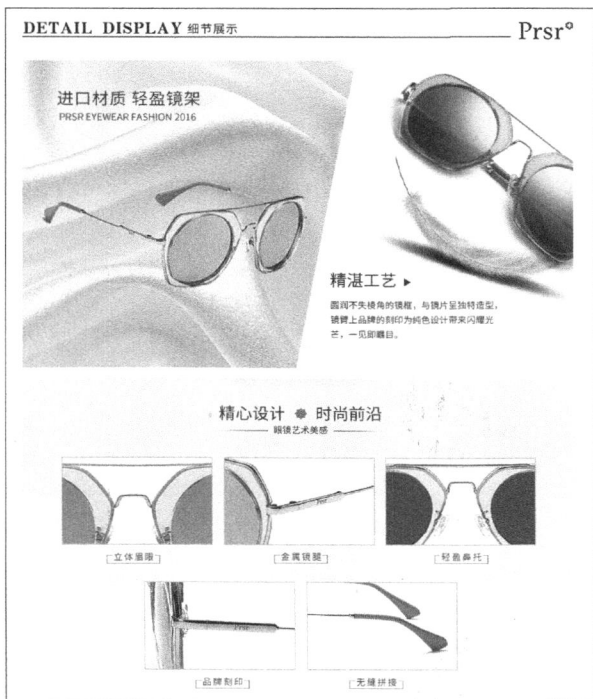

图 5-4 关注细节的电商文案案例

## （五）激发互动

电商文案和广告文案还是有区别的，广告文案需要把目标客户群当成朋友，通过文字把想要表达的情感传达给买家，引起他们的共鸣，促进下单转化。电商文案更多体现在与买家的交流沟通和互动方面，是通过文字产生心与心之间的交流。在交互媒体中，文案不只是文字，它还是创意与观念的载体。

在用户产生内容（User Generated Content，UGC）模式下，让众网友一起参与活动，有更强的互动性，网友不再只是观众，而成为互联网内容的生产者和供应者，这让体验式互联网服务得以更深入地进行。好的文案可以引领时尚潮流，激发受众写出更多有创意的内容，然后通过二次传播吸引更多的网友关注，提升电商品牌的知名度。

2017 年夏季，网红雪糕品牌中街 1946 推出了一款 mini 雪糕，其特点就是比传统的 80 克雪糕小了不少，只有 45 克，如图 5-5 所示。之后，市场部为推广该新产品发布了一组漫画（见图 5-6），一句"小一点儿，是不是不一样？"使得中街 1946 的这组海报激起了受众的自发式互动。

图 5-5　网红雪糕品牌中街 1946 新款 mini 雪糕电商文案

图 5-6　网红雪糕品牌中街 1946 新款 mini 雪糕推广漫画

中街 1946 的这个广告无疑是成功的，网友之所以愿意去主动改编海报，在于广告本身的"小"这个点能引起他们的兴趣。广告中多了一个"小"字，便有种画风突变的感觉，有趣的内容容易引发网友们跃跃欲试的心理，网友们开始自发收集、制作并发布相关信息，这使本次的推广活动取得了很好的传播效果。

## 二、发挥电商文案的语言力量

文字是电商文案的主体，要想让消费者对产品记忆深刻，电商文案的文字部分就要充满力量，简约而不简单。

### （一）信仰文字的力量

文字是有力量的，"上天猫，就够了"，这样简简单单的一句话很容易被人记住。"尚天猫，就购了"则更加贴切，把语言的力量发挥到了极致。

首先，在电商文案中，文字的力量主要体现在通过文字赋予产品以生命力，使产品形象栩栩如生。

售卖民族风女装——"人生需要裂帛的勇气"；

售卖纯棉衣服——"你能听到棉花绽放的声音"；

售卖男士浴液——"洗出你的男人味"。

在文案撰写过程中，撰写者往往会结合产品的特点，用"拟物化""拟人化"的手法让文案更加鲜活。

其次，要信仰文字的销售力，达成销售的目的是好文案的核心。

广告在营销的销售执行阶段，需要以文字来传达产品的利益点，这体现了文字的销售力。文案诉求产品的差异竞争优势，便能迅速寻找到诉求对象，使营销获得真正的工作成效。文案更具备销售力，出色的文案能提升低廉产品的价值，促进销售，提升产品公信力，使产品形成长线发展趋势，很多人又把这称之为品牌力。文案的最终目的是销售产品或服务。文案撰稿人希望文字可以成为传播中具有神奇魔力的要素，可以让消费者阅读完他们所撰写的文案后就信任他们，并按照广告信息付诸行动。

最后，电商文案具有电商品牌的形象塑造力，能有力地打造电商的品牌形象或企业形象，为电商产品的长期销售奠定基础。

随着电商市场竞争的日趋激烈，同质化产品大量增加，品牌影响力在消费者的购物行为中起着越来越重要的作用，许多有远见的企业都不遗余力地进行电商品牌推广。

### （二）坚持诗意的美感

有的人，听见风动就能写诗；有的人，看见花开就能填词；有的人，遇见雪落就能作歌；有的人，碰见月升就能咏赋。语言文字虽然不能像绘画那样直接描绘事物的形象，但美好的文案是内容和形式的完美统一，可以营造出诗意的美感。

在传统文案中，文案天后李欣频的文字感动了许多人。她给诚品书店写的文案就彰显了文案诗意的美感。

> 海明威阅读海，发现生命是一条要花一辈子才会上钩的鱼。
> 梵高阅读麦田，发现艺术躲在太阳的背后乘凉。
> 弗洛伊德阅读梦，发现一条直达潜意识的秘密通道。
> 罗丹阅读人体，发现哥伦布没有发现的美丽海岸线。
> 加缪阅读卡夫卡，发现真理已经被讲完一半。
> 在书与非书之间，我们欢迎各种可能的阅读者。

"雅痞"作家冯唐也曾给六神花露水写过文案，并亲自出镜担任其平面海报里的主角，这让一位荷尔蒙爆棚的"老司机"瞬间变成"小清新"，如图5-7所示。

瀑布流淌：　　　　　　　　鸟儿的歌唱
自由之后，才有歌唱　　　　大地对晨曦的回响

图5-7　六神花露水的诗意文案组图

这些小小的心思
婆娑响的叶子
我心里欢喜不止

我的心张开帆
借着无所事事的风
去无所谓哪里的岛

爱的欢乐像自由的鸟
飞舞在一树树的花开

飞鸟唱你的名字
在你的晨光里
你的名字就是欢喜

图 5-7　六神花露水的诗意文案组图（续）

此外，冯唐还曾为手表品牌积家推出的品牌概念短片——《时间之始》写过文案，并请赵薇来配音，这可以说是近年来国内最富有诗情画意的一条广告片了。

### 《时间之始》

我是地球指间的流沙，四季的变化，
不可感知的事物自然而然地变得容光
焕发；

我是天际在线的那颗眉眼，
时间与测量的直觉；

我是器，我是月亮，
潮汐与生命的无尽回转，
距离最近的遥不可及，
能遮住太阳的阴暗；

我是地球轮廓之上的明艳，
最漫长探险的第一步；

我是伴，我是万有引力，　　　　　我是对更大无限的秋波那一转，
　月落沉沉，日夜轮回，　　　　　　　生命的脉动弥漫虚空；
　连接诸多世界的灵魂；

我是这个星球的瞭望，　　　　　　我是鬼斧神工，我是一个全新的世界，
　静观一个完美的安排；　　　　　　　围绕各自宇宙轴心旋转的神迹，
　　　　　　　　　　　　　　　　　　　星辰起舞，时间和空间黯然销魂的凝固；

我是道，我是光　　　　　　　　　　我是一扇开向无垠的窗，
承载你无法定义的希望，　　　　　　　美丽新世界在你腕上绽放；
　彗星被点亮的面纱，
　化成璎珞的坠落的光亮；　　　　　　我是积家，Jaeger-LeCoultre

　　优秀的电商文案就是能将文字如诗歌般展现给读者，让人们对生活充满美好的想象，进而对电商品牌形象产生好感。

## 三、那些不像文案的好文案

　　2013 年 2 月 14 日，加多宝陆续在新浪微博发出四条微博，且配上了四张小孩哭泣的图片（见图 5-8），四条微博内容如下。

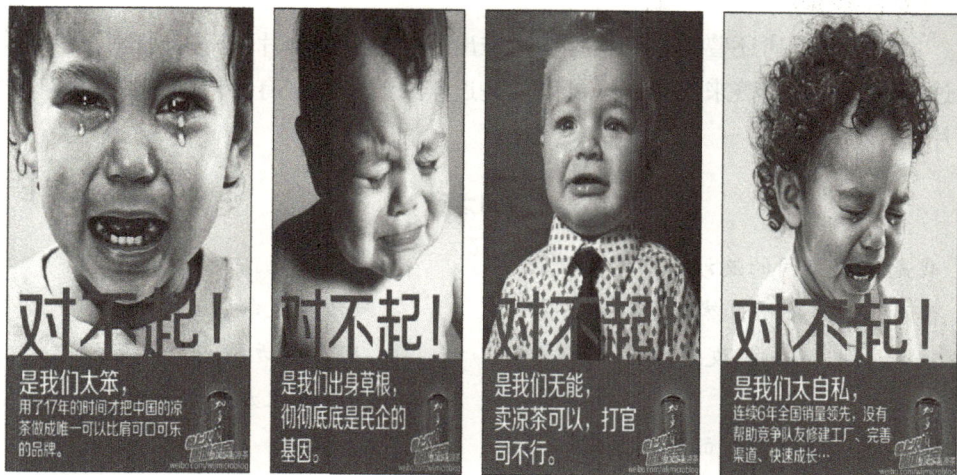

图 5-8　加多宝"对不起"系列文案

对不起！是我们太笨，用了 17 年的时间才把中国的凉茶做成唯一可以比肩可口可乐的品牌。

对不起！是我们出身草根，彻彻底底是民企的基因。

对不起！是我们无能，卖凉茶可以，打官司不行。

对不起！是我们太自私，连续 6 年全国销量领先，没有帮助竞争队友修建工厂、完善渠道、快速成长……

四段文字配上四张小孩哭泣的图片，让消费者立即想到加多宝与王老吉的商标权之争。消费者的好奇心瞬间被点燃，竞相转发，该案例也一度拿下当年的不少广告营销大奖。

蓝 V 组团营销也成为了许多电商品牌进行线上推广的新方式。不少蓝 V 放弃了单打独斗的模式，转而采取抱团模式，通过群体合作的方式，辅以诙谐幽默的调侃，在不伤害用户体验与品牌和气的情况下，完成自身的品牌推广。

2016 年 10 月 24 日，微博用户 @章渔大小姐 准备购买一款豆浆机，看来看去颇为纠结，于是发了一条平时颇为常见的微博。但让人意想不到的是，就是这样一条看似稀松平常的微博，却引发了一场史无前例的企业蓝 V 商业大战，无数品牌竞相涌入，上演了一场完美的企业品牌营销大战。这条微博发布以后，很快便拥有了数万计的评论、转发和点赞，如图 5-9 所示。

图 5-9　微博企业蓝 V 商业大战案例

2015 年 6 月，农夫山泉在爱奇艺视频的贴片广告位发布了一则特别的广告。这则广告既没有影像，也没有声音，甚至连品牌的标志都没有出现，只是在屏幕上显示了一行文字："农夫山泉提示您：非会员也可以免费关闭广告，请注意右上角的关闭按钮"。正如文字所说，非会员用户只需单击"关闭"按钮，就可以获得和视频平台会员一样的特权：免费去掉近2分钟的贴片广告，直接观看视频。

在各大视频网站的贴片广告备受用户诟病的现状下，这则广告一经推出就在社交网络上掀起舆论话题。这则广告充分利用了大众讨厌广告的心理，用自己的广告"扼杀"其他广告，以此来"讨好"用户，这样的创意手法当然会收获用户满满的好评，虽然可以关闭广告，但很多用户还专门停留下来观看了2分钟的品牌广告。

2016年，作为新版好声音《中国新歌声》的网络播出平台，优酷也以敢玩、会玩、好玩的本色体贴地为网友免广告、真实营造撕广告氛围、实力范儿贡献花式衍生节目，彰显"有趣与酷"的平台本色。

优酷全员免广告的大方行径也让微博网友忍不住为创意人"加鸡腿"："广告语是'本节目由 RIO 赞助不播出'，不管是谁想出这个点子，都应该升职加薪！"

优酷的这个创意和农夫山泉的非常类似。

这就是互联网时代下的典型文案，它看起来并不那么像传统意义上的文案。再如，名为《梵高为什么会自杀》的支付宝文案，也十分不像"文案"，但这个文案被许多人称为神级广告贴，赢得了一致好评。

文案创作没有止境，永远都可以推陈出新。在当今的碎片化时代以及新媒体语境下，不仅文案本身要变成内容，一切营销性质的素材和活动都存在内容化的需求，营销的本质在于沟通，而最好的沟通介质则是那些对受众来说有用或有趣的内容。要让广告、营销、公关等一切市场手段都变成高价值的内容，就要脱去一切包装的外衣，还原营销的本色，实现文案创新。

## 四、网络段子与电商文案

在碎片化阅读的时代，段子是最受网友欢迎的短文，伴随互联网时代一些网络段子手的出现，不少利用段子形式进行广告宣传的电商文案也相继出现。社交媒体的繁荣，给了传统文案这次转变的机会，无论是140字的微博还是洋洋洒洒的长文案，你都能从中发现一些不一样的地方。

好的文案创作者不一定会写段子，但会写段子的一定是个好文案创作者。近些年在微博、微信公众号涌现出一大批内容创作者，但在脑洞突破天际的段子手中，天才小熊猫、薛之谦、衣锦夜行的燕公子、冷笑话精选等账号无疑是其中的佼佼者。他们的内容讨人喜欢，能够吸引人阅读。他们可以熟练驾驭文字，通过自黑、反转、灾难、意外等方式制造出搞笑的效果。大家都知道段子吸引人，要写出短篇如小说般精彩绝妙的段子式文案，创作者更要下一番功夫。

2017年夏季，既是歌手又是段子手的薛之谦代言了肯德基，在广告中他如是说。

"暴风雨之后，不仅没有见到彩虹，还感冒了，人生就是个冷笑话，肯德基，现磨冰咖啡，'冷冷滴'上市！"

"为什么他不给你的朋友圈点赞？为什么？赞！赞！不是她对你的内容没兴趣。Who care？是她对你不感兴趣。不感兴趣！听到没。肯德基，现磨冰咖啡，'冷冷滴'上市！"

"谢谢那些曾经击倒我的人。躺着好舒服。人生是个冷笑话。肯德基，现磨冰咖啡，'冷冷滴'上市！"

"人生是个冷笑话"虽是一个"老梗"，但与网络上流行的"负能量""丧文化"有着异曲同工之妙。通常来说，段子虽然只有短短一百多字，甚至只有几十个字，但段子包含着撰写者很多的智慧。一条好的段子需要写手绞尽脑汁，也需要读者开动脑筋，段子式的电商广告也是如此。

让我们再来看看薛之谦在其微博上为倩碧净透神水做的长文案广告案例，如图5-10所示。

在这个长文案中，撰写者先从与受众"探讨一个历史问题"入手，思考两个历史人物——关羽和包青天——为什么有特殊脸色？之后文案从探讨脸色过渡到护肤品，无厘头之间又夹杂着诙谐和调侃，传播效果却还不错。

文案和段子手的表现手法愈加多样化，不再仅仅局限于文字，从文字到图片，从图片到视频，从单向传递到双向互动，新媒体人要有深厚的文化功底、跨领域的艺术专长，理解社会意识形态，理解用户情绪，才能创作出一个又一个"剧本"，让用户阅读、体验，并产生互动。

值得深思的是，电商品牌的段子式文案也许很有趣，但细细品味又感觉没有什么内涵，只是有趣而已。这些段子文案传达出了品牌或者产品的独特利益点了吗？好像没有。而且许多段子式的文案其实和许多品牌都可以搭在一起。这些段子文案和品牌的关联性在哪里？所谓的品牌独特性又在哪里呢？

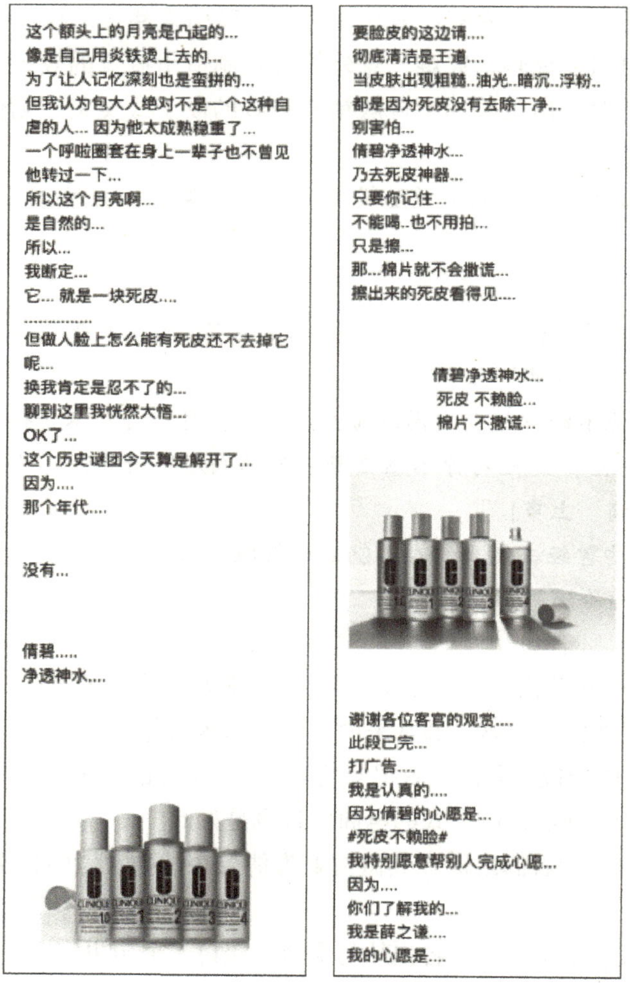

这个额头上的月亮是凸起的...
像是自己用炎铁烫上去的...
为了让人记忆深刻也是蛮拼的...
但我认为包大人绝对不是一个这种自
虐的人... 因为他太成熟稳重了...
一个呼啦圈套在身上一辈子也不曾见
他转过一下...
所以这个月亮啊...
是自然的...
所以
我断定...
它... 就是一块死皮...
.............
但做人脸上怎么能有死皮还不去掉它
呢...
换我肯定是忍不了的...
聊到这里我恍然大悟...
OK了...
这个历史谜团今天算是解开了...
因为....
那个年代....

没有...

倩碧.....
净透神水.....

要脸皮的这边请....
彻底清洁是王道....
当皮肤出现粗糙..油光..暗沉..浮粉..
都是因为死皮没有去除干净...
别害怕
倩碧净透神水...
乃去死皮神器...
只要你记住...
不能喝..也不用拍...
只是擦...
那... 棉片就不会撒谎...
擦出来的死皮看得见....

倩碧净透神水...
死皮 不赖脸...
棉片 不撒谎...

谢谢各位客官的观赏....
此段已完...
打广告....
我是认真的....
因为倩碧的心愿是...
#死皮不赖脸#
我特别愿意帮别人完成心愿...
因为...
你们了解我的...
我是薛之谦...
我的心愿是....

图 5-10 微博长文案广告

既没有传达产品利益点，也没有传达品牌独特性，商家为什么要用这些段子做创意呢？难道只是为了表达品牌很机灵，很懂热门段子吗？从段子中延展出来的创意大多没有洞察力，难以打动人心。所以说，创意不该只是从段子中来。

社交媒体信息更迭非常快，今天流行的段子，也许明天就成了老梗。因此，品牌借鉴段子做创意，本意是想跟随热点。但当广告刊登时，这些段子很可能已经过时，而且这些快餐式的段子广告非常容易被人遗忘。

总之，网络段子有其自身的特点，可以与电商文案搭配起来，我们既要认识到两者互相促进的作用，也要认识到段子应用到电商文案中的局限性。

## 五、尽善尽美：电商文案的排版技巧

有人说：淘宝网其实就是一个卖图片的网站。淘宝网是视觉营销，其中的图片要足够清晰，且能用图片说明就不用文字说明。文案的重要性不亚于图片，但光靠文案让消费者自行想象肯定是不可行的。所以图片和文案应该互为补充，图片主要展现商品的细节，文案则展现更为宏观的思想，两者结合后，才能更好的将产品的优势展现给消费者。

### （一）文字部分

文案中文字部分的编排主要在于字体、字形、字号、字符、数字、字母、色彩、段落的行间距、段落的划分等。这些编排可以凸显文字本身之外的意义。柯林·威尔顿在《字体与美术设计》一书中指出"只是因为选择了错误的字体，就可能失去 3/4 的读者。如果你的销售依赖于文字，那字体对你来说就非常重要。"

### （二）图片部分

文案不只是文字，还有图片部分。文字可以释义，但图像也能发声。不同类型的图片如写实、虚构、摄影、手绘的图片，以及具有未来感、历史感的图片可以传达出产品想要传达的不同格调，体现出电商品牌的特点。

现在的买家都是"好色之徒"，所以文案中既不能缺少文字刺激，也不能缺少视觉的冲击。在电商平台上，视觉营销是整个营销过程的重要部分，所以图片很重要，而且图片要清晰，要有视觉冲击力，要能足够刺激买家的眼球，这样买家才会感兴趣。买家看着不够清晰的图片是没有感觉的，对于店铺的信任感也会因此而降低。

据《吸金广告》一书所述，照片是最引人注目的图片类型，它吸引的读者最多。其中有 7 类照片的吸引力最大，如图 5-11 所示。

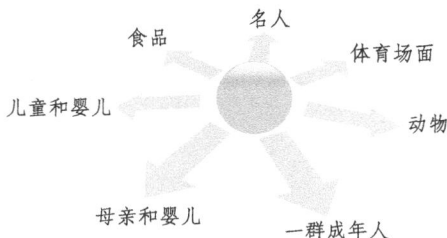

图 5-11　七类吸引力最大的照片

### （三）版式部分

图文的比例、结构、大小、疏密可以引导读者的阅读视线。再动人的纯文字文案也不如一张有说服力的图片，长篇大论不如图文并茂地解说，尤其是在当今这样一个"读图时代"。

"广告之父"奥格威创造了一些他那个时代最著名的广告。他创作出一种简单的版面设计公式，如果遵循其原则，就能制作出惹眼的广告。具体来说，就是所谓的"三分之二／三分之一原则"。其要求为，在广告顶部三分之二的版面中放一张巨大的照片，剩下的三分之一版面则由标题（直接置于照片下方）和标题下方的销售文案组成。

总体来说，电商文案的排版技巧主要包含以上三个部分，这三部分共同构成了文案内容的外在形式。电商文案在编排发布时也需要考虑到这些方面，只有内容与形式和谐统一，才会产生优秀的电商文案。

### 💡 本章实操训练题

> 某国货护肤品是一款适合冬季的滋润型补水保湿精华、乳霜质感、不油腻、吸收快、味道清香、水润保湿增加弹性，细化毛孔去细纹，久用皮肤水润细腻。
>
> 请你用诗意的文字撰写一篇适合该产品古典风格的电商文案。

# 第六章
## 让顾客能找到网店中的产品

网店中的产品琳琅满目，如何让顾客准确找到网店的商品是极其重要的一步。因为只有让顾客找到商品，才会让他们在页面停留并阅读文案，也才能形成后续的转化。便于顾客找到网店中的产品的方法通常有两种：一是优化电商品牌命名，好名字才能吸引顾客的注意并让他们记住；二是设置好电商文案中的关键词，便于买家在网络搜索时快速找到产品。

## 一、优化电商品牌的命名

品牌名称是指品牌中的标志性文字及其读音，是品牌的核心要素。它给消费者以整体印象和基本评价，一提到某一品牌名称，人们很快就会对该品牌所代表的产品质量、技术、服务等有一个总体概念。品牌名称十分重要，阿尔·里斯和劳拉·里斯在《品牌22律》中指出，"从长远的观点看，对于一个品牌来说，最重要的是名字。"

现在已进入品牌时代，消费者在购买产品时更倾向于选择知名品牌。一个产品从开发到生产，再到宣传推广，历时弥久。商家要想建立自己的品牌，不是一朝一夕的事情。其中，品牌命名是品牌建设的第一步，起一个符合产品性能特征又能满足消费者心理需求的名字，无疑会增加产品的知名度和竞争力。因此，可以说品牌命名是一种微型文案写作。

### （一）好名字是成功的开始

产品是实体，品牌名称就是产品的精神、象征和灵魂，它可以激发消费者的联想。品牌名称是消费者感知品牌的第一印象，当品牌名称出现时一定伴随着消费者对产品的感受。品牌名称本身就是一句最简短、最直接的广告语，能够迅速、有效地表达品牌的中心内涵和关键联想。

以淘品牌韩都衣舍为例，韩都衣舍在成立之初刚好赶上"韩流"流行中国的年代，韩剧、韩国综艺节目在中国都十分火爆，消费者纷纷效仿韩国明星的着装，这使得韩国服饰在中国也成为一种时尚潮流。韩都衣舍从名字上看就是韩式流行服装，逐渐就形成了"买韩式服装就到韩都衣舍"的品牌理念，而韩都衣舍也逐渐成为热销的网络知名淘品牌。

产品名称是识别品牌的重要标志，许多营销专业人士认为，最好的名字总是那些简单且令人难忘的。例如，休闲食品"张君雅小妹妹"，就非常好记，易传播。同样是一款休闲食品，某款网络热销的锅巴品牌起名为"大吃兄"，也很容易吸引消费者注意并让消费者记住，如图6-1所示。

图6-1 某休闲食品品牌命名

此外，互联网坚果品牌"三只松鼠"、吸尘器品牌"小狗电器"，以及拥有"买包包？麦包包！"著名广告语的"麦包包"也都是电商领域的好名字，这些品牌的成功与优秀的品牌命名不无关系。

### （二）电商品牌命名的原则和技巧

名称是品牌的终生标记，同时也是一笔巨大的无形品牌资产。电商品牌的命名是一项商业决策，而不是一项创意选择。通常来说，企业非常希望撰写者可以创作出一个新颖独特、朗朗上口，又尚未注册过的品牌名称。品牌命名就是一种微型文案写作，电商品牌的命名应遵循以下原则和技巧。

#### 1.简单响亮，与产品相关

通常在取名规则中，产品或品牌名字的字数应以2~3个字为宜，品牌名称尽量短、简、响。一个电商品牌的好名字要很简单，要极易发音。音节简单、发音响亮、声调起伏的名字容易上口，且便于买家的识别、记忆和传播。

此外，好的电商品牌名字要真实，一个好名字要有关联性。品牌的命名通常要与产品种类相关。例如，化妆品类品牌主要面向的是女性消费者，在命名时可以选择柔美的字节和韵调。"兰蔻""雅诗兰黛""欧诗漫""玉兰油""韩束""阿芙""薇诺娜"等都是符合女性买家温柔、细腻、轻盈特征的品牌名。

大多数电商品牌都以与产品相关联的方式进行命名。品牌命名有时以产品开发者命名，有时以产品材质命名，有时以产品产地取名。图 6-2 所示为新疆特产和田枣的品牌名称，分别为楼兰蜜语、西域美农、沃疆、西品壹号。这些品牌名称都具有明显的新疆地方特色，让消费者只通过品牌名称就可以清楚该店铺的主营产品是哪些。

图 6-2　新疆特产电商品牌命名

### 2. 通俗易懂，突出特色

电商品牌命名应尽量使用现有的、通俗的字词。同样以女性护肤品为例，"膜法世家""美肤宝""瓷肌"等都属于通俗易懂型的品牌命名；而以突出产品特点来为品牌命名的最典型案例就是"鲜橙多"。这些品牌的名称虽然很简单，但都突出了产品的独特卖点。再以某款电商休闲食品为例，该产品是辣条，所以在命名时直接取名为"约啦"，谐音约辣，使产品名称直指产品特点，如图 6-3 所示。

图 6-3　某休闲食品电商品牌命名

品牌名称能使消费者对品牌产生初步的印象，如果品牌的含义能使买家对品牌产生心灵共鸣，则更有利于品牌的快速成长。品牌名称应包含企业或产品的相关寓意，让消费者产生正面联想。例如，某款园艺产品取名"我要发芽"，某款儿童服装品牌取名"丽婴房"，某款眼睛雾化护理液取名为"小心眼"。

### 3. 便于搜索，新颖易记

品牌的名字可以被赋予任何意义，对消费者而言，品牌名称是引起其心理活动的刺激信号，其基本功能是帮助消费者识别和记忆品牌，而在电商领域品牌名称还有另一项功能——便于搜索。为了创造名字，命名者可以巧妙地组合搭配各种文字，以实现以上心理功能。淘品牌御泥坊旗下面膜品牌被命名为"小迷糊"，推崇"小迷糊生活，大智慧女孩"的品牌理念，致力于打造具有中国文化特色的面膜品牌，如图6-4所示。

在电商品牌命名时，命名者要根据电商平台搜索引擎优化（SEO）的原理来确定品牌名称。名称要求具有新鲜感，最好能迎合甚至引领新的时代潮流，体现出品牌的个性。例如，在京东特产馆莘县馆中有一款名为"武大郎炊饼"的产品，因为与名著《水浒传》中的人物名字相同，所以容易令人过目不忘，如图6-5所示。

图6-4　某面膜品牌命名

¥9.90

【莘县馆】武大郎 山东特产休闲零食早餐粗粮饼干炊饼烧饼 六棱盒75g咸味

已有50+条评价

中国特产·莘县馆

免邮

图6-5　某地方特色食品电商品牌命名

### 4. 避免生僻，易于传播

给电商品牌取名字的一个重要原则在于降低传播成本，要能最大限度地将品牌传播出去。所以命名者在命名时，首先要尽量使用中文，避免用外语，尤其不要用中英混合的名字，这样不利于品牌的传播；其次要尽量少用专业术语。应尽量用口头常用的语言来进行命名；再次，要避免使用生僻字。我们在电商运营中，不会拒绝文化层次低的消费者，因此要尽量避免使用生僻字，因为这些字对于文化层次低的人来说就是一种无效传播；最后，要谨慎使用多音字。虽然你能轻松地读出"美的空调""阿胶枣"，但在写文案时要尽量避免多音字的使用，否则会给文案的传播增添不必要的麻烦。

## 二、电商文案中关键词的设置

关键词即英文中所说的 Key Words，特指单个品牌或产品服务在网络上制作和使用索引时所用到的词汇。由于互联网的快速发展，很多商家看到了互联网所蕴藏的商机，便开始进军电子商务领域。当用户需要通过网络查找某项内容或解决某个问题时，就需要在搜索引擎中输入搜索关键词进行查找。那么，如何有效地设置关键词，就成为提升搜索率和转化率的关键。

### （一）了解电商中的关键词设置

如果关键词用得恰当，则该关键词与用户的搜索的关键词的匹配度就更高，那么在不考虑竞价排名因素的情况下，电商品牌在电商网站及搜索平台的排名就越靠前，就能增加被用户搜索到的概率及点击的概率，从而实现增加流量、提高转化率的目标。

关键词原本是运用在网络营销中的，是针对网络搜索引擎而言的，即用户在搜索框中输入一个或几个词语，搜索得到想要的结果。关键词常被称为利于搜索推广的优化精准词，特点是具备用户认知度最高的词、组合最自然的词，以及最直接明了代表某种商品的词。图 6-6 所示为以"毛巾"作为关键词在淘宝网站上搜索的页面截图，不难发现，当输入"毛巾"二字到淘宝页面的搜索框后，会出现毛巾的品牌、毛巾的类别、毛巾的材质、居家日用的种类等项目内容。

当前是速读时代，消费者往往难以耐心地去阅读大量的文字介绍，关键词就成为了电商品牌最简单、快速的一种被识别方式。它虽然没有图像的视觉冲击力大，却可以深刻补充图像缺失的与产品自身的联络感，并加深用户对品牌的记忆力。

图 6-6　以"毛巾"为关键词的搜索页面截图

在电子商务中，网店和产品是否能被搜索引擎搜索到且被用户点击浏览，很大程度上取决于电商产品命名中所包含的关键词。关键词对电商的推广文案起到了引导的作用，是产品宣传推广中不可缺少的一部分。

图 6-7 所示为以某毛巾品牌为关键词在百度搜索引擎进行的搜索页面截图，在图中，我们可以看到与该品牌相关的一些搜索结果，其中的前三条内容分别为推广式的京东热卖链接、淘宝热卖链接和百度百科介绍；同时也可以看到搜索结果页面推荐的其他关键词，"××品牌毛巾和××品牌毛巾哪个好""××品牌毛巾官网""××品牌毛巾广告女主角"等内容。

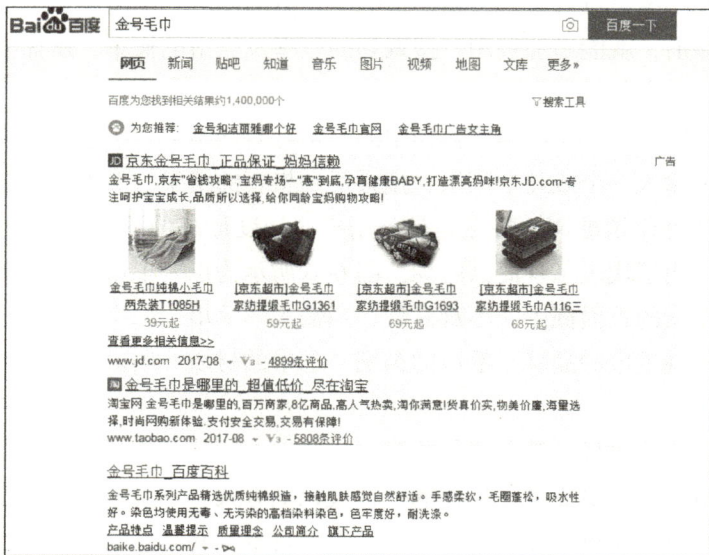

图 6-7　以某毛巾品牌为关键词百度搜索页面截图

关键词的内容十分丰富，包含产品名称、网站、服务类别、品牌或人名等，也可以是中文、英文、数字或字母的组合，还可以是一个字、一个词组或者一个短语。通常关键词可以分为以下四类。

### 1. 泛关键词

泛关键词是指经常被大量搜索的那些词语，通常指代一个行业或者一个事物，如房地产、服装、家居、日化、手机、汽车、互联网等。这些关键词都具有较为广泛的含义，是大部分网民使用较多、搜索量较大的词语。但因为这种关键词范围太广，搜索这些关键词的用户可能仅仅有很小一部分是网店的顾客，也就是说使用这类关键词的用户中，能成为网店目标客户的人数较少。例如，"汽车"就是一个典型的泛关键词，在搜索这个关键词的顾客中，只有很少的顾客会看到"9挡手自一体，前置后驱2.0T涡轮增压SUV汽车"并点击进行浏览。

泛关键词一般用来进行网络营销或广告投放，适用于那些通过流量来赚取广告的行业网站。但泛关键词的搜索涵盖范围太大，排名竞争也相当激烈，特别是一些主流泛关键词的搜索结果几乎都以千万量级来计算。以"汽车"关键词为例，其在百度搜索中的搜索结果约为100 000 000个，如图6-8所示。

图6-8　以"汽车"为关键词的搜索页面截图

### 2. 核心关键词

核心关键词是指经过关键词分析，可以描述网站主题的最简单的词语，同时也是搜索量最高的词语。例如，某网站是一个SEO服务型的网站，那么该网站的核心关键词就是"SEO""网站优化""搜索引擎优化"等。

核心关键词也可以是产品、企业、网站、服务、行业等的名称或这个名称的一些属性、特色的词汇。那么，我们应该如何选择核心关键词呢？选择核心关键词时主要需要考虑的因素有以下几点。

（1）相关性

核心关键词要与网站的主题内容相关。例如，文案若以宣传鞋子为主题，那么将关键词设置为"上衣"就肯定不可行。核心关键词要与文案的主题内容有紧密联系，要告诉搜索引擎这篇文案主要讲的是什么，是宣传哪一款商品的，可以为用户提供什么样的服务，解决什么样的问题等。

（2）定位精准

核心关键词不能像泛关键词一样定位太宽泛，否则不利于用户找到相关的内容。应尽量体现出具体、精准的内容。例如，商家可以根据需要使核心关键词体现出店铺名称、店铺经营类型、店铺风格、店铺地址等。

（3）用户搜索习惯

电商文案的目的是为了吸引用户，提高知名度。因此，商家在设置关键词时要考虑到用户的搜索习惯。企业可以列出几个与企业品牌或产品相关的核心关键词，然后换位思考一下，如果自己是用户会怎么搜索，从而选择出最接近用户搜索习惯的核心关键词。

（4）竞争程度

经常被搜索的词才是最有商业价值的词，但这样的词一般会因为太热门而导致部分品牌排名不高。冷门的关键词虽然容易获得排名，但又很少有人去搜索，所以很难实现商业价值。那么，如何才能判断关键词的竞争程度呢？大家可以通过以下 4 个方面进行判断，如图 6-9 所示。

**竞争价格**

企业可以通过一些搜索引擎的流量工具明确关键词大致的竞价费用。价格高的不一定竞争激烈，但价格低的肯定竞争激烈

**搜索次数**

企业可以通过关键词工具和百度指数等工具观察较为详细的数据，数值越高，竞争度就越高

**关键词的出现频率**

企业可以通过搜索发现相关数据，从而判断该关键词的竞争强度

**竞争推广数量**

企业可以在某个关键词现实的搜索结果中查看竞价排名的数量，以判断关键词的竞争程度。竞价排名数量越多，说明该关键词竞争度越大

图 6-9　判断关键词竞争程度的依据

### 3. 辅助关键词

辅助关键词又称相关关键词、扩展关键词，指有一定热度，与核心关键词比较接近或相关的关键词，是对核心关键词的补充，用来对核心关键词进行相应的解释。企业在选择过程中不需要考虑其是否能促成消费，只要与核心关键词相关，就可以罗列在内。辅助关键词不仅可以是词语，也可以是短语。在对用户搜索习惯的研究中，我们发现，用户喜欢用"×× 是 ×××"的搜索短语，例如，关键词是"Retina 显示屏"，那么"什么是 Retina 显示屏""Retina 显示

屏是什么""Retina 显示屏有什么特点"等都是非常好的辅助关键词。

辅助关键词的选取也有一定的技巧。例如，北京某公司主要以销售苹果手机为主，其电商核心关键词可以设置为"苹果手机""苹果北京""手机销售""北京苹果手机"等。确定了核心关键词后，就需要选择辅助关键词了。

选择辅助关键词时，可以从五个角度考虑，如图 6-10 所示。

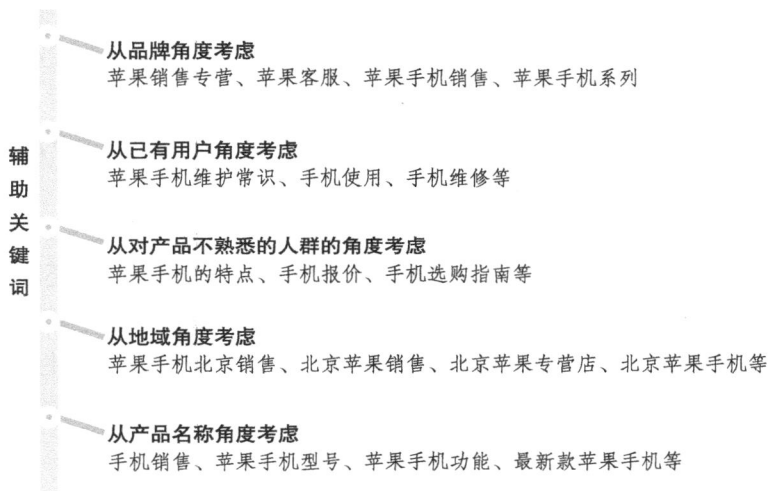

**从品牌角度考虑**
苹果销售专营、苹果客服、苹果手机销售、苹果手机系列

**从已有用户角度考虑**
苹果手机维护常识、手机使用、手机维修等

辅
助
关
键
词

**从对产品不熟悉的人群的角度考虑**
苹果手机的特点、手机报价、手机选购指南等

**从地域角度考虑**
苹果手机北京销售、北京苹果销售、北京苹果专营店、北京苹果手机等

**从产品名称角度考虑**
手机销售、苹果手机型号、苹果手机功能、最新款苹果手机等

图 6-10　选择辅助关键词的方法

### 4. 长尾关键词

长尾关键词是对于辅助关键词的扩展，一般长尾关键词由一个短语组成。例如，一家医疗美容医院的长尾关键词是"哪家医疗美容医院好""医疗美容找谁"等，这些长尾关键词虽然不是目标关键词，但可以为网站带来搜索流量。

长尾关键词的特征是比较长，往往由 2~3 个词组成，甚至是短语，一般存在于内容页面、标题或者内容中。长尾关键词的搜索量非常少，且不太稳定，但是，长尾关键词带来的由搜索用户转为企业用户的概率比目标关键词高很多，而且目的性也更强。电商平台存在大量长尾关键词，其带来的总流量是非常大的，通常长尾关键词可以与泛关键词配合使用。例如，目标关键词是鞋，其长尾关键词就可以是女士鞋、男士鞋、春鞋、凉鞋、户外运动鞋等。

长尾关键词的基本属性是：可延伸性、针对性强、范围广。长尾关键词是长尾理论在关键词研究上的延伸，其"长尾"两个字的意义是细和长。细，说明长尾是份额很少的市场，在以前这是不被重视的市场；长，说明这些市场虽然不大，但数量众多，积少成多，大量的微小市场累积起来就能占据市场中可观的份额。

关键词选词矩阵是搜索引擎营销的术语。一般构成关键词选词矩阵的有三类元素：品牌关键词、行业及地方关键词和通用关键词。这三类关键词的词组相互重叠，对于搜索引擎的索引来说更加细化。因此，它可以让目标用户在精确定位下快速、准确地找到自己的品牌和文案标题。虽然以上三类关键词的相互叠加拓展可以提高转化率，但在搜索引擎细化的同时，搜索的用户也会随之减少。

建立一个行业的长尾关键词词库，无论是对于把握整个行业的动向，还是进行网站优化都能起到不小的作用。挖掘到相关的行业关键词之后，就可以将其归类放置在设定好的关键词库中，文案创作者能在其中找出具有高转化率特性的词。

例如，关键词是"服装"，它的长尾关键词可以分成很多类，如男性服装、女性服装、夏装、冬装等；以及它的品牌拓展，如某品牌服装等；还可以按材质拓展，如棉质、羊毛、雪纺等。因此，选择长尾关键词进行优化明显更有转化价值。这是因为一般搜索某产品的细分品牌的用户，其购买的目的性都非常强，把这些高转化率的词进行长尾关键词的优化，流量所转换的价值就提高了许多。

### （二）电商文案中的关键词分析

电商文案的关键词设置和电商中产品标题的设置有异曲同工之处，往往被利用在搜索推广的优化精准词处，具备消费者认知高度的词更适合作为关键词，虽然标题关键词和图片所呈现的效果有区别，但标题关键词给了买家足够的想象空间，加深了买家对电商文案的记忆力。

文案的中心内容部分都是针对关键词所做的描述，简单明了地向买家传达观点和态度，这就是文案的魅力所在。成功文案的关键词可以提升产品销量，就像产品标题的关键词一样，流量词和精准词都是不可缺少的。流量词可以带来大量的流量，增加产品的曝光率；精准词可以带来优质的访客，增加产品的转化率。因此，文案中的关键词也可以为产品带来流量，有增加曝光、提高转化的作用。

淘宝网是目前国内十分流行的电商平台，要想在淘宝网运营一家店铺并获得盈利，就需要非常注重网店的客流量，这就要求店家做好站内优化，选择合适的关键词来提高商品在淘宝搜索中的排名。只有这样，当目标消费者在网络搜索相关需求商品时，才会看到相应的品牌、店铺及商品，从而带来流量及转化。

获取电商关键词的方法有以下几种。

### 1. 淘宝搜索框

在淘宝平台上的搜索框中输入你想要购买的产品的关键词，就会弹出与搜索关键词相关的搜索热度较高的提示内容。例如，某顾客在网上看到范冰冰参加颁奖典礼时所穿的凉鞋，很有兴趣，于是登录淘宝页面搜索"范冰冰同款"，这样她就可以看到类似"范冰冰同款连衣裙""范冰冰同款帽子""范冰冰同款鞋"等相关热门搜索，如图 6-11 所示。我们可以根据搜索页面框来确定当前淘宝页面搜索量最多、产品热度最高的一些关键词。

图 6-11　以"范冰冰同款"为关键词的淘宝搜索页面截图

### 2. 淘宝排行榜

淘宝排行榜是对淘宝近百万家店铺的前 500 家进行排名以及对商品性价比进行排行的一种导航，所有数据均来自淘宝网官方，是淘宝最权威的购物排行。

在这里可以查看淘宝某段时间（当日、一周）的产品搜索排行榜单。图 6-12 和图 6-13 所示的分别为淘宝排行榜中的"今日关注上升榜"和"一周关注热门榜"的页面截图。通过查看该排行榜，可以更准确地获知淘宝网的信息搜索热度，进而确定合适的电商关键词。

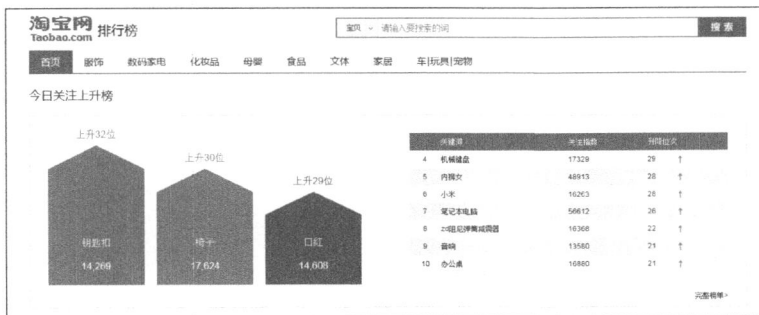

图 6-12　淘宝排行榜某日关注上升榜页面截图

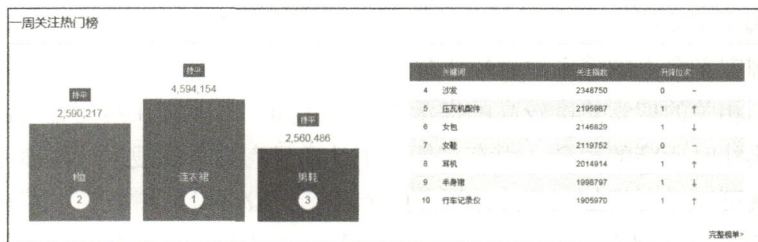

图 6-13　淘宝排行榜一周关注热门排行榜页面截图

我们还可以继续打开查看各个不同品类产品在淘宝网的搜索查询情况，以服饰为例，单击"服饰"选项卡后会出现图 6-14 所示的各类细分选项。

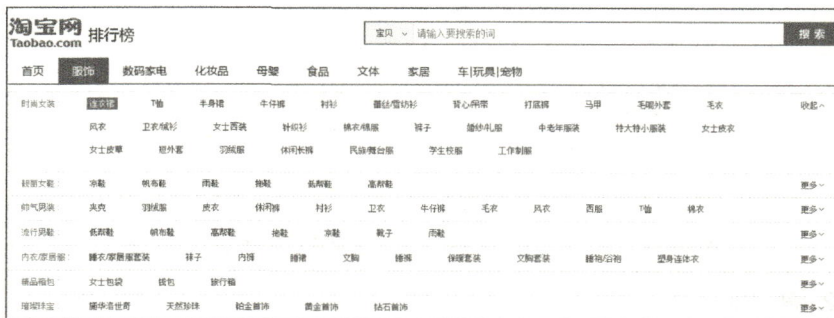

图 6-14　淘宝排行榜服饰类选项

图 6-15 和图 6-16 所示的分别为关于"连衣裙"这一关键词的"搜索上升榜"和"搜索热门排行"。通过这一榜单，售卖连衣裙的店家就可以根据关键词的搜索情况及时对关键词进行调整，以确保有更多的消费者能搜索到自己的店铺及商品。

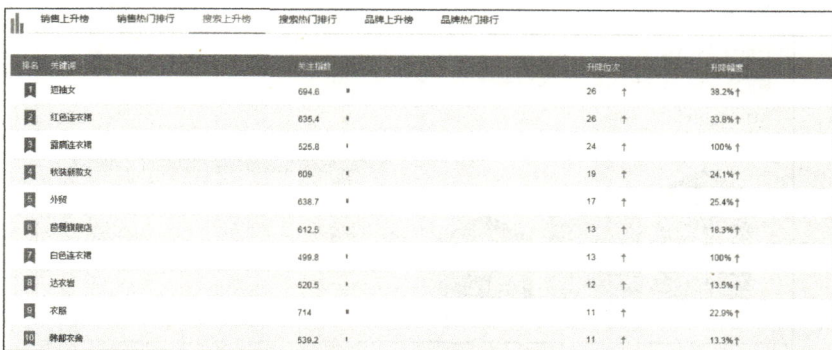

图 6-15　连衣裙的搜索上升榜页面

| 排名 | 关键词 | 关注指数 | 升降位次 | | 升降幅度 | |
|---|---|---|---|---|---|---|
| 1 | 连衣裙 | 3619.5 | 0 | - | 0% | - |
| 2 | 中老年女装 | 3188.3 | 0 | - | 0% | - |
| 3 | 妈妈装 | 2153.7 | 0 | - | 0% | - |
| 4 | 大码女装 | 2027.5 | 0 | - | 0% | - |
| 5 | 女装 | 1938.7 | 0 | - | 0% | - |
| 6 | 半身裙 | 1806 | 1 | ↑ | 14.3% | ↑ |
| 7 | 真丝连衣裙 | 1773.4 | 1 | ↓ | 16.7% | ↓ |
| 8 | 裙子 | 1649.6 | 0 | - | 0% | - |
| 9 | 棉麻连衣裙 | 1542.9 | 1 | ↑ | 10% | ↑ |
| 10 | 雪纺连衣裙 | 1534.7 | 1 | ↓ | 11.1% | ↓ |

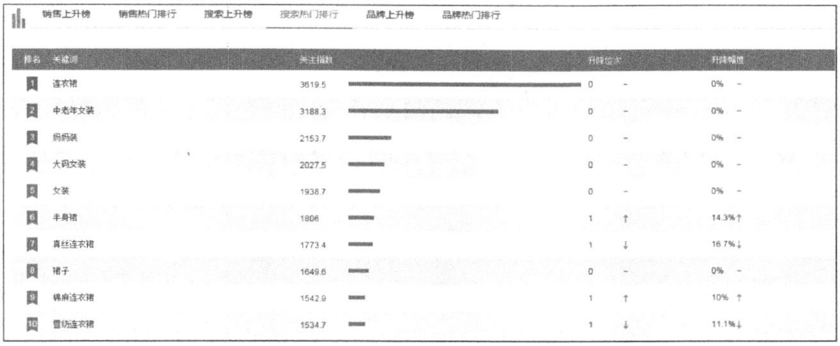

图 6–16　连衣裙的搜索热门排行页面

### 3. 淘宝卖家中心后台数据

商家可以在淘宝网上随时查询“卖家中心”页面的相关数据。卖家中心页面中的“店铺数据”模块显示了当前店铺的交易数据。当打开“重点诊断”页面时，可以看到店铺最近 30 天、最近一周或者自己自定义分析天数的店铺流量统计数据。

商家还可以在此查看店铺的 PV 值（页面浏览量，即点击打开店铺首页的次数）、UV 值（访问 IP 数量，即进入店铺的顾客人数），以及转化率（最终成交订单数与进入店铺浏览数的比率）等。此外，商家还可以搜索到“行业热门搜索词 TOP10”，并据此确定设置淘宝相关的关键词。

### 4. 阿里指数

阿里指数是了解电子商务平台市场动向的数据分析平台，也是在确定关键词时常用到的一种工具。它可以为用户提供市场行情分析、热门类目、搜索词排行、买家概况等具体数据分析，如图 6–17 所示。

图 6–17　阿里指数首页

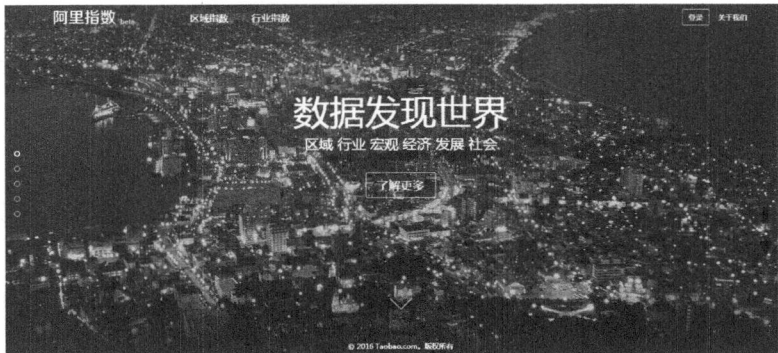

阿里指数又分为"区域指数"和"行业指数"。其中,区域指数包括"贸易往来""热门类目""搜索词排行""买家概况"和"卖家概况"等。

通过"贸易往来"用户可以查询到两个省份之间在淘宝上的贸易往来情况。从图 6-18 中可以看到浙江省与广东省之间的贸易往来状况,其中浙江省输出最大的交易类目为连衣裙,从广东省输入浙江省的最大交易类目为手机。

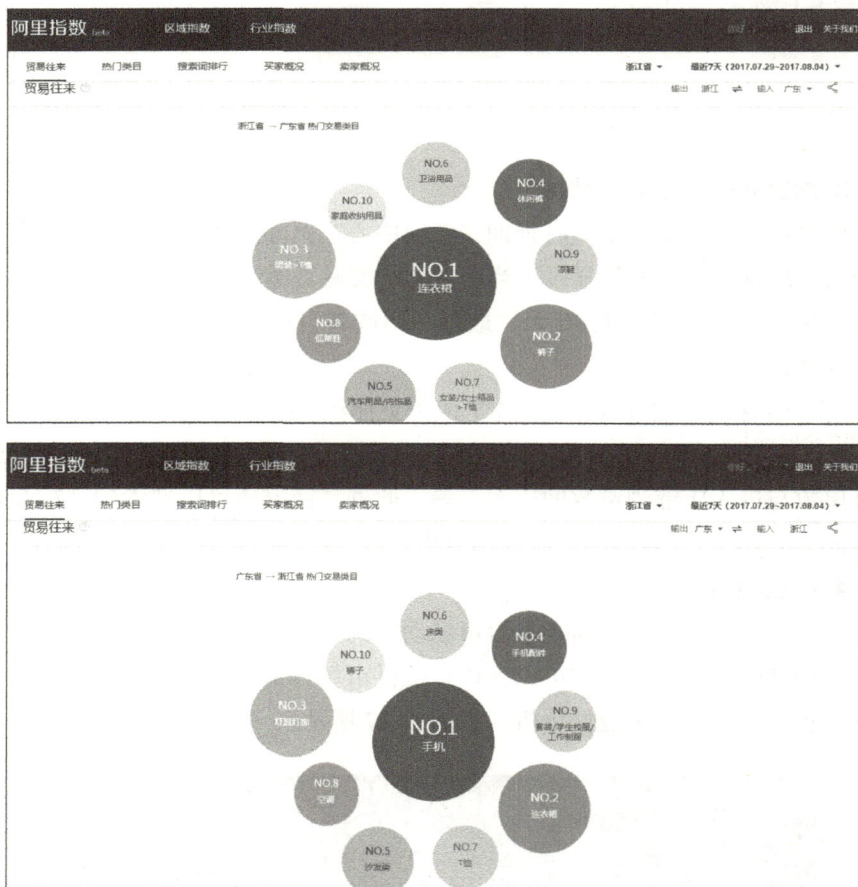

图 6-18 浙江省与广东省贸易往来阿里指数分析

通过"热门类目"用户可以分别查看目标区域的热卖和热买排行榜,如图 6-19 所示。

"搜索词排行"分为搜索榜和涨幅榜,是在用户搜索的基础上,清晰呈现淘宝在该目标区域最近 7 天内使用最火爆的搜索词、行业和品牌等数据内容的排行,如图 6-20 所示。

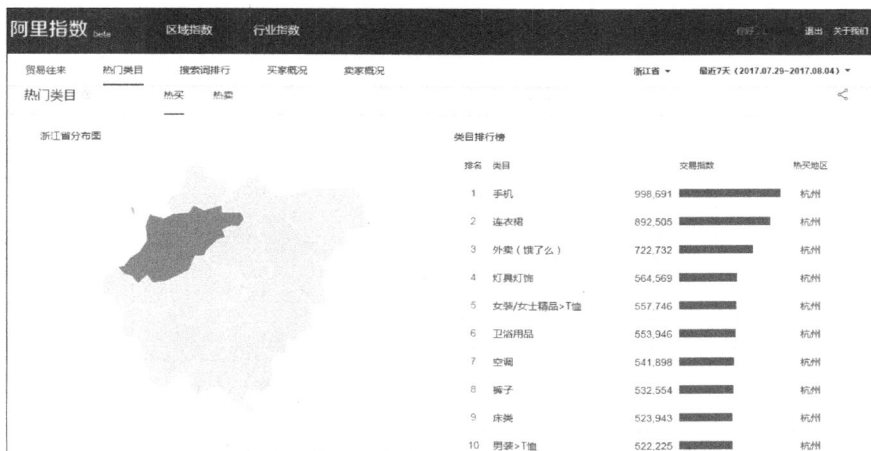

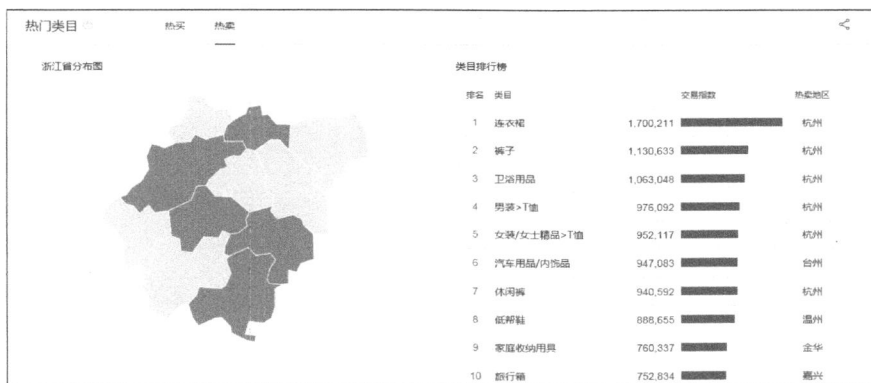

图 6-19　阿里指数浙江省热买及热卖排行榜

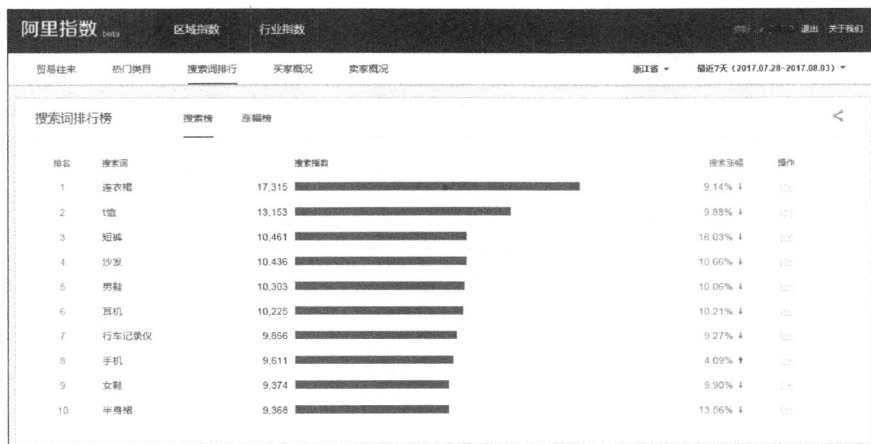

图 6-20　阿里指数浙江省搜索词排行榜

| 排名 | 搜索词 | 搜索指数 | 搜索涨幅 | 操作 |
|---|---|---|---|---|
| 1 | gps定位器 汽车 | 1,846 | 1301.31% ↑ | |
| 2 | 新款st,厂家直销 | 1,357 | 1247.87% ↑ | |
| 3 | 同屏器 | 1,093 | 1227.62% ↑ | |
| 4 | 秋季外套女学生 | 624 | 1117.44% ↑ | |
| 5 | 相思木st厂家直销外贸尾单 | 1,219 | 1045.80% ↑ | |
| 6 | 实拍夏装新款星星挂饰牛仔 | 679 | 720.35% ↑ | |
| 7 | 苹果 手机 | 483 | 699.52% ↑ | |
| 8 | 欧美 流苏绑带高跟鞋细跟 | 1,037 | 686.24% ↑ | |
| 9 | 2017夏季 中长款 女装宽松 | 384 | 652.30% ↑ | |
| 10 | 气质范 新款 荷叶边 短袖衬... | 929 | 636.06% ↑ | |

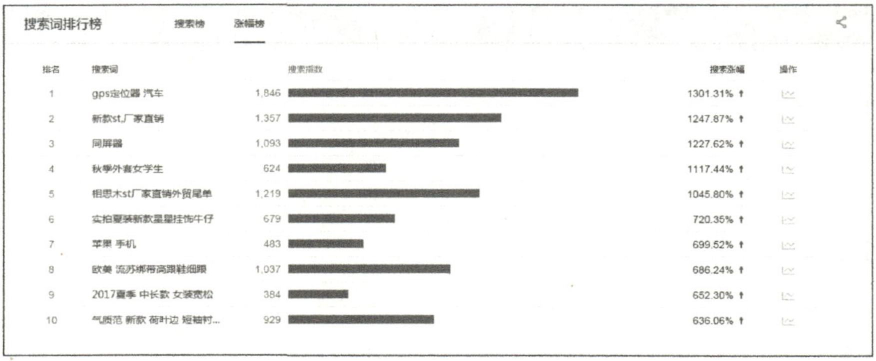

图 6–20 阿里指数浙江省搜索词排行榜（续）

通过“买家概况”用户可以分析了解目标区域内买家的具体情况，包括买家的性别、年龄、星座、爱好及淘宝会员级别等内容，如图 6–21 所示。

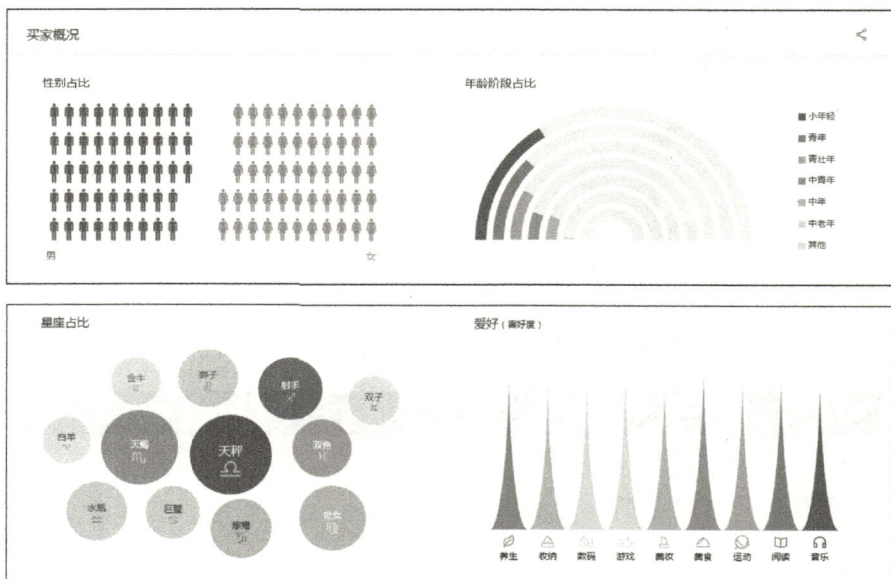

图 6–21 阿里指数区域指数买家概况分析

通过“卖家概况”用户可以对卖家经营的业务、店铺星级和经营阶段等进行分析，如图 6–22 所示。

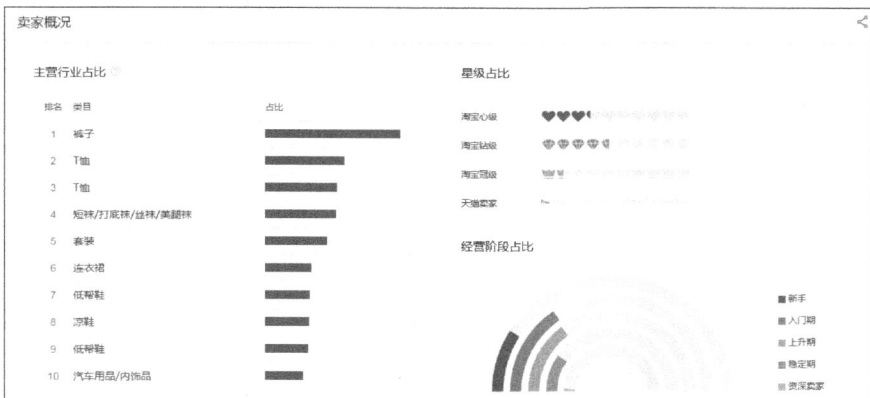

图 6-22　阿里指数区域指数卖家概况分析

"行业指数"是通过对某个行业的数据进行分析，帮助用户获取所需类目的信息，包括"搜索词排行""热门地区""买家概况"和"卖家概况"等。

以"女装 / 女士精品 连衣裙"为例，该类目的相关数据分析，如图 6-23 所示。

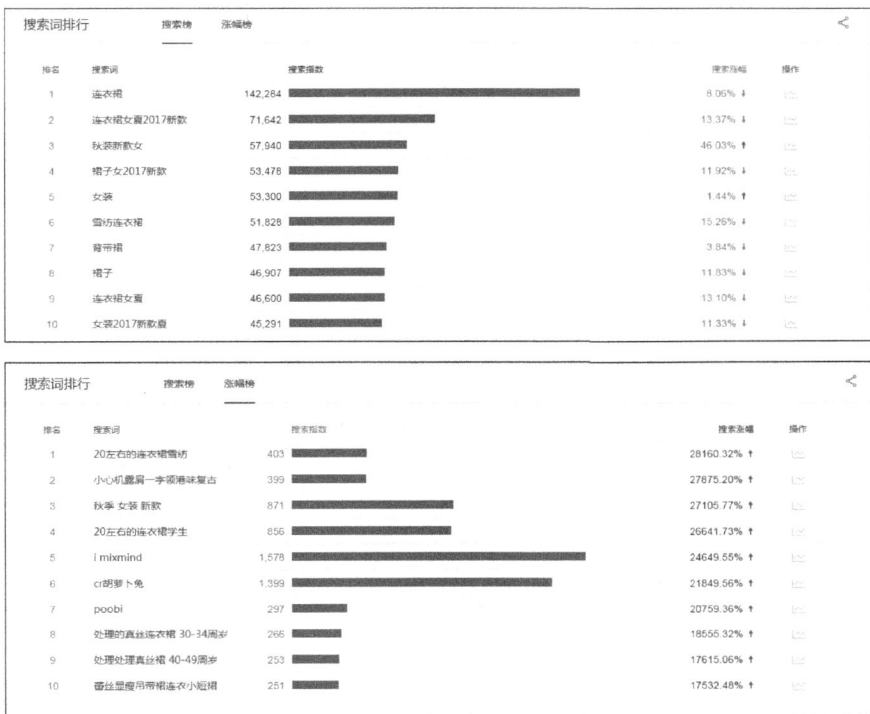

图 6-23　阿里指数行业指数分析组图

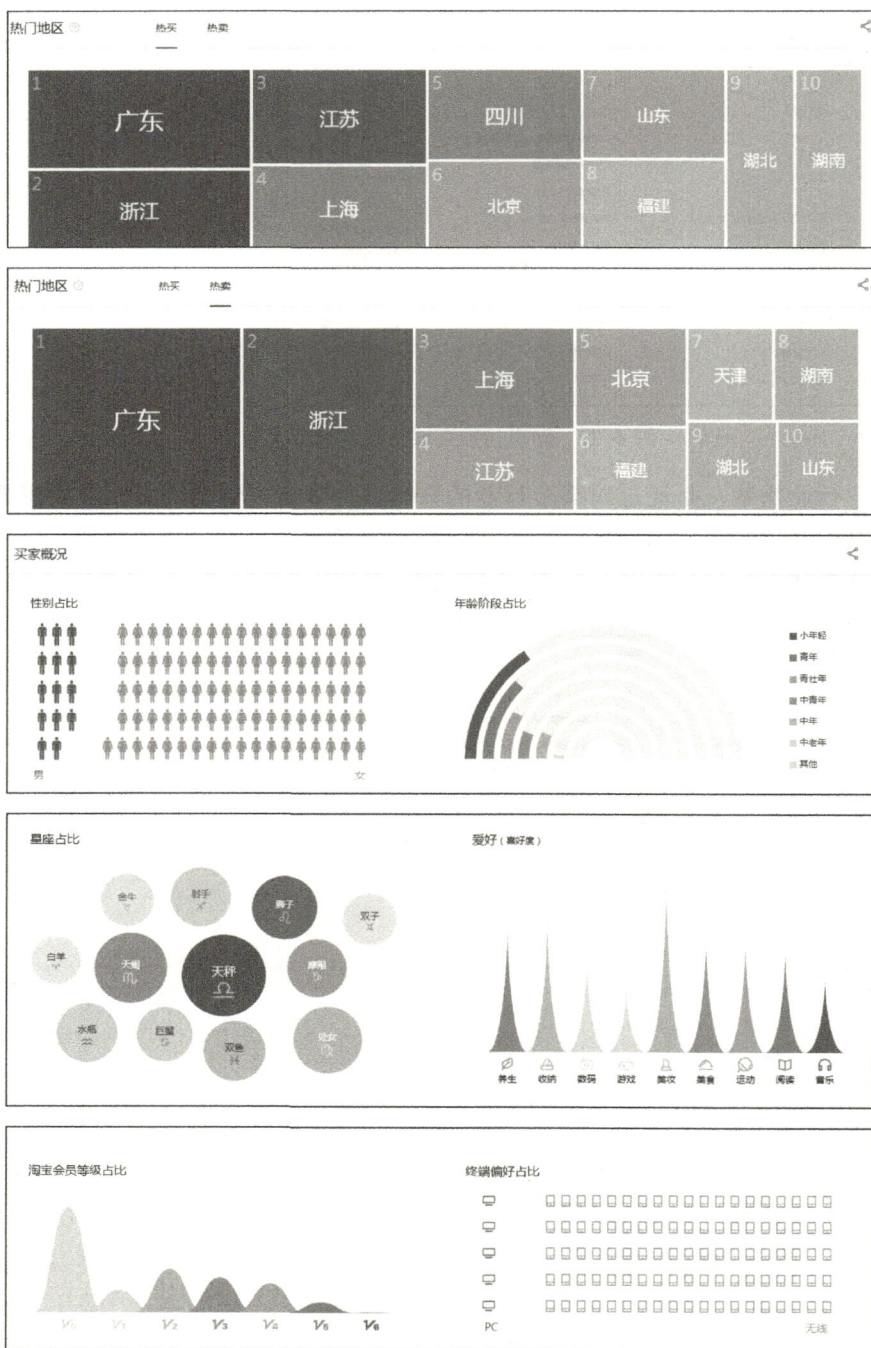

图 6-23　阿里指数行业指数分析组图（续）

图6-23　阿里指数行业指数分析组图（续）

## （三）电商文案中设置关键词的技巧

商家要想让自己的产品被消费者搜索到，且能排列在搜索结果的前列，就需要有一定的设置关键词的技巧。

### 1. 关键词的设置视角

在设置关键词时，应从以下3个角度进行考虑。

（1）从产品角度考虑关键词的设置

关键词的设置是为了让用户看到目标信息内容，因此选择关键词与企业的定位有很大的关系，与企业产品或企业定位精准度较高的词语应是设置关键词的主要选择。如果使用了与网站内容不符合的关键词，即使用户搜索点击进入了目标网页，也不会对内容产生兴趣。

此外，商家在进行关键词设置时可以考虑加上自己服务的地域范围等内容，以符合用户的实际需求。有的用户对你经营的网站或产品概念较为模糊，这时不妨使用企业产品或业务扩展出来的关键词。例如，上海地区一家医疗美容医院在选择关键词时就可以设置为"上海医疗美容""上海医美整形""上海整形美容医院"等。

（2）从用户角度考虑关键词的设置

商家在进行关键词设置时，一定要按照用户思维去思考，这样才能提炼出符合用户搜索习惯的关键词，这就要求企业了解用户搜索习惯。只有彻底了解用户，商家才能最大程度地保证自己的信息内容被用户搜索到。商家可从以下两方面着手进行关键词的设置。

首先，利用用户的搜索习惯来设置关键词。

用户搜索习惯是指用户在搜索引擎中寻找相关信息时所使用的关键词形式。不同用户的搜索习惯是不同的，商家应该优先选择符合大部分用户搜索习惯的关键词形式。

通常情况下，用户在搜索时使用不同的关键词会得到截然不同的结果。对于同样的内容，如果页面的关键词的表达形式与用户的搜索习惯存在差异，就会极大地降低页面与关键词的相关性，甚至直接被排除在搜索结果之外。因此，在设置关键词时，商家要先统计用户在寻找同类产品时所使用的关键词形式，分析用户的搜索习惯，找出与自己产品最接近的关键词。

例如，分析用户在搜索小米相关产品时的搜索习惯时，商家可以在百度搜索引擎上搜索"小米"，其中就包括"小米6""小米官网""小米官方商城"等相关词语。根据搜索框的排列可以看出"小米商城""小米官网""小米官方吧"是百度用户搜索小米产品时使用最多的关键词。

其次，利用用户的浏览习惯来设置关键词。

用户在网上浏览信息时，即使信息内容非常繁杂，但他们只会注意到自己需要的信息，大多数时候都会无意识地忽略与自己无关或不重要的信息。用户在对一个网站毫无了解的情况下，浏览网站时除了会受到主观因素的影响，还会受到眼球轨迹的影响。

美国一位长期研究网站可用性的著名网站设计师杰克柯柏·尼尔森在其发表的报告《眼球轨迹的研究》中指出，在喜爱程度一般的情况下，浏览者在浏览网站时都会以"F"形状的模式进行浏览。

此类行为通常包括三个步骤：第一步，横向浏览，用户会在内容区的上部进行水平移动，横向浏览；第二步，目光下移，短范围水平移动，用户视线下移一段距离后在小范围内再次横向浏览；第三步，纵向浏览，用户会在完成以上两个步骤后将目光沿着网页左侧垂直浏览，此时速度较慢，也较有系统性和条理性。

根据用户的浏览习惯，企业可以在文案的正文内容中沿着该轨迹设置关键词，这样就可以最大程度地让用户看到自己的产品信息。

（3）从竞争对手角度考虑关键词的设置

很多企业做营销时喜欢"借力打力"，即借势营销。借势营销除了借力热度话题，还要借势竞争对手，做到"知己知彼，百战百胜"。其实关键词的设置也应如此，即了解竞争对手的关键词设置情况，这样企业就能掌握关键词的竞争热度，以便进行优化部署。

首先，搜索相关产品的关键词。

企业可以在搜索引擎中搜索相关产品的关键词，查看关键词的排名情况，同时了解排名前十页的网站都优化了哪些关键词，将它们记录下来，然后做对比分析。

图 6-24 所示为在百度页面搜索"金号毛巾"关键词后自动弹出的相关企业链接。

图 6-24　百度搜索关键词后出现的相关企业

其次，去目录网站寻找与产品行业相关的公司信息。

企业在寻找相关产品关键词信息时，可以通过一些黄页网站和目录网站查询与产品行业相关的公司信息，分析这些公司的目录描述情况。搜索行业主关键词，单击搜索结果第一页底部的"更多相关搜索"，就能看到更多行业关键词；同时，注意这些公司在描述中设置的关键词，最后制作一份竞争对手的名单。

企业在行业关键词集合中找到自己想要的关键词后，在选择时要考虑三个方面内容，即关键词相关性、关键词搜索量和关键词商业价值。针对选择的关键词，可以称为二级关键词，可以按了解行业概括的方式去了解二级关键词的排名情况。一般来说，二级关键词的竞争性都不是很强，如果在搜索结果的第一页出现，则可以将其确定为目标关键词之一。例如，如果关键词设置为"小米手机"，二级关键词确定为"米粉"，在百度搜索"米粉"，关于"米粉"的信息就会出现在首页，那"米粉"两个字就可以确定为二级关键词。

**2. 关键词的优化技巧**

设置完关键词后，并不意味着所有事情都完成了，商家还需要对关键词进行优化，这样才能得到想要的营销效果。那么，应该如何优化关键词呢？具体可从以下 5 个方面进行优化。

（1）熟悉关键词设置规则

如果不做付费广告，企业要想在电商平台得到尽可能靠前的展示位置，就只能靠优化来提高排名。许多优秀的网店之所以获得成功，有非常多的流量及非常高的转化率，原因在于他们熟悉淘宝的搜索规则，在优化与推广方面做得很精准，客服也很到位，累积的老客户也更多。

在淘宝和天猫首页搜索"防晒霜"，其默认显示结果为人气搜索结果，如图 6-25 所示。

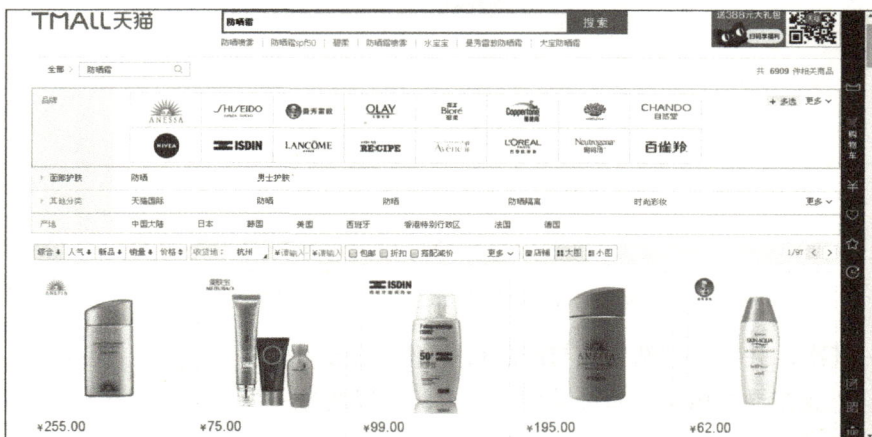

图 6-25　天猫首页搜索"防晒霜"结果

通常人气搜索结果是综合卖家信用、好评率、累计本期售出量、30 天售出量、产品浏览量、收藏人气等因素竞排的。如何让产品排名靠前？依据多次搜索结果测试，影响淘宝网人气产品排名的因素按照重要性排序依次为：成交量、收藏人数、卖家信誉、好评率、浏览量、产品下架时间。具体详见表 6-1。

表 6-1　影响产品搜索排名的因素

| 影响搜索排名的因素 | 释　　义 |
| --- | --- |
| 成交量 | 指网店产品的实际成交量，不能通过刷单或修改产品价格等方式来增加成交量的数量 |
| 收藏人数 | 买家收藏卖家店铺的人数也会影响到人气搜索结果的展位。其收藏人数越多，排名越靠前，这也是很多店铺设置收藏后就赠送优惠券或小礼品的原因 |
| 卖家信誉 | 是衡量店铺商品质量与服务的一个标准。卖家信誉越高，越容易受到买家的信赖，同时在搜索结果中排位也相对靠前 |
| 好评率 | 根据买家对卖家的评价，良好的商品评价是长期经营店铺的基础，好评可以增加用户对卖家的好感，同时也可以提升店铺的搜索排名 |
| 浏览量 | 商品页面被点击浏览的次数越多，说明商品的流量越大，越容易被买家关注到，卖家可以通过其他渠道的推广方式增加产品的点击浏览量 |
| 产品下架时间 | 产品距离下架时间越近，搜索结果排名会越靠前 |

除了这些常见的影响人气搜索结果的因素外，还有一些其他技巧也会对人气搜索结果造成影响，详见表 6-2。

表 6-2　搜索结果优化技巧

| 搜索结果优化 | 设置技巧 |
| --- | --- |
| 设置上下架时间 | 推荐上午 8：30~10：00，下午 15：00~17：00，晚上 20：00~21：00 |
| 产品类目要清晰详细 | 在淘宝首页搜索时会直接显示分类 |
| 设置公益产品 | 如果能设置公益产品，尽量设置一下，这样每次卖出产品都会捐出一定的公益金，这是可以给产品加权重的因素 |
| 设置限时打折包邮 | 有限时打折包邮的功能时，产品的展示量也会有所提升 |
| 橱窗推荐 | 橱窗推荐就相当于一个店面的优先展示产品，这也是淘宝免费给的产品权重 |

此外，企业还可以利用钻展、直通车、淘宝客等专业营销推广工具进行推广。它们是淘宝网为卖家量身打造的付费式营销工具，通过设置产品关键词，

按推广期间点击量进行收费。在遵循相应的规则条件下，企业要尽量做到以最少的推广成本达到最好的传播效果，在此不再赘述。

（2）做好关键词的拆分和组合

首先了解关键词的拆分机制，拆分是优化关键词的有效办法之一。以"上海医疗美容整容医院"为例，我们可以将其拆分成"做整形美容上海哪家医院最好""上海医疗美容医院做整容最好的是哪一家"，这就是关键词的拆分机制。

拆分后的关键词适用于连接上线信息，以达到增加关键词密度的目的，而且不会因为频繁地出现目标关键词而给用户造成堆砌关键词的错觉。我们在拆分关键词时要注意两点：一是拆分的关键词中间最好不要出现符号；二是拆分关键词时中间尽量减少空格数量，以保持拆分关键词的临近度。

具体来说，"第一关键词＋第二关键词＝第一关键词＋特殊字符＋第二关键词"，即紧密排列规律，搜索时特殊字符将会被忽略，搜索结果不含拆分（即搜索结果中多个关键词按照顺序紧密相连）。而"第一关键词＋空格＋第二关键词＝第二关键词＋空格＋第一关键词"，即顺序无关规律，用空格分割两个关键词搜索的结果中含拆分（即搜索结果中既有多个关键词紧密相连，又有多个关键词不紧密相连的情况），关键词出现顺序和搜索时的顺序无关。

其次，用户在搜索关键词时一般不会使用单个词组，而是搜索两个或三个字组成的短语或词组，因此在进行关键词优化设置时要对关键词进行合理组合。

一般来说，有成交量的关键词、高转化率的关键词、高匹配度的关键词、营销词等都是可以进行组合搭配的选择。

下面以三个淘宝女装品牌／店铺的关键词组合为例进行分析。

妖精的口袋　月亮　夏秋季　格纹带　腰封　收腰　背带伞裙　半身裙　短裙　2017夏季最新款　韩版学院风　显瘦　条纹拼接　假两件　短裙子　学生气质　连衣裙　女夏　小清新　衬衫裙　明星同款　A字裙　百搭　纯色连衣裙　显瘦女夏　系带　衬衣裙子

这三个女装品牌／店铺都在售卖女士夏装裙子，如果只是将"夏装女裙"作为关键词，虽然该关键词搜索量很高，但并不能实现精准的转化。因此，需要把能实现高成交量的词（如"韩版""学院风""学生气质"）、明确消费者需求的词（如"显瘦""收腰""百搭"）、匹配产品自身属性和特点的词（如"A字裙""条纹拼接""背带伞裙"）、营销词（如"2017 夏季最新款""明星同款"）等都列出来进行组合搭配。如果品牌已经比较知名，也可在关键词设置中列上品牌名称，如"妖精的口袋"。

（3）控制关键词的密度

关键词的密度用来衡量关键词在网页上出现的总次数与其他文字的比例，一般用百分比来表示。企业要注意控制关键词的密度，并尝试扩展核心关键词，以增加页面被检索到的概率。网页上的词语数以百万计，那么搜索引擎如何分辨哪些描述是企业的重要词语呢？搜索引擎会计算字数，而那些重复出现的词语权重更高。此时，就需要考虑关键词设置密度。因此，为了使页面更快地被搜索到，关键词必须在搜索引擎允许的范围内尽量多次出现。

通常来说，关键词出现的频率越高，关键词密度也就越大。但需要注意的是，并不是关键词密度越高越好，网页确实会因为关键词的高密度设置而增加其被搜索到的概率，但关键词密度过高也会造成关键词的堆砌，使网页内容可读性降低，这样很容易影响阅读体验，引起读者的反感。一般来说，关键词密度在 2%~8% 较为合理，5% 左右最佳。

俗话说"有舍才有得"，关键词也是一样。企业需要舍弃的关键词包括三种：拼写错误率比较高的关键词；停用的关键词；类似于"最好的""疯狂地"等修饰型的关键词。

（4）关键词的布局技巧

"得关键词者得天下"，关键词的布局也十分重要。关键词出现频率过多容易造成关键词堆砌，而且插入太多的关键词会增加文案的写作难度，甚至会产生一些病句。企业要想获得高点击量，仅靠主关键词还不够，要提高点击量，就要深入挖掘更多的长尾关键词，并把握长尾关键词在网站信息中的布局技巧。

编写标题对于 SEO 来说非常重要，写标题时要考虑两个方面内容：一是 SEO 的效果，二是吸引用户点击。

伴随着搜索引擎技术的日益成熟，网站关键词的排序也会使搜索引擎的检索结果发生变化。排在前面的关键词权重相对比较高，一般从左到右依次递减。从用户搜索的角度来看，关键词越排在前面，越容易被看到和点击。如图 6-26 所示为三款产品设置的关键词排序特点。

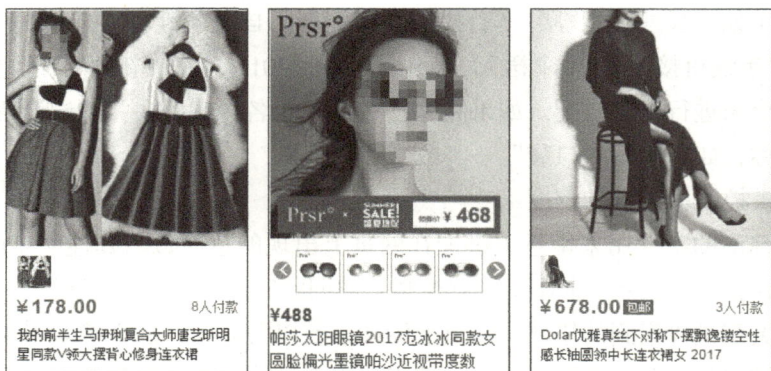

图 6-26 关键词设置排序案例

（5）常用的关键词优化设置策略技巧

很多人认为对关键词进行优化是一件非常困难的事情，因为很容易出现因关键词选择错误，导致网站的搜索量不高或对产品的销售量、企业的品牌曝光度起不到多大作用的问题。其实不然，只要掌握了一定的技巧，对关键词进行优化设置也有一定的规律可循。

根据用户的搜索习惯，常见的关键词设置形式包括以下几种。

①产品或服务 + 功能特效

这种形式可以是对自身产品的介绍或功能描述，也可以是对某服务的技术或流程的描述。以图 6-27 中所示的"春夏装爆款孕妇七分宽松大码阔腿哈伦背带裤套装"为例，该女装网店在进行关键词设置时，可以将服装的质地、制作工艺、款式（"哈伦背带裤"）等作为关键词，也可以从不同的受众群体（如"孕妇"）来展开，还可以从服装的服务属性列出关键词（如"宽松大码"）。

图 6-27 "产品或服务 + 功能特效"关键词设置

②产品或服务 + 搜索意图

企业收集所需要的关键词之前，要了解用户平常是如何使用关键词的。用户在搜索时很少使用单个词，而是使用短语或词组居多。弄清这一点，对于企业在目标网页中选择什么样的关键词起到了很大的作用。例如，用户要搜索"姜汤"方面的信息，一般很少会输入"姜汤"两个字，通常都是输入"姜汤的作用"或"姜汤的制作方法"。

搜索意图就是指这些"是什么？""怎么样？""哪里有？""如何做？"等。基于对自身产品或服务所在行业的规则，企业可以结合搜索意图对一些词汇进行组合。

③产品或服务＋品牌型号

如果在某个行业中某款品牌已经非常知名，那么企业在设置关键词时就可以参照该知名品牌，借知名品牌的人气来推广自己的网页和品牌。

④产品或服务＋经营模式

经营模式通常是指零售、代理或加盟等。如果你希望更精准地找到潜在客户，就可以在关键词优化设置过程中体现出相关的信息，如凸显出"代理加盟""正品行货代发"等。

⑤产品或服务＋企业信息

企业列出一大堆常见关键词后，接下来要做的工作就是通过长期观察去除没有用户使用或较少人使用的词语，剩下的就是与产品、企业相关的最佳关键词。例如，快递行业的最佳关键词是"快递""物流""货运"。快递企业只要设置好这几个关键词，就可以保证自己的网页或企业名称被用户搜索到。

⑥产品或服务＋领域区域

领域区域既可以是应用领域，又可以是地域名称。例如，一家名为"上海星美医疗美容医院"的医院，针对此医院有以下几个关键词"医疗美容""上海""微整形"，如果简单地用这几个关键词去搜索，用户是很难搜索到该医院的。因此，该医院将其组合为"上海微整形医疗美容"，这样医院就可以位于搜索引擎的前列了，用户很快就能找到。

## 🔆 本章实操训练题

如下图所示，这是某款学生护眼台灯的主要产品优势，请你结合该商品的相关信息拟定一个产品名称，并进行关键词的设置和优化。

# 第七章
# 吸引眼球的电商文案标题才能吸金

著名的广告前辈大卫·奥格威曾说过："阅读标题的人数是阅读正文人数的 5 倍。除非你的标题能帮助你出售自己的产品，否则你就浪费了 90% 的金钱。"在互联网时代，好的电商文案标题才会激发消费者的好奇心，从而让消费者继续深入阅读正文。标题是文案的中心所在，也是文案的灵魂所在。文案要想引人关注，标题必须具备简单、鲜明、独特的优点。文案创作者借助搜索引擎淘选优质消费者，同时规避某些写作误区，保证标题的有效性。

## 一、常见的电商文案标题类型

要想做好文案，就要先写好标题，标题是用户打开文案大门的钥匙。在写标题前，文案创作者需要先了解常见的电商文案标题类型，并从中选择合适的标题类型。

### （一）宣事式标题

宣事式标题又被称为直言式标题，是目前采用较多的一种电商文案标题形式。其特点是直观明了、实事求是，通过简明扼要的说明使人对产品一目了然。这类标题的写法中规中矩，新意不足，但平实自然。文案创作者在选用这种标题写作时，可以适当添加一些修饰性的或比较有新意的词语，以吸引消费者的注意。

图 7-1 所示的标题"妈妈也是美少女"就属于宣事式标题。该女装网店在夏季连衣裙上新时，用这样一个标题直截了当地说明这款产品是适合买来送给爱美的妈妈的。

116

图 7-1　宣事式标题

（二）诉求式标题

诉求式标题是指通过宣传媒介向目标受众诉说，以求达到商家所期望的反应。文案创作者通过用劝勉、叮咛、希望等口气撰写标题，让消费者认同或说服消费者去做某件事情。

诉求式标题具有三个特点：一是主动地劝说或暗示用户去思考或做某件事；二是直接说明所推荐产品的某种用途或使用方法，以博取消费者的关心或引起消费者共鸣，达到引导消费者购买的目的；三是直接列出具有利益性的标题，具有强烈的感染力。

图 7-2 所示的标题为"干货踢馆到你家，一片安睡到天亮"，该标题告诉了消费者该产品的特点，以及用户能从商品中获取的好处。

图 7-2　诉求式标题

（三）新闻式标题

新闻式标题主要以报道事实为主，因此新闻式标题比较正式。在文案撰写过程中，新闻式标题直接告诉消费者新近发生的有意义的事，或者用于介绍新产品上市，其目的在于引起消费者的注意，从而吸引消费者继续阅读文案内容，其从本质上来讲与宣事式标题大致相同。例如，"美好，宛如'初现'。TCL 通信中国区 2016 首款新品发布""小米启用全新品牌，首款产品正式发布"等。

人们阅读新闻的目的是了解时事信息，因此会本能地对新事物以及自己周围发生的事情感兴趣。任何时候只要你能用新奇的方式表达出产品的好处，都会为它额外增添一种非常吸引人的活力。新闻式标题可以十分简单。例如，前面介绍的案例只是宣传新品发布或新品到货，有时也可以与当前发生的新闻事件相结合，如"注意：从即日起到周五，凭下面的优惠券在本店购买×××，本店将会把你所付费用的 10% 用于帮助地震灾民"。

### （四）颂扬式标题

颂扬式标题是指用正面、积极的态度，在标题上直接称赞产品。这类标题很容易给用户留下良好的印象，它是基于产品或服务的特征、功能等进行适当、合理的称赞，以突出产品或服务的优点的。例如，常见的纸尿裤的经典广告标语"聪明妈妈　聪明选择"，还有戴尔电脑用"无可替戴"做标题，这个标题既颂扬了自己产品的独特优势，又与产品名称相呼应，十分巧妙，如图 7-3 所示。

图 7-3　颂扬式标题

### （五）提问式标题

提问式标题能启发用户思考，是通过提出问题引起用户的关注，从而促使用户产生兴趣，受到启发并产生共鸣。图 7-4 所示为一款男士专用沐浴液的文案，其标题"什么剥夺你的型男形象？和家人分享同一瓶沐浴露？"会引起用户的关注和思考，从而使其产生购买冲动。这类标题通常包含"为什么？""如何？""怎么办？"等字样。一般具备问号标点的标题会促使用户在浏览标题时产生思考。

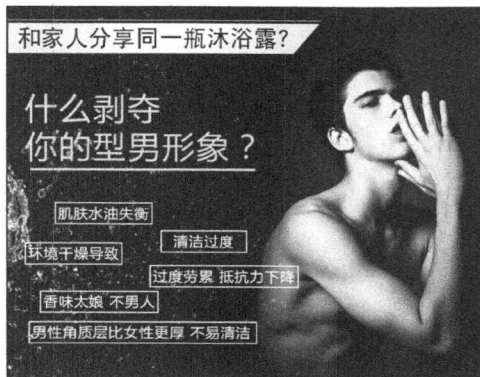

图 7-4　提问式标题

## （六）悬念式标题

人人都有好奇心，一条精心构筑的悬念式标题能激起消费者足够的好奇心，从而激发其继续阅读。悬念式标题的特点就是激发人们的好奇心，具体来说就是在标题中设置一个悬念，吸引消费者的注意，诱发消费者追根究底的心理，使其在寻求答案的过程中不自觉地产生兴趣。

图 7-5 所示为某知名海淘网站的推广文案，在各种"优惠""促销""打折"中，突然冒出一句"暂不打折"，着实能让很多人摸不着头脑。在激起消费者的好奇心后，消费者再细读上下文案才会恍然大悟，进而对品牌产生好感。

图 7-5　悬念式标题

在选用悬念式标题时，文案创作者要将事实与悬念的线索相匹配，做到融会贯通；此外，标题内容一定要是新近发生的；最后，悬念的设置要简明而单一，要把握好悬念的度，既不要使用太过暴露的话来提示消费者，也不要隐藏得太深，以免有故弄玄虚之嫌。

## （七）恐吓式标题

恐吓式标题是通过恐吓的手法来吸引消费者注意的，特别是对于具有和标题所示内容相同症状或心里有某种担忧的消费者来说，这种恐吓式标题往往更能引起他们的共鸣。文案创作者在设置这种标题时可以使用一定的夸张手法，但也应以事实为依据，不能扭曲事实，要通过陈述某一事实引导消费者意识到相关的危险，从而产生危机感。

在人们普遍对空气污染产生忧虑时，商家使用"空气污染严重，你看得见这些污染吗？""但是待在室内就很安全吗？"等标题，容易引发消费者的忧虑，进而使其对后续的产品介绍产生兴趣，如图7-6所示。

（八）对比式标题

世界上任何事物都是彼此联系的。对比式标题是通过与同类产品进行对比来突出自己产品的特点，加深消费者对本产品的认识的。它

图7-6 恐吓式标题

通过与截然不同的事物进行对比，给消费者提供当前事物与对立事物的比较认知。

某淘宝店铺主营各类滑板，其中"非常"滑板为主打品牌，该店铺选用的"滑板还是选'非常'！"的标题就是一种对比式的标题，如图7-7所示。

| | 其他家的滑板 | SCENT长板系列 |
|---|---|---|
| 板面图案选择 | 不到10款 | 超过20款 |
| 轮子按照需求更换 | ✕ | 灵活升级 |
| 支架配置 | 双翼支架，滑行不够稳定 | 加强铝合金高碳网长板支架 高速也很稳定 |
| 轴承配置 | 工业轴承 | SCENT高速抗震轴承 |
| 客服水平 | 不会玩滑板的普通销售 | 本店所有客服都是滑板玩家 |
| 有原创教学视频 | ✕ | 本店自己实拍教学 |
| 线下有实体店 | ✕ | 10年专业实体店 |
| 板面断裂售后时间 | 7天 | 3个月 |
| 支架售后时间 | 7天 | 1年 |

图7-7 对比式标题

## 二、电商文案标题的作用

在电商时代，因为很多人是看了标题才点进来的，所以，如果标题没拟好，

那文案基本上已经失败了一大半。标题在电商文案中的作用越来越重要，标题是容易给消费者留下深刻印象的地方。具体来说，电商文案标题的作用有以下3个方面。

## （一）吸引人们的注意力

标题是文案的大门，用户是通过这扇门进入电商文案的世界中的。因此，一定要用标题抓住消费者的注意力，他们不会立即去阅读长篇大论的内容，就像人们阅读报纸时都是先浏览一遍各版的新闻标题一样，人们通过阅读标题来获取文案的大致内容。

在撰写文案标题时，文案创作者一方面要使用具有吸引力的词汇，如"免费""惊爆""秘密"等；另一方面，要分析研究到底什么样的词汇对目标受众具有吸引力。例如，某款售卖童鞋的店铺选用的"陪伴成长每一步"的标题就很容易打动父母。

## （二）从文案阅读者中选出可能的消费者

把产品最大的好处放在标题里，简洁明了，让阅读者看完就知道这个产品的特点，这样也便于商家从文案阅读者中选出最可能的消费者。标题的基调和风格必须能反映产品或品牌的价值和定位。除了使用反讽或推测这种极少数情况外，语言必须反映产品的使用和特色。

"衣服有声音，衣服会呼吸，对它来说，身体如艺术一样，直接而强烈"
"优雅，与另一个我相遇"

这是两个女装淘宝店的文案标题，第一个偏文艺风，第二个更注重优雅。当消费者看到这样的标题时，就可以确定哪个店铺的产品风格更适合自己，继而选择合适的产品进行购买。

## （三）使消费者对文案正文发生兴趣

想要激发消费者的阅读兴趣，吊起他们阅读正文的胃口，就必须有一个有效的标题来吸引消费者，而且标题用语要反映出产品特质。单一标题即可达成目标，无须正文。好标题会引导消费者深入阅读，并对文案正文产生兴趣。

好标题在用户点击网页后就能吸引住他们的眼球。更重要的是，标题的目的在于让用户产生兴趣，花时间来阅读文案正文。他们或许会对标题印象深刻、或许会感到振奋人心，但标题担任了正文宣传的现实元素，并为即将展开的内容铺陈。

图 7-8 所示为某款纸尿裤以"薄你满意"为标题的文案，这一标题一方面"包你满意"的谐音，另一方面突出这款产品"薄"的特点，能使夏季天热欲购买薄款纸尿裤的消费者产生继续阅读的兴趣。

图 7-8　某款纸尿裤的标题

## 三、电商文案中好标题的特征

广告最重要的是标题，标题写得好，广告就成功了一大半，在电商文案创作中亦是如此。在电商文案中，好标题应具备以下 5 个特征。

### （一）主题鲜明

标题是对正文内容的高度概括，通过标题人们可以快速知道正文的主要内容和信息。好的电商文案标题必须与正文内容相结合，而且要鲜明。如图 7-9 所示，某款空调主推产品的静音特点，其标题为"静得只听见呼吸声"。这与大卫·奥格威为劳斯莱斯汽车创作的经典文案"在这辆时速 60 英里（约 96.7 公里）的劳斯莱斯里，最大的噪声是它的电子钟。"有着异曲同工之妙。

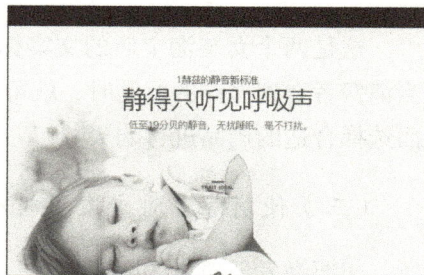

图 7-9　主题鲜明的标题

## （二）简明扼要

文案标题不能太长，否则容易让读者产生冗余、沉闷的感觉，使其根本没有耐心去阅读，更别说进一步阅读正文了，这也就无法发挥标题的真正作用。

文案创作者在创作标题时要尽量通俗明了，避免使用生僻词汇及晦涩难懂的词语。如果读者看不懂标题，又如何进行后续的阅读呢？

松下电冰箱曾做过下面这样一个标题为"电冰箱再袭击"的长文案。

### 电冰箱再袭击

连续三天，早上打开冰箱，里面竟然空无一物，昨晚从超市买回的一大堆食物都不翼而飞了，只剩散乱一地的包装纸。她开始怀疑有附近的流浪汉闯入家中，但她没有报警，只是买了更多的食物，睡前仍把冰箱重重封锁，这下该万无一失了，不料隔天发现又被洗劫一空。她不禁怀疑冰箱监守自盗，偷吃她的食物，不过这个可能性她很快就排除了，就算她拔掉冰箱的电源，同样的事故照样发生。第七天，她决定报警，警察在她家装上摄像机，终于抓到偷吃食物的窃贼，就是她自己。她每天晚上梦游到冰箱前狼吞虎咽吃光食物，然后心满意足地回到床上继续她的美梦。

接受治疗时，心理医师告诉她："你应该感谢冰箱，你的冰箱在夜里静静地填补了你白天的空虚和不满。"

这篇文案本身就令人拍案叫绝，角度非常独特，但回到标题，我们不难发现，恰恰是"电冰箱再袭击"这样的一个简明扼要的标题既突出了产品（电冰箱），同时也吸引了无数人继续阅读正文。

再如某款日式拉面方便面，其标题仅仅使用了七个字"一秒移到日料店"，却非常精准地点明了该产品的核心诉求点，如图7-10所示。

图7-10　简明扼要的标题

有研究表明，标题越短，读者越多，研究结果详见表7-1。

表 7-1　标题词数与阅读量的关系

| 标题词数 | 阅读人数 |
|---|---|
| 3 个以内 | 87.3% |
| 4~6 个 | 86.3% |
| 7~9 个 | 84% |
| 10~12 个 | 82.5% |
| 13 个及以上 | 77.9% |

在这项研究中，阅读最短标题的读者数量平均比最长的多 1/7 左右。阅读超过 12 个词语的标题的读者数量下降得最多。

需要指出的是，阅读短标题的人数更多，因此商家应在尽量短的标题中指出产品最大的优势。只有 3 个词的标题可能会有更多的人阅读，但短标题也并不一定效果都好。总体来说，如果你能写出两个效果同样好的标题，在其他变量都相同的情况下，比较短的那个标题可能会被更多人读到。

（三）实际益处

好标题要能给消费者明确的利益承诺，会诉诸读者自身的利益，提供实际上的好处。例如，"欢迎来到平价境外出行旅游网"的标题，给消费者的利益承诺就是"省钱"。图 7-11 所示为某款网购牛排产品，其标题为"追求品质——给家人好牛排"，其标题明确突出了产品的品质，以及购买该产品后能带给消费者的好处（"给家人好牛排"）。

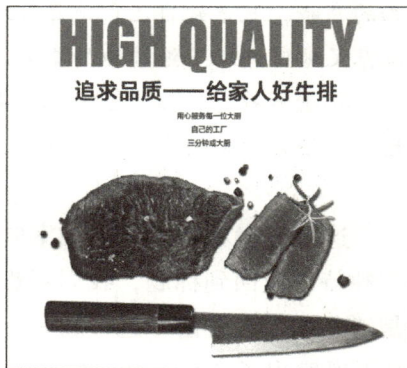

图 7-11　展现实际益处的标题

谁会对自己不感兴趣呢？为了迎合客户的利己心，商家只需在标题中承诺给予个人好处即可，如让他们的牙齿更白、收入更高、身体更棒、关系更好，以及其他任何诸如此类的好处，尤其要满足人类天生的五个层次的需求（马斯洛需求层次理论）。

（四）个性独特

在媒介内容同质化时代，独特的个性化标题非常容易吸引消费者的注意。

优秀的电商文案标题，要么直接描述新事物，要么将读者听过的事物以全新的方式来呈现。因此，好的标题要充满创意，要与众不同，不能平庸。例如，某款进口沐浴套装的电子邮件广告标题是"为什么日本女性拥有美丽肌肤？"，这就与老套的"日本沐浴套装9折优惠"的效果截然不同。

同样是生产净化器，某款空气净化器的创办人是三位父亲，结合品牌调性，其电商文案标题为"我爱你，呼吸为证"。这既与产品的功能相符合，又与品牌文化的特点相契合，且具有独特的个性。

如果想创作出有个性、独特的电商文案标题，文案创作者要尽量多角度、多方式地进行创作，实现用标题激起读者强烈的购买欲望，促成其购买的目的。

（五）契合网络

契合网络是指标题的创作一方面要契合网络文化，另一方面要契合网络搜索引擎优化（SEO）的结果。

网络文化是指网络上具有网络社会特征的文化活动及文化产品，是以网络物质的创造发展为基础的网络精神创造，是人们在互联网这个特殊世界中进行工作、学习、交往、沟通、休闲、娱乐等所形成的活动方式，以及其所反映的价值观念和社会心态等方面的总称，包含人的心理状态、思维方式、知识结构、道德修养、价值观念、审美情趣和行为方式等方面。

网络文化是一种只在互联网上流通，而较少为非网民所知的独有文化。作为依附网络存在的电子商务文案中的标题创作应契合网络文化。例如，在标题中使用一些近期火爆的网络词汇来吸引消费者的注意。

契合网络搜索引擎优化，是指好的标题容易被搜索引擎收录。我们常说"不会写电商文案的人，文案是写给自己看的；会写电商文案的人，文案是专门写给目标对象看的；而最会写电商文案的人，文案是同时写给目标对象与搜索引擎看的。"

当搜索关键词在所有产品标题中都没有搭配的时候，搜索引擎会抓取产品属性和详情页中的文案，而且尽管当用户搜索的关键词会在其他的产品标题中出现，但因为该关键词在我们产品的详情页中出现的频率较高，也会增加相关性，从而使自己的产品排名比其他产品更靠前。

## 四、电商文案标题的撰写技巧

那怎样才能拟出一个好的电商文案标题呢？撰写电商文案标题的技巧有以下 4 种。

### （一）借力借势

与大型企业相比，中小企业在各方面的力量和影响都不太强，并没有太多的资金投入到文案推广中。因此中小企业就要学会借力，借外界的力量来让自己的文案得到最广泛的传播。借力是指利用别人的资源或平台对自身产品或服务进行推广营销，从而达到快速销售自身产品的目的。

借势往往是指借助最新的热点事件，包括最新的热门新闻、体育赛事、明星八卦等，借势可以让广告的植入合情合理，十分应景。杜蕾斯品牌在借力借势营销中走在了许多品牌的前头，赢得了用户的深度认可。

具体来说，借力借势可以细分为 3 种类型。

#### 1. 借名人

大多数人都会有名人情结，名人的任何事情都被大众所关注。在进行文案撰写时，文案创作者要学会利用名人效应，如果文中有关于名人的信息，标题中一定要提到。例如，"阿里巴巴马云的创业故事"，这个标题便巧妙地利用了这种技巧。

#### 2. 借热点

文案创作者要抓住社会上的热点事件、热点新闻等，以此为标题创作的素材，通过大众对社会热点的关注，引起大众对文章的关注，从而提高点击率以及转化率。

文案创作者可以利用百度搜索风云榜、新浪微博、豆瓣等媒体网站的头条来关注最新的热点，并在撰写标题时巧妙地"搭便车"，这会取得不错的效果。例如，某款手机在游泳运动员孙杨比赛结束后迅速发布了图 7-12 所示的这张标题为"'杨'光总在风雨后"的宣传海报，就是借势新闻热点的典型案例。

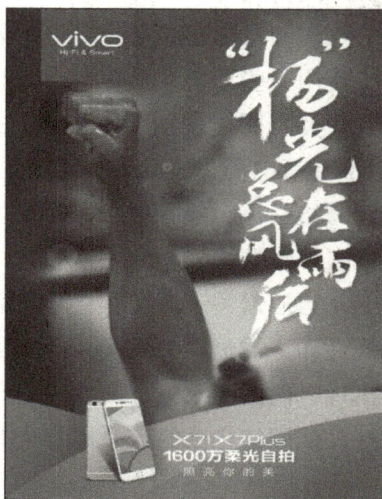

图 7-12 "借热点"标题

### 3. 借流行

在网络世界中，每隔一段时间就会出现一些新的流行词语，也就是我们常说的网络热词。文案创作者在进行文案标题的撰写时，适当使用一些频率高的流行词语可以在一定程度上吸引用户的关注。例如，"比 A4 腰还靠谱的事实！真相永远只有一个！""我用三生三世才寻找到'单身狗'的你！"等标题都借用了当时较流行的网络语言。

### （二）标点数字

一般来说，数字、标点和运算符号的灵活运用也可以非常形象地表达出文章的主题，如"文凭≠水平""7 = 10？""6 种方法，5 种建议，教你月入 10 万不是梦！"等。通过运用这些符号来写作标题，可以使标题更有吸引力和说服力。

### （三）谐音修辞

中国文字博大精深，有非常多的谐音和谐义词。巧用谐音也是一种标题撰写的技巧。谐音式标题就是利用谐音来表达消息隐含的意思。像前面所讲的"薄你满意""无可替戴"，再如"酱出名门"等都是使用谐音技巧来完成标题撰写的。谐音是一种口语化的语言表述，富有很强的生活气息，比较贴近百姓生活，幽默感和趣味性十足，是人们比较喜欢的一种语言表达方式。

如图 7-13 所示，该香水产品的名称即为"奇迹"，其文案标题为"你 就是奇迹"，这里的"奇迹"既指代产品又指代用户，这样的文案标题能给消费者以正面、积极的能量。

图 7-13　双关标题

此外，比喻、夸张、引用、对比、拟人等修辞方法的使用也可以增加标题的吸引力和趣味性，让标题更有个性。最经典的比喻式标题是"时间就是金钱，效率就是生命"，再如"你的头发在生气""我天生一肚子火气"等就都使用了拟人的手法。

### （四）文化文艺

文案创作者可以借助诗词、成语典故、古汉语、谚语、歇后语、口语、地方方言、行业术语、人名地名和影视歌曲、戏剧等元素来创作文案的标题，在标题中融入这些文化元素，提升文案的"文化涵养"，给读者一种不同的感受。

近年来比较流行的文艺范同样也可以在标题中体现出来，以吸引读者的注意。例如，某款夏季凉鞋的文案标题为"陪你走过这一夏"，某款四川辣味小食的文案标题为"你的生活，不该平淡"，再如某款花生零食的文案标题"花，无果  生，有时"，都极具文艺范，如图 7-14 所示。

图 7-14  文艺范标题

## 五、电商文案标题写作的五大常见问题

很多文案创作者不清楚在撰写电商文案标题时要注意哪些问题，因此尽管花费了很多心思去撰写文案标题，但效果并不好。在电商文案标题写作中常见的问题主要包括以下几种。

### （一）标题党

标题党是网络上一小部分利用各种颇具创意的标题吸引人们眼球，以达到各种个人目的的网民群体。简言之，其文案的标题严重夸张，文案内容通常与标题完全无关或关系不大。

在电商领域中，有些文案标题也会有标题党的嫌疑，为了吸引消费者的注意不惜骗取用户的点击。但需要注意的是，这就好比那个喊"狼来了"的孩子，也许第一次、第二次还管用，但后面就很难得到消费者的信任了。如果只是标题党，就算消费者点击进去，也不会分享出去，而且会严重影响电商品牌和企业的形象。

### （二）违禁词、敏感词的使用

一些商家为了快速吸引消费者的注意，可能在标题中添加一些敏感词。我国新出台的《互联网广告管理暂行办法》以及《中华人民共和国广告法》中都明确了互联网广告制作及发布的要求。而且电商平台本身就带有审查过滤功能，如果标题中含有违禁词、敏感词，就会将整个标题过滤，用户就无法搜索到相应的文案了。类似"高仿""最高级""全网最低价""山寨"等词汇都属于此类的违禁词或敏感词。

### （三）使用重复的标题

对于同质商品较多的店铺，尽量不要让所有的品牌产品都使用一样的标题。使用同一标题虽然比较省力，但会降低消费者对品牌的认知度。商家应根据不同产品的特点进行挖掘，创作出具有独特个性的文案标题。

### （四）频繁或大幅度修改标题

标题应力求唯一性，通过网络采集而来的文案标题必须修改，不可与原文标题相同。但如果总是频繁地更换广告标题，会给买家以品牌不稳定的印象，而且在电商平台中也容易被误认为更换产品而被降低权重。

### （五）长时间不更新标题

频繁更换或修改标题不利于品牌宣传，但若长时间不更新标题则会让消费者产生厌烦的情绪。为了保持买家的兴趣，文案创作者应当根据产品的生长周期进行有针对性的文案标题创作。例如，对处于发布期、成长期、爆款期、衰退期的产品的文案标题及时进行更新。

　　此外，有些商品具有应季性，文案创作者也可据此进行符合当季的文案标题创作。最后，文案标题应结合节日、热点、促销等进行适当的调整变化，这样效果会更好。

## ☀ 本章实操训练题

　　请根据以下产品说明撰写一个合适的电商文案标题。

　　家用自动旋转无线电动拖把扫地拖地机器人手推式擦地机

　　【终身免费领耗材】；【售后】免费保修 1 年；无线手持、静音干拖、静音湿拖（40~60 分贝）、一键洒水、打蜡、LED 照明；【核心功能】两个拖地圆盘高速对旋后可产生强大动力，每分钟 250 转，每分钟可以拖地 20 平方米；【适用】木地板、瓷砖、大理石、复合地板；【充电】2 小时左右充满，工作 25~40 分钟。

# 第八章
# 写出有影响力的电商网店文案

好的电商文案就像一把锋利的刀，让消费者忍不住"剁手"。一个完整的网络店铺通常包括首页、店招、导航、商品详情页、二级承接页、海报、品牌文化等。消费者在进店购买产品时，大部分情况下会依次接触商品海报文案、商品详情页文案、商品活动促销文案、商品评价及评价的回复，以及网店中其他信息的文案。电商网店中不同的文案具有不一样的功能，撰写的方法也有所不同。要想写出有影响力的电商网店文案，文案创作者就要根据网店的定位，洞察消费者的需求，不断优化各部分文案。

## 一、网店中商品海报的文案写作

网店中最惹人注目的是设计精美的海报。海报设计是视觉传达的表现方式之一，通过版面的构成在第一时间吸引人们的目光，并瞬间刺激人的视觉。这就要求设计者能够将图片、文字、色彩、空间等要素进行完美结合，以恰当的形式向人们展示宣传信息。

### （一）网店中的商品海报

现在是一个可以轻松实现"货比三家"的时代，当消费者在浏览过大量产品后，很容易陷入审美疲劳状态。海报就起着吸引消费者视线、激发消费者购物欲、引导消费者下单的重要作用。

一张好的电商产品海报包含品牌、主标题、副标题、辅助说明、产品卖点和精美的图片。图 8-1 所示为某款深海鱼油的网店海报，用蓝色基调图片凸显出深海鱼油的特征，主图文案也一目了然，简明扼要。

主标题："标杆级优质鱼油"

副标题："珍爱晚年，远离三高"

辅助说明："德国医师推荐品牌"

产品卖点："单粒含量业内高 / GMP 国际制药标准"

图 8-1　网店中的商品海报

　　海报是店铺里最具冲击力的宣传工具，能将商家和消费者直接联系在一起，通过文字和图片元素传递给消费者最重要的产品信息，提高消费者对产品的认知，从而激发他们的购买欲望。

### （二）商品海报的文案写作技巧

　　说到海报文案，相信很多人都会第一时间想到海报上的产品，或是那句犀利的文案，而文案也正是从产品本身出发的。一张令人舒心的海报一般包括和谐的色彩搭配、产品图案和对应的产品文案。

　　一般来说，消费者在获得某产品的相关信息后就会对该产品产生兴趣。此时，文案就变得特别重要了。文案作为传递信息的载体，直接决定着产品的成败。海报中主图文案一定要一目了然，简明扼要，让消费者看了以后能立刻产生点击的念头。如图 8-2 所示，这款产品的核心信息

图 8-2　网店中的商品海报

就是"一片含 16 种营养"。

那么，怎样才能写好商品海报的文案呢？具体包括以下几部分内容。

## 1. 写好主标题

海报文案中的主要信息包括主标题、副标题和附加内容等，有的海报还会添加产品卖点或促销信息等。一张优秀的海报少不了一个出色的主标题。消费者最先看到的就是主标题，如果主标题不能第一时间吸引消费者眼球，消费者就会失去继续访问页面的意愿，从而离开页面。因此，是否可以成功地对消费者进行海报营销，很大程度上取决于主标题是否足够吸引消费者眼球，激发其好奇心。因此，文案创作者在撰写商品海报文案时，写出一个非常吸引人的主标题就显得非常重要。

如图 8-3 所示，"浓郁诱惑，欲罢不能"就是这款咖啡产品的海报主标题，它直接点明了产品的特点，能吸引消费者进行点击。

图 8-3　写好海报主标题

## 2. 做出好创意

颇具创意的文案总能脱颖而出，让人耳目一新，司空见惯的"新品大促""超值优惠""疯狂打折"等文案现在已经过时。好的文案不能仅仅写两句看似优惠力度大的话语，也不能王婆卖瓜地夸赞自己的产品，而是应该让消费者被好创意打动，认为就应该购买该产品。下面我为大家简要介绍三种做出好创意的方法。

（1）设悬念

该方法与第四章介绍的标题写作的悬念法类似，此处不再具体介绍。

（2）使用诱惑字眼

文案创作者要将某个产品或主题直接如实地展示出来，充分运用摄影或绘画等技巧的写实表现力，细致刻画并着力渲染产品的质感、形态、功能、用途；可以将产品精美的质地通过具有诱惑性的字眼呈现出来，给人以逼真的现实感，使消费者对所宣传的产品产生强烈的亲切感和信任感。

（3）突出产品特征

文案创作者在运用这种创意写作手法时，需要抓住和强调产品或主题本身与众不同的特征，并把它表现出来，将这些特征置于广告画面的主要视觉部位，或加以烘托处理，使消费者在接触画面的瞬间立即感受到其独特性，激发兴趣，达到刺激购买欲望的目的。

图 8-4 所示为两幅来自不同行业、不同品牌的两个产品的电商海报，但两者不约而同地选择了"青春无所畏惧"这样的创意主题进行创作。

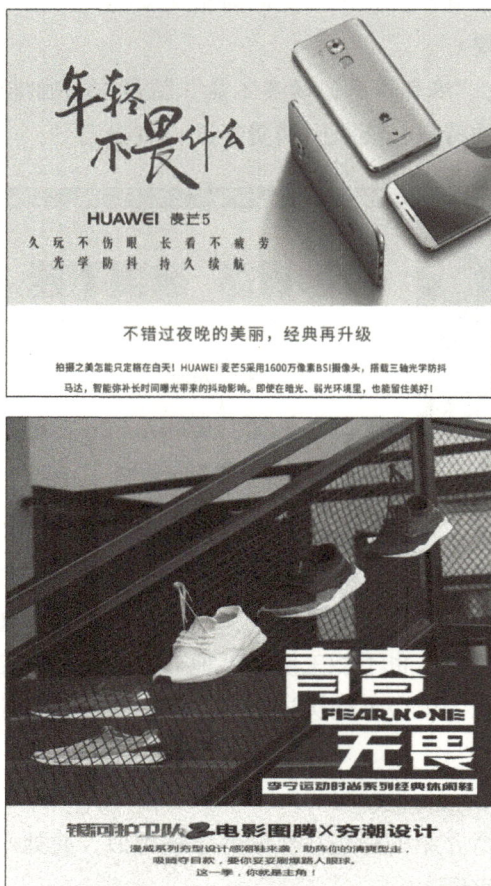

图 8-4 创意主题网店海报

### 3. 借力热点话题

网店海报往往占据网店的核心位置，为了吸引消费者的注意，通常会与社会流行的热点话题、热门影视剧等联系。图8-5所示为某灸贴产品与当时热点话题"国足战胜韩国队"相结合的网店海报，它成功地吸引了消费者的眼球。

图8-5  借力热点话题的网店海报

**4. 好文需要配好图**

文字配图往往都以商品的直接受众为重点进行受众分析，最终形成由点到面，再到立体的文案策划思路。好图的搭配十分重要，每一个产品特征配上一张细致的图，效果就会比纯粹的文字好几倍。文案可以说明细节，图片则可以帮助消费者缩短理解的时间。所以文案创作者撰写完文案后请务必找一个优秀的设计师处理好配图，如果有必要还可以制作GIF动态图、拍摄短视频。

## 二、网店中商品详情页的文案写作

店铺商品的详情页是直接决定交易能否转化成功的关键因素，它能最大化地将商品的卖点展示出来，让消费者在了解商品的各项信息的同时，延长顾客在网店停留的时间。而消费者只要还停留在网店，就有下单进行购买的可能。

（一）网店中的商品详情页

如何让商品详情页更有吸引力、能更加精准地抓住消费者的心理呢？产品详情页想要更有吸引力、能更精准地抓住消费者心理，除了需要精美的图片，还需要出色的文案。文案往往是抓住消费者注意力的关键所在，具体应做到：

虚实结合、图文并茂、详略得当及手法多样。

图 8-6 所示为某款深海鱼油的商品详情页文案。它通过一个问题带领消费者进入其设置的情境中，让消费者思考自己是否选对了鱼油，然后又分别从 4个方面介绍好鱼油的特点，吸引消费者注意，并最终实现转化。

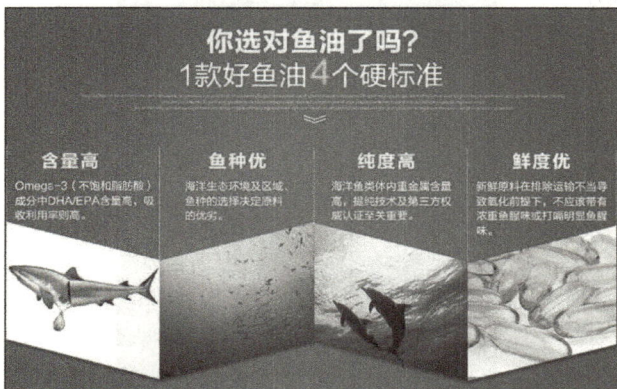

图 8-6　深海鱼油商品详情页文案

网店商品详情页中的一句好文案往往可以起到一个优秀客服的作用，面对各种各样的消费者，一个用文字符号来打动消费者的"客服"加上一个用视觉传达商品特性的"美工"是具有高转化率的详情页的重要组成部分。

通常来说，网店商品详情页中产品描述的内容大致包括诉求情感语句（200字以内）、产品大图、价格促销点、商品获得的荣誉、产品在本店的情况、老客户体验、产品最独特的卖点图文说明、产品功能介绍、和同类目的产品的对比、产品实拍图、感性营销、售后保障、品牌介绍。

要想把商品描述得生动有趣，文案创作者就要深入了解商品，通过文字描述让消费者看到商品的每个细节。除了商品的细节说明以外，网店商品的设计元素、原料、颜色、产品特点、适用场景等也都影响着消费者对商品的满意程度。商品详情页的好坏直接关系到消费者的购买转化率，若详情页符合消费者的审美，满足了消费者的需求，就能成功地让消费者下单。

（二）商品详情页的文案写作技巧

当下多数的详情页文案阅读率都很低，按照产品策略逻辑，详情页文案越早实现转化越有利。那么，文案创作者该如何撰写商品详情页文案，其主要的写作技巧有哪些呢？

**1. 商品描述一定要简洁，产品细节描述要真实**

首先要明确一点，吸引消费者买东西的往往是图片而不是文字。因此，文案创作者在撰写描述商品的文字时要尽可能简单、直白。如图 8-7 所示，该文案既突出了该产品"全方位护足"的特点，又从 3 个方面具体介绍了产品的细节。

图 8-7　商品详情页部分文案

此外，文案创作者对于产品的细节描述，要做到既不夸大也不隐瞒，产品描述一定要符合实际情况，不可以弄虚作假。

**2. 抓住目标消费人群的痛点，凸显产品价值**

文案创作者在进行产品描述时可以换位思考，想一想消费者到底为什么要购买这个产品，要学会剖析消费者的购物心理。只有真正找到消费者的痛点，才能以此凸显店铺产品的卖点，加深消费者的认同感。

在网络购物时代，琳琅满目的产品让人们挑花了眼，同时也不可避免地会出现一些假冒伪劣产品，即使消费者看到面料名称栏写着"纯棉"，但还是会质疑其纯度如何。如果店铺的产品不怕考验，不妨直接用文字告诉买家自家产品是"100% 纯棉"，同时告诉消费者 100% 纯棉的优势——"舒适、透气、自然、环保"。这样一个不起眼的面料说明将能成为商品的一个亮点，使消费者更加清楚产品的特点。

图 8-8 所示为某款毛巾的商品详情页，主要突出其产品的原料来自新疆。"天赐的健康棉，从种子到毛巾，每一朵都来自没有污染的有机棉田，将健康送给挚爱的人"。成功的商品详情页需要站在消费者的角度来写，让消费者看完商品详情页后觉得非买不可。因此，文案创作者要找准消费者痛点，用情感

诉求产品，拉近产品和消费者之间的关系。

图 8-8　毛巾商品详情页文案

消费者购买商品为的是获得产品的价值，而不是产品本身，如果我们的产品没有任何价值，消费者是不会为它们买单的，所以对于产品价值的包装也是很有必要的。文案创作者需要直接把产品价值如产品的生产地，产品的成分，产品的价值所在，以及产品本身经过多少道工序等告诉或展示给消费者。

如果产品的宣传文案打动了消费者，但商品详情页设计得不到位，吸引力不够，也有可能导致消费者不会下单购买。因此，写好产品宣传文案仅仅是激发消费者购买的第一步，决定消费者是否购买的关键还是商品详情页。

### 3. 详情页中的"故事"文案带来高效转化

既然商品详情页这么重要，那么如何用文案表达出商品的优点呢？利用文案讲出让消费者有购买欲望的"故事"不失为一种明智的选择。下面是一款长城解百纳干红葡萄酒的详情页文案，其向消费者诉说了它的故事，通过故事打动消费者，引发共鸣，激发消费者的购买欲，完成故事营销，这样的详情页转化率一般是不会太低的。

十年间
世界上发生了什么？

65 种语言消失；

科学家发现了 12 866 颗小行星；
地球上出生了 3 亿人；
热带雨林减少了 6 070 000 平方公里；
元首们签署了 6 035 项外交备忘录；

互联网用户增长 270 倍；

5 670 003 只流浪狗找到了家；

乔丹 3 次复出；

96 354 426 对男女结婚；

25 457 998 对男女离婚；

人们喝掉了 7 000 000 000 000 罐碳
酸饮料，

平均体重增加 15%。

我们养育了一瓶好酒。

地道好酒 天赋灵犀。

三毫米的旅程，一颗好葡萄要走十年。

三毫米，

瓶壁外面到里面的距离，

一颗葡萄到一瓶好酒之间的距离。

不是每颗葡萄都有资格踏上这三毫米
的旅程。

它必是葡萄园中的贵族，

占据区区几平方公里的砂砾土地；

坡地的方位像为它精心计量过，

刚好能迎上远道而来的季风。

它小时候，没遇到一场霜冻和冷雨；

旺盛的青春期，碰上了十几年最好的
太阳；

临近成熟，没有雨水冲淡它酝酿已久
的糖分；

甚至山雀也从未打它的主意。

摘了三十五年葡萄的老工人，

耐心地等到糖分和酸度完全平衡的一
刻才把它摘下；

酒庄里最德高望重的酿酒师，

每个环节都要亲手控制，小心翼翼。

黑暗、潮湿的地窖里，

葡萄要完成最后三毫米的推进。

天堂并非遥不可及，再走
十年而已。

### 4. "动之以情，晓之以理"，打动顾客

商品详情页文案的功能是实现策略落地，与消费者沟通，表达产品优势。那么，如何与消费者沟通呢？通常来说，要么"动之以情"，要么"晓之以理"。前面葡萄酒的案例是通过"故事"来为产品添加附加价值的，是一种以情感诉求打动消费者的方式。此外，还可以通过有理有据阐述产品优势的方式，用理性诉求来打动消费者。

图 8-9 所示为一款纪念相册的商品详情页文案，结合产品特点，卖家充分挖掘了产品的情感属性，赋予了产品一定的精神含义。

图 8-10 所示为典型的"晓之以理"的理性诉求型文案，通过对产品功能的详细介绍，让消费者对产品有了更深入的了解。对有抗菌需求的消费者而言，这种产品的详情页文案就可以引导其进行相关产品的选购。

图 8-9　相册商品详情页文案

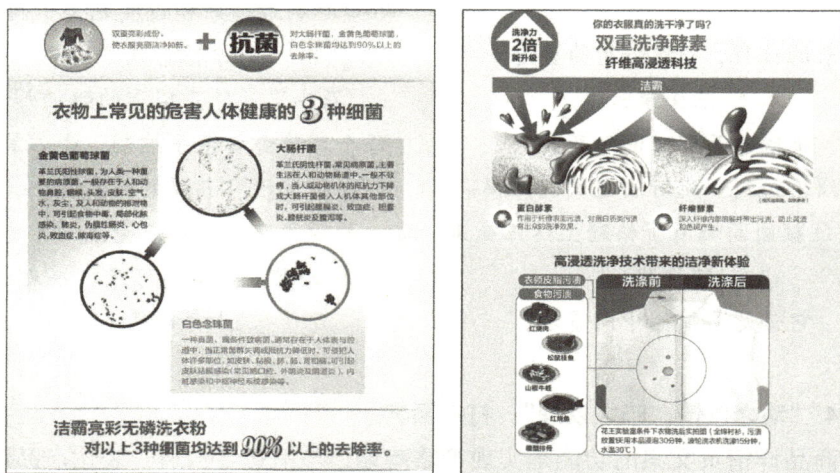

图 8-10　洗衣粉商品详情页文案

## 三、网店中促销活动文案写作

每当遇到"双十一""双十二"或者其他电商节日时，各网店商家都会运用各种手段吸引消费者的眼球，进而使网店的总流量获得提升。此时，如何最大化地将其导入到自家网店，增加网店商品的点击率和转化率，是商家们最需要解决的问题。

### （一）网店中促销活动的文案

在电商节日时，各大电商品牌都会用尽浑身解数，进行各种类型的品牌营销及促销活动。电商引爆促销，就是通过电子商务途径来引爆相关产品或服务的销售，达到促销的效果。"双十一""双十二"这类电商大促的购物节经常出现电商引爆促销的现象，节日营销、周末营销、事件营销也是网店促销活动的常态。

网店的活动促销文案，即对活动期间包括产品、产品优惠政策等进行整合描述，以期达到促进消费者购买转化的电商文案。文案创作者要想写好促销文案，就要掌握促销文案撰写的技巧。

### （二）网店中促销活动的文案写作技巧

在促销活动期间，营销文案的撰写对商品的转化率起着重要的作用，如何写好营销文案，将促销期间的这个时间优势充分发挥出来呢？这就需要文案创作者掌握文案的写作技巧，具体如下。

#### 1. 善于利用活动促销期

许多店家的商品在促销期间的销量是平常销量的几倍，因此不少电商品牌非常重视各类网络促销活动。例如，在某年"双十一"促销活动之际，裂帛推出了下面的左右文案，这个文案在吸引消费者的同时又让店铺充满了文艺气息，取得了不错的传播效果。

左文案：
裂帛的创始
起于一次大雨，被淋湿的现实
连同淋湿的画稿，
连同两个青涩的毛丫头，
被不尊重地赶出制衣厂的大门。
更早的创始，
起于苗族奶奶太阳下手绣的指尖；
起于"扎西德勒"在漫山遍野的问候；
起于所有美好在内心似千军万马般灿烂的坐化。
内心呐喊与现实话语强烈地高分贝冲撞，
就这样，开始。
撕裂丝帛，
当然，也一样，可以撕裂常态，撕裂规则，撕裂时空，
撕裂那些狼狈而苍白的人生，

撕裂那些委屈而难以割舍的情感。

一直，这样在发生，

一直，这样在现在，

一直都这样，哪里都是这里。

进入下一个未知探险，

从一个觉知空，到一个觉知圆满，

向内，以此渐进。

右文案：

我们说：二零一二，相信美好。

这一刻，您一定是刚刚试穿好裂帛（或是非池中），正摊开这一纸问候，请见谅并理解。

在这个出货量剧增的时间里，给您带来的一切不便。

那么，换上温暖，开始穿扮新一季冬日生活的美好吧！

这一刻，快递的小伙子们一定还在寒冷中，寄送那些尚在途中的温暖衣裳，

那是流动的、美丽的时间之舞。

这一刻，客服的姑娘们还在敲打键盘、接听电话、解释每一个细节，

那是我们一起在乎的每一个细节，为了更好的明天。

这一刻，所有刚刚歇了口气的工作人员，又开始了新一轮忙碌。

这一刻，对每一个经过或是并行在我们身边的人说：你是最好的那个。

在我们的相互理解和关切中，那些不如意和疲惫一抹而去。

生活就是面对现实，然后微笑，快乐地微笑，

原来你和我有相同的感触，原来这样生活可以更美好，原来周遭还有这么多感动。

透过彼此的角度与事业带来的新体悟，你我将装载着满满的心灵能量启程。

在路途中，走进正在发生的美好事物，

这美好，就如《桃姐》，人情之暖就像坚叔带阿婆回乡下的桥段，随处在。

生活不仅要大恩大义的情怀，更需端水送米的易举，

这美好是心怀感激，就如"裂帛彩虹列车"项目组在9月接到的一则短信：

"松娜拉姆考入了县城重点中学的尖子班，让我代发短信告诉你们，感谢你们之前的帮助。"

这美好是爱的愿力，就如在"让爱无忧"项目中，结识的一位女画家胡秀，

她待流浪猫狗如家人，给重病的猫按摩、泡脚，救活了医院无法救治的流浪猫。

这美好是裂帛《最美的学习》，那不仅是爱情，

是生活之海溅起的每一滴诗意的浪花，是来自于经历的美。

让我们在生活的磨砺中，一直一直，相信美好，

互哺，随喜！

**2. 针对客户人群做不同的活动策划**

现在的消费者购物不再像以前那样喜欢跟风，他们都想找到适合自己的商品。由于消费者的个性比较强，因此商家在进行促销宣传时要尽量根据不同的消费人群制订相应的文案策划，让其加深印象，从而对产品产生好感。

文案创作者在撰写促销文案时的语言风格应尽量符合特定人群的用语习惯，如针对以老人为主的消费群体，应多以晚辈的口吻，表达得通俗易懂；如果是少儿群体，应多以活泼可爱、充满童趣的语言来表达；如果是"80后""90后"年轻时尚群体，应多以网络语言、幽默诙谐的语言来表达。

恰当的语言可以拉近商家与消费群体的距离，也能突显促销氛围，易于被消费者接受。

图 8-11 所示为麦当劳与小米充电宝联合活动的营销推广文案，这个促销活动是针对年轻人进行的定向营销推广，所以文案撰写的风格也比较贴合年轻人——"手机肚子都要饱，充电饱。"

图 8-11　定向营销推广文案

### 3.激发消费者的活动参与感

营销文案的作用就是导入流量，而流量又是提高转化率的一个必不可少的重要因素。转化率其实是一个概率问题，只要有流量，就有成交的可能。因此，提高转化率最重要的一点是增加流量。没有流量，营销文案写得再好也没有作用，因为根本没有人看见。

促销活动如果没有消费者的参与，就是一场无法落地的镜花水月。因此，优秀的促销文案要能激发消费者的活动参与感，要能让消费者在看过文案以后一方面了解活动的规则，另一方面愿意积极地参加活动。

图8-12所示为某款干发巾的促销活动文案。该促销活动是一场需要消费者参与的活动，即买家秀征集活动。文案中一方面将消费者参与方式清晰地罗列了出来，让消费者感到参加活动并不复杂；另一方面，明确列出了参与活动后可能获得的奖励，鼓励买家积极参与活动争取礼品。

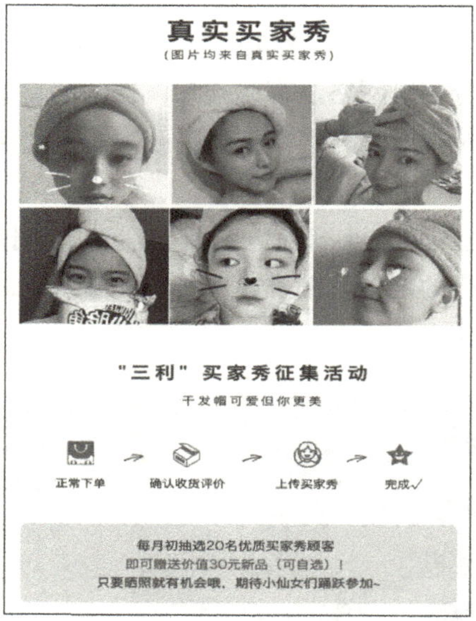

图8-12 干发巾促销活动文案

## 四、网店中商品评价的回复写作

其实网店中的很多地方都是进行文案创作的落脚点，即使是特别不起眼的地方也可能为转化率做出不小的贡献。很多商家可能会忽视商品评价区，认为那里只不过是买家购物后进行评价的地方，没有必要把心思放在那里。其实商品评价区有着强大的互动功能，如果在此回复商品评价，写出独到的文案，同样可以达到促进网店销售的效果。

## （一）网店中的商品评价回复

假设每位消费者都是外行，对产品一点都不了解，那么消费者在买东西时考虑的因素就会多一些，此时评论就可以起到很关键的作用。

与传统营销模式不同，电子商务的一大特点就是具有互动性，消费者在进行购买交易后可以将自己的购物体验、使用感受等评价内容直接发布到网上，店家也可以根据消费者的评论进行回复。通常来说，对商品进行评价回复要好于不回复，有些店家甚至通过评价回复引来了更多消费者的围观，对品牌进行了二次传播。

根据店家对评价回复的不同，我们可以将商家对消费者的回复分为三种类型，如图 8-13 所示。

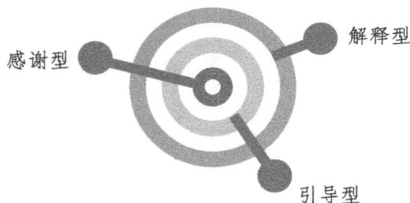

图 8-13　对买家评价回复的类型

### 1. 感谢型

主要是指当用户给了好评后，商家作为感谢而回复的内容，图 8-14 所示即为感谢型回复。

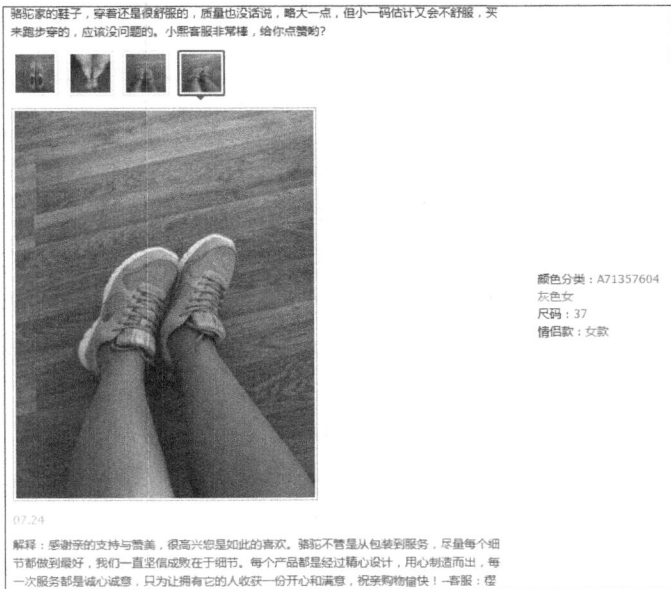

图 8-14　商品评价感谢型回复

**2. 解释型**

对于中评、差评，或是虽然给了好评但仍在评论中提到一些问题的评价，店家在评价回复中要加以解释，让看到评论的买家释怀，避免其对品牌产生不好的印象。如图 8-15 所示，商家解释了这款鞋味道重的原因，同时强调了产品不存在质量问题。

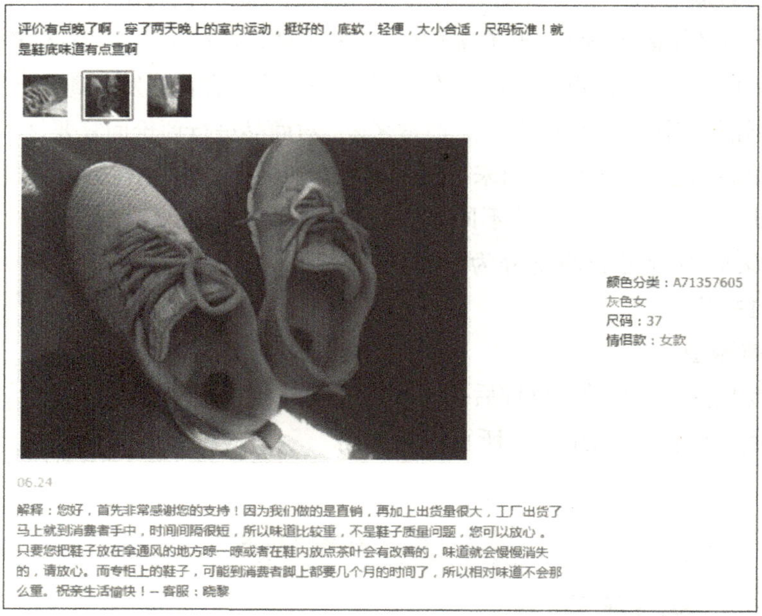

评价有点晚了啊，穿了两天晚上的室内运动，挺好的，底软，轻便，大小合适，尺码标准！就是鞋底道有点重啊

颜色分类：A71357605
灰色女
尺码：37
情侣款：女款

06.24

解释：您好，首先非常感谢您的支持！因为我们做的是直销，再加上出货量很大，工厂出货了马上就到消费者手中，时间间隔很短，所以味道比较重，不是鞋子质量问题，您可以放心。只要您把鞋子放在拿通风的地方晒一晒或者在鞋内放点茶叶会有改善的，味道就会慢慢消失的，请放心。商专柜上的鞋子，可能到消费者脚上都要几个月的时间了，所以相对味道不会那么重，祝亲生活愉快！—客服：晓黎

图 8-15　商品评价解释型回复

对于中评、差评，商家一方面要联系买家积极进行处理；另一方面，要做出合理解释，积极地化解误会。一个好的解释可能比一个好评更有价值。例如，有些评论中提到衣服的掉色问题，商家可以这样解释："亲，因为您选择了颜色较深的黑色，所以可能会有轻微掉色的现象。建议您采用淡盐水浸泡、手洗（不宜机洗），清洗干净后，放在阴凉通风处晾晒，这样就能解决掉色问题啦。"

**3. 引导型**

主要是指商家在评论回复中补充产品的用法、介绍新产品等，引导消费者进行二次购买。如图 8-16 所示，在评论回复中，卖家就买家提到的"材质不如预期，防滑性能不好，脚底板不吸汗"的问题进行了解释，并引导买家继续关注并购买其产品。

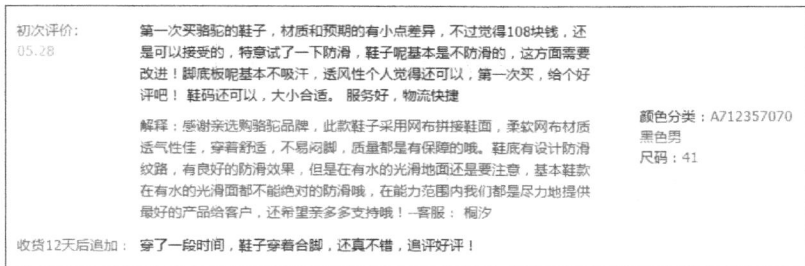

图 8-16　商品评价引导型回复

## （二）回复商品评价的文案写作技巧

店家在回复买家的购买评价时，一定要讲究技巧，不能随便回复，遇到好评要感谢，遇到中差评要合理引导，尽量将买家对商品的态度控制在可接受范围内，不能影响潜在消费者对网店商品的好感度。

### 1. 感谢用户好评，彰显品牌个性

在对买家好评进行感谢型回复时，商家要尽量选用积极、正面、肯定的词汇，在文案中要能突显出电商品牌的个性。图 8-17 所示为某款女鞋网店商家在收到买家好评后进行的回复。

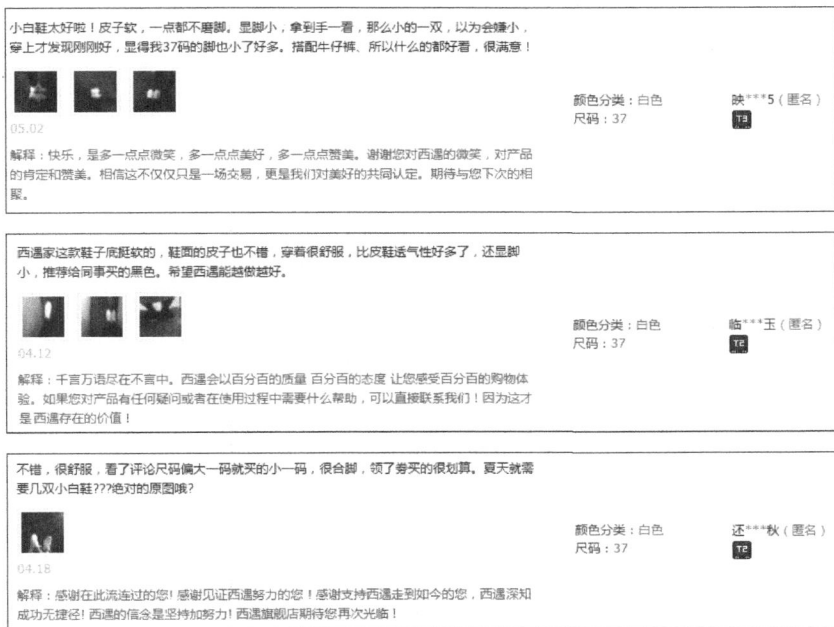

图 8-17　感谢型商品评价回复文案

"快乐，是多一点点微笑，多一点点美好，多一点点赞美。谢谢您对西遇的微笑，对产品的肯定和赞美，相信这也不仅仅只是一场交易，更是我们对美好的共同认定，期待与您下次的相聚。"

"千言万语尽在不言中。西遇会以百分百的质量，百分百的态度，让您感受百分百的购物体验。如果您对产品有任何疑问或者在使用过程中需要什么帮助，可以直接联系我们！因为这才是西遇存在的价值！"

"感谢在此流连过的您！感谢见证西遇努力的您！感谢支持西遇走到如今的您！西遇深知成功无捷径！西遇的信念是坚持加努力！西遇旗舰店期待您再次光临！"

在回复用户好评时，商家应该保持谦逊的态度，并在文案中彰显出品牌的形象，如坚持、努力、执着。

### 2. 解释引导中差评，增强消费者对品牌的信任

一方面，当买家的评论需要解释引导时，商家在回复时应态度认真，要体现出自己对问题的重视程度，给予买家可以信任的感受，如图 8-18 所示；另一方面，当买家对产品配料产生质疑时，商家在要进行合理的解释说明，如"产品原料中 ×× 物质含量不超国家标准"，以增强消费者对品牌的信任，如图 8-19 所示。

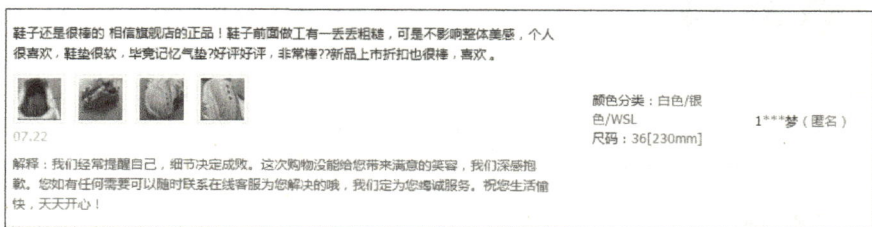

图 8-18　态度认真型商品评价回复文案

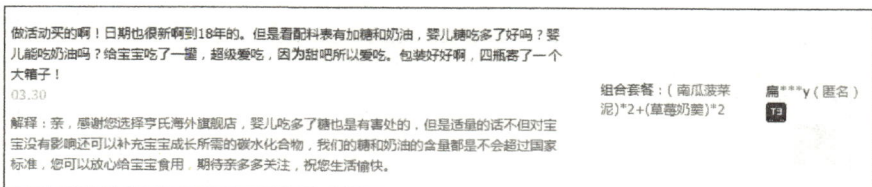

图 8-19　解释说明型商品评价回复文案

## 五、网店中其他信息的文案写作

除了前面介绍的各类网店文案外，还有一些辅助性的文案也会出现在网店页面中。常见的辅助性文案包括购买及售后的规则、招商加盟的信息，以及其他一些文字信息描述。这些文案的撰写相较于正文来说更加模板化、标准化。

图 8-20 所示为关于 7 天无理由退换货的文案，这些文案内容大同小异，文案创作者在进行文案撰写时，一方面需要考虑如何让消费者准确理解相关的售后规则，另一方面要想到后续的法律免责问题，清楚如何撰写才能不触犯相应的法律条款。

图 8-20　无理由退换货文案

某生鲜蔬果网店因其运输存储的特殊性，在网店中专门设置了相应的"店长温馨提示"板块，如图 8-21 所示。同样，其他品类的店铺也可以根据产品需要设置不同的随文内容板块进行补充说明。

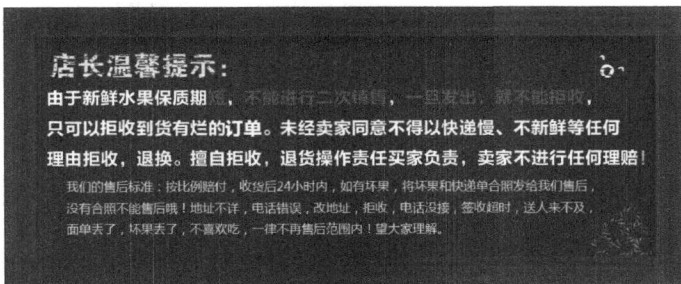

图 8-21　店长温馨提示文案

此外，要根据产品的特征有针对性地完成相关信息的文案写作。例如，近年来伴随海淘大军的兴起，这些网店需要在店内撰写辨别产品真假的文案。图 8-22 所示为经常出现在海淘商品中的辨别真假的知识型随文。

图 8-22　商品辨别真假知识型随文

　　这些文案要求逻辑清晰，文案内容读起来简单且易操作。图 8-23 也是教会消费者辨别产品真伪的知识型文案。

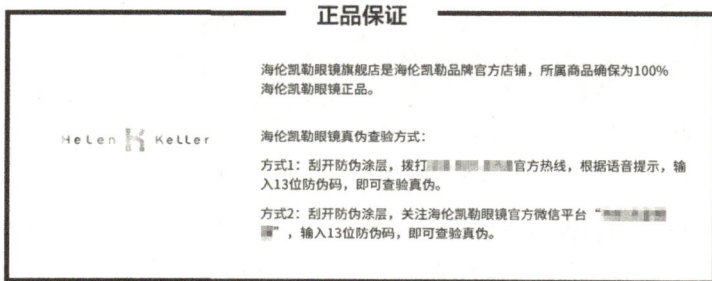

图 8-23　辨别正品文案

　　最后，品牌公关活动宣传类文案也是店铺信息文案的一种类型，与品牌故事不同，它以公关活动内容作为主要撰写内容，文字以纪实性文字真实记录即可，能彰显电商品牌的文化。图 8-24 所示为韩都衣舍电商品牌的公关活动宣传文案。

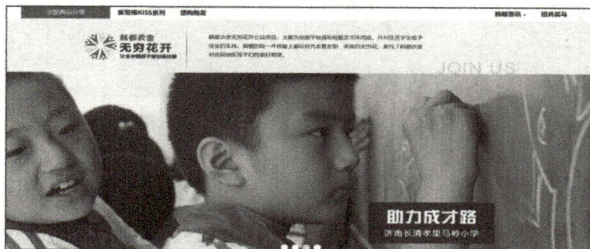

图 8-24　电商品牌公关活动宣传文案

"韩都衣舍无穷花开公益项目，主要为贫困学校捐助校服及文体用品，并对优秀学生给予资金的支持。捐赠的每一件校服上都印有代表着坚韧、美丽的无穷花，寄托了韩都衣舍对贫困地区孩子们的美好期望。"

"无穷花开"公益项目，由韩都衣舍于 2013 年发起，是一个让全中国孩子穿干净校服并扶持优秀学生成长的美丽计划。无穷花学名木槿，花语是"坚韧质朴、永恒美丽"。无穷花的生命力极强，象征着历尽磨难而矢志弥坚的性格。

为了大力传播公益理念，凝聚社会爱心资源，"无穷花开"公益项目的主办方开通了"无穷花开官方微博"，并在韩都衣舍官方网站、百度贴吧、各大论坛等互联网平台进行积极的宣传，希望民间公益能够插上互联网的翅膀，飞到所有人的心中，让公益善行影响到越来越多的人，为社会的和谐做出更多积极的贡献。

## 💡 本章实操训练题

如下图所示，某电商要推出这款旅行箱，请你通过分析该产品的特点及目标消费人群的兴趣撰写适合的电商文案。

尺寸: 20寸 24寸　　　　　是否有扩展层: 否　　　　　适用对象: 青年
锁的类型: TSA密码锁　　　有无拉杆: 有　　　　　　是否带锁: 是
滚轮样式: 万向轮　　　　　是否配包: 否　　　　　　品牌: 90分
质地: PC　　　　　　　　性别: 男女通用　　　　　图案: 纯色
颜色分类: 月光白 星空灰 幻夜黑 极...　　成色: 全新　　　　　　闭合方式: 拉链
内部结构: 拉链暗袋 手机袋 夹层拉...　　里料材质: 涤纶　　　　　风格: 时尚潮流

# 第九章
## 讲好电商的品牌故事

生活中人人都爱听故事，做电商也离不开故事。品牌文化是一个电商品牌的重要组成部分，品牌文化的塑造是一种更深层次的营销方法。一个店铺可以通过创作出属于自己的经典品牌故事，树立企业的品牌文化，从而获得更多粉丝的关注，增加品牌曝光度和受欢迎程度。

## 一、电商品牌文化的塑造

任何电商品牌都不是一蹴而就的，都会经历品牌文化的诞生及发展的过程。我们常常把品牌比作人，那么品牌文化其实是一种文化包装，就是通过给品牌赋予深刻而丰富的文化内涵，建立鲜明的品牌定位，并充分利用各种高效的内外部传播途径使消费者对品牌高度认同，创造品牌信仰，最后形成强烈的品牌忠诚。品牌文化塑造是一种更深层次的营销方法，是以文化烘托的方式来提升品牌的内涵进而吸引顾客的一种手段。

电商品牌文化也被称为网络品牌文化，它是一种网络市场品牌，是企业、个人或组织在网络上建立的优质产品或服务在人们心目中形成的形象，也是企业的无形资产。品牌是极有效率的推广手段，品牌形象具有极大的经济价值。

根据美国网络对话以及国际商标协会的调查，有 1/3 的网络使用者会因为网络上的品牌形象而改变其对原有品牌形象的印象，有 50% 的网上购物者会受网络品牌的影响进而在离线后也购买该品牌的产品。这说明品牌是无形价值的保证形式。影响网上购物的因素中品牌尤为重要。创造一个知名的网络品牌已经成为许多电商追求的经营目标。与传统商业模式相比，电商是基于互联网通信技术完成在线交易的一种新兴商业模式，具有以下特征。

### 1. 信息含量大

互联网有其自身的特点，即拥有海量的信息。此外，电子商务模式有着更广泛的受众群体，因此电子商务品牌文化的内涵所包含的信息要足够广泛，才能尽可能多地覆盖受众群体。

### 2. 传播成本低

相较于传统品牌文化的塑造方式和宣传渠道，电子商务品牌主要利用网络平台进行推广宣传，传播成本较低，甚至当消费者认同企业品牌文化后会帮企业进行免费宣传，这使用户既是信息的受众，又是信息的二次传播者。

### 3. 传播效果好

传播效果体现在两个方面：一是传播速度，网络传播具有即时性，能将想要传播的信息迅速地进行传递；二是传播范围，互联网覆盖全球，大量的海淘军也证明"地球村"早已成为现实。电商品牌文化的传播可以不受时间和空间的限制，比传统品牌文化的传播效果更好。

### 4. 受众主动参与

在网络传播中，人们拥有自主选择、接受和处理信息的权利。消费者会根据自己的实际需求来进行网上消费，他们会选择自己心仪的商家或产品。电商品牌文化具有较强的受众主动性。

### 5. 品牌忠诚度不高

品牌忠诚度是指消费者以回购或其他方式继续使用或支持某个品牌，更反复地表现在购买支持某一品牌的产品或服务的积极行为。相较于传统营销，消费者在进行网络购物时考虑的因素包括价格、品牌、服务和信誉等，因此消费者很难对某一品牌持续忠诚。此外，网络中可供选择的产品非常多，消费者接触新品牌的成本比以前下降许多，这就使其对电商品牌的忠诚度有所下降。

## 二、电商品牌故事带来高转化率

未来的网络营销大战将会是品牌争夺市场主导地位的竞争，是一场品牌之战。电子商务的企业和投资者将会认识到电商品牌才是企业最有价值的资产。例如，御泥坊、良品铺子、三只松鼠、七格格、茵曼、裂帛、妖精的口袋、花笙记等都是电商知名品牌。

顾客一旦对品牌产生了信任感，哪怕该品牌产品价格高于竞争对手，仍然有可能选择该品牌的产品。由此可见，品牌蕴含着巨大的价值，这就是所谓的品牌资产。品牌资产不会自发产生，品牌资产的创建、维持和保护需要商家主动管理。

　　品牌故事是在品牌传播过程中整合企业形象、产品信息等基本要素，加入时间、地点、人物以及相关信息，并以完整的叙事结构或感性的"信息团"的形式传播推广的故事。简言之，品牌故事就是讲一个故事，一个关于品牌的故事。

　　图 9-1 所示是火爆网络的以"一生只送一人"为理念的鲜花品牌 Roseonly 的品牌故事。品牌文化的建设不仅可以很好地树立企业的公众形象，为产品赋予鲜活的生命力，还代表了企业对消费者关于产品特点、利益和服务的承诺。当消费者认可这个品牌所讲述的品牌故事的理念时，也就接受了企业所承诺的品牌价值。

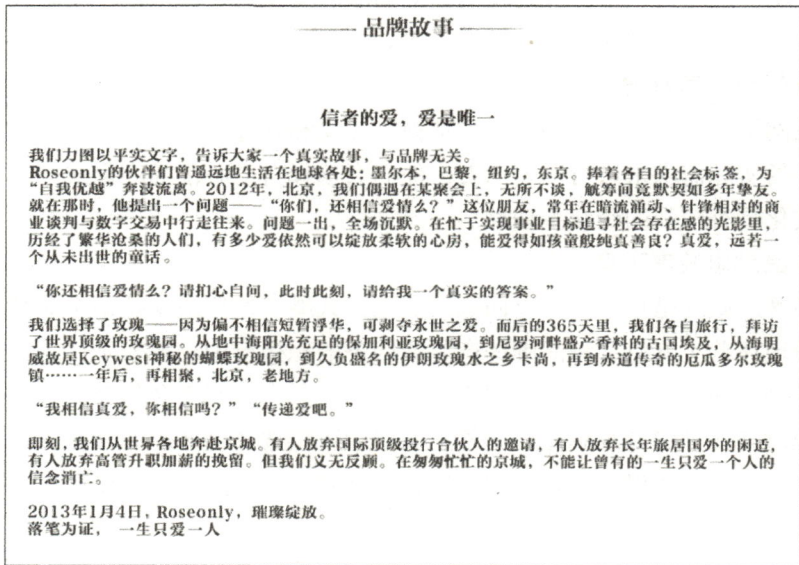

─── 品牌故事 ───

**信者的爱，爱是唯一**

我们力图以平实文字，告诉大家一个真实故事，与品牌无关。
Roseonly的伙伴们曾遍远地生活在地球各处：墨尔本，巴黎，纽约，东京。捧着各自的社会标签，为"自我优越"奔波流离。2012年，北京，我们偶遇在某聚会上，无所不谈，航筹间竟默契如多年挚友。就在那时，他提出一个问题——"你们，还相信爱情么？"这位朋友，常年在暗流涌动、针锋相对的商业谈判与数字交易中行走往来。问题一出，全场沉默。在忙于实现事业目标追寻社会存在感的光影里，历经了繁华沧桑的人们，有多少爱依然可以绽放柔软的心房，能变得如孩童般纯真善良？真爱，远若一个从未出世的童话。

"你还相信爱情么？请扪心自问，此时此刻，请给我一个真实的答案。"

我们选择了玫瑰——因为偏不相信短暂浮华，可刹夺永世之爱。而后的365天里，我们各自旅行，拜访了世界顶级的玫瑰园。从地中海阳光充足的保加利亚玫瑰园，到尼罗河畔盛产香料的古国埃及，从海明威故居Keywest神秘的蝴蝶玫瑰园，到久负盛名的伊朗玫瑰水之乡卡尚，再到赤道传奇的厄瓜多尔玫瑰镇……一年后，再相聚，北京，老地方。

"我相信真爱，你相信吗？" "传递爱吧。"

即刻，我们从世界各地奔赴京城。有人放弃国际顶级投行合伙人的邀请，有人放弃长年旅居国外的闲适，有人放弃高管升职加薪的挽留。但我们又无反顾。在匆匆忙忙的京城，不能让曾有的一生只爱一个人的信念消亡。

2013年1月4日，Roseonly，璀璨绽放。
落笔为证，一生只爱一人

图 9-1　Roseonly 电商品牌故事

　　没人喜欢听大道理，相反每个人都喜欢听小故事。电商品牌故事就是那些让读者愿意阅读的与品牌相关的小故事。电商推出品牌故事，在进行品牌公关时既能有故事可讲，同时又彰显了电商的品牌文化。

　　没有品牌文化的支撑，仅仅依靠价格竞争换来的市场份额是短暂的收益。在当前网络市场的竞争中，如何通过网络品牌来塑造企业与消费者之间的关系，提升消费者对企业和产品服务的忠诚度，已经关系到大部分电商企业的生存和发展。创建一个知名的电商品牌文化，已经成为许多电商企业提升品牌竞争力的重要战略。

电商品牌文化对品牌的经营管理理念会产生巨大的影响，对内它能激励并凝聚员工的工作积极性，对外它能吸引更多的消费者成为品牌的追随者，以增强品牌的竞争实力。

Roseonly 在官网上将品牌故事展示出来（见图 9-2），既给大家讲述了2013 年企业创建之初的原动力，又依次把每年围绕"一生只爱一人"的品牌理念所做的工作介绍给大家。

图 9-2　Roseonly 电商品牌官网品牌故事

电商品牌文化所倡导的品牌价值观、审美观、利益属性、情感属性和生活理念等，可以对消费者起到引导和激励的作用。仍以 Roseonly 品牌为例，其三周年、四周年的文案就体现了电商品牌文化的功能。

## Roseonly 三周年文案

寒暑三载，Roseonly "一生只爱一人" 的理念更加深入人心，从社会名流到当红明星，从热恋中的情侣到相濡以沫的夫妻，都用 Roseonly 表达着心中那一份对真爱的信仰。

爱尔兰著名诗人叶芝说：

When you are old and grey and full of sleep

And nodding by the fire, take down this book

And slowly read, and dream of the soft look

当你老了，头发花白，睡意沉沉，

倦坐在炉边，取下这本书来，

慢慢读着，追梦当年的眼神

我们多么希望，当你老了，仍然相信真爱，仍然相信爱是唯一，仍然记得这以爱之名创立的玫瑰。从前的车马很慢，慢到一生只够爱一个人。外面的世界很大，而我内心的世界却依然很小。可是就算有再多的纷纷扰扰，也阻挡不了我在黑夜里去牵你的手，在落雨时为你撑起那把伞，在每个疲倦归来的夜晚，为你准备一桌热菜热饭。

Roseonly 三周年，不忘初心，陪你度过漫长岁月

Love start with rose，爱就是最美的故事

爱，才刚刚开始……

## Roseonly 四周年文案

Roseonly 诞生，只为一个虔诚的信念：

信者得爱，爱是唯一

2013 年 1 月 4 日，

寓意 "爱你一生一世" 的世纪告白日，

Roseonly 诞生，只为一个虔诚的信念：

信者得爱，爱是唯一。

今天，Roseonly 4 岁啦，

生日快乐！

我们收到了很多品牌挚友和粉丝送上

的生日祝福，

大家对 Roseonly 满满的爱，

我们都感受到了，

感恩有你，手动比心。

没有什么孤独，是 Roseonly 治愈不了的

@一盏灯小姐：

信者得爱，一生只爱一个人。

祝 Roseonly 四岁生日快乐，

也希望我这个默默关注了四年的小粉丝，

可以在未来的某一天，

收到命中的他送我的那束 Roseonly，
携手走到白发苍苍的彼岸。

@ 你是我的小确幸：
因为 Roseonly，我不再害怕孤独。

@ 梅 cici：
没有什么孤独，是 Roseonly 治愈不了的。

@ 初心不改：
仿佛是最懂我的闺蜜，陪着我等待爱情，
每当我感到孤单，我就会来看看

Roseonly。

@ 邢风：
一生只爱一人，我一直在等着那一人，
我想，他一定会在终点等我的！

@ 回忆、很美：
对我而言，Roseonly 就像另一个他，
想他的时候，看着它，听着
《the rose》，
就像他一直陪在我身边，陪我说话一样。

在这个案例中，通过品牌文化让消费者产生了强烈共鸣，激发了消费者的购买欲望，该品牌也完成了深层次的品牌个性与人文空间的营造，充分发挥了电商品牌的功能和作用。

## 三、电商品牌故事的写作流程

据统计显示，淘宝网上每天都会有新店诞生，这些店铺有的是做原创品牌，有的是做厂家品牌代销或直销。那么，这些品牌的淘宝店铺都是如何讲述自己的品牌故事的呢？品牌故事，或以情动人，或定位高端，要争取买家信任。

撰写品牌故事的流程如下。

### （一）收集整理

在撰写品牌故事之前，文案创作者需要对品牌本身进行深入的了解与分析，包括品牌的定位、企业的历史、产品的特点、消费群体、竞争对手的情况等，具体详见表 9-1。只有熟悉了企业品牌的相关信息后，文案创作者才能写出既符合品牌定位又能吸引消费者注意，并且有助于超越竞争对手的品牌故事。

表 9-1　需收集整理的品牌故事资料

| 品牌相关信息 | 具体信息 |
|---|---|
| 企业历史 | 企业创始人或企业领袖创办企业的动机、经历、精神；产品开发的历程；企业发展壮大的历史过程等 |
| 产品 | 产品的特征及卖点；产品的原料、工艺、技术、情感附加值等；产品的使用体验及感受 |
| 消费者 | 消费者购买心理、消费者偏好、消费者的消费行为习惯；名人明星（或普通消费者中的典型）的消费故事；消费群体的消费生活状态；消费者的购买及使用情境 |
| 竞争对手 | 竞争对手的品牌、规模、战略、近期推广策略；与竞争对手相比的优势；消费者对竞争对手产品的抱怨 |
| 行业信息 | 行业的规模、结构、发展趋势；行业的技术特征；行业的主要目标客户 |
| 企业信息 | 企业的组织管理架构；企业的战略目标；企业的生产运营情况、财务情况、人力资源储备情况等 |

（二）确定主题

　　了解了品牌的相关信息后，文案创作者就要从上述信息中提炼出一个最佳的品牌核心宣传点，也就是确定品牌主题。品牌主题是指目标品牌在品牌本体因素和环境因素的双重约束下，在品牌设计中对该品牌价值、内涵和预期形象做出的象征性约定，它来源于品牌历史、品牌资源、品牌个性、品牌价值观和品牌愿景等背景中，包括基本主题和辅助主题，通常透过品牌名称、标志、概念和广告等进行表达传递。

　　在确定品牌主题时，文案创作者可以从品牌的吸引点、冲突点、承诺点等与其他品牌可以进行有效区别的地方入手，梳理出品牌故事的故事主线及主要情节，将品牌故事的情节与品牌相关的时代背景、文化内涵、社会心理、经营变革等内容结合起来思考，以备撰写正文时使用。

（三）撰写初稿

　　文案创作者在完成上述两项准备工作后，就可以进入品牌故事初稿撰写的工作了。品牌故事意在吸引买家眼球，让其产生强烈的共鸣，激发其购买欲望，从而形成对品牌的认可。在撰写品牌故事时，文案创作者要依次确定品牌故事的基本风格、品牌故事内容的构成元素、品牌故事的撰写角度，以及品牌故事的架构等。

　　阐述抽象事实，远不如讲述具体故事更具吸引力。与枯燥乏味的产品推广信息相比，消费者更喜欢听故事。那么，如何讲好一个品牌故事呢？通过品牌故事进行品牌推广时，一定要想办法将品牌的理念和品牌的各种内在因素表达出来，这样消费者才可以完整地了解品牌的信息。

　　品牌故事的撰写风格是多样的，它可以是轻松幽默的，也可以是温馨浪漫的，还可以是感人励志的……文案创作者无论选择怎样的写作风格来撰写，其写出的品牌故事都应与品牌的特性相符合，要能调动消费者的情绪，给消费者留下深刻的印象。

　　品牌故事的撰写角度也并不单一，通常文案创作者要根据品牌需要呈现的传播效果来确定品牌故事的写作角度。一般来说，文案创作者可以从企业的角度、消费者的角度、产品的角度等进行阐述，从不同角度讲述的品牌故事，立场不同，但都可以起到震撼消费者心灵的效果。图 9-3 所示为从企业角度撰写的品牌故事。

创始人：
Founder Chulalongkorn
设计师：
Designer Ponsana
发源地：
Cradle 泰国 Thailand
成立年份：
Establishing Year 1867年

**MGS 曼古银源自泰国百年文化银饰品牌**，创于 1867 年，第一代创始人是泰国王子 Chulalongkorn。1862 年，安娜·里欧诺文夫人由英国远渡重洋来到泰国曼谷，并带来鼎盛的制银技术。离开泰国之前，安娜将 "MARCASITE" 银项链赠给 Chulalongkorn 王子作为纪念，Chulalongkorn 睹物思人一心投入到银首饰的创造中。从此以后，MGS 曼古银以不凡的时尚魅力影响着世人，在泰国王室贵族中盛行不衰。

图 9-3　从企业角度撰写的品牌故事

在撰写品牌故事时，文案创作者要首先明确品牌的受众。当你能设身处地站在对方的角度去思考，这个故事也就成功了一半。此外，文案创作者在讲故事时要选用简练的语言，把握起伏的节奏，并掌握娓娓道来的描述方法。

最后，品牌故事的内容要包含写作的六项基本构成要素，即时间、地点、人物、事件、原因和结果，而品牌故事的写作架构也通常包括标题、开篇导语段、正文核心段、结尾点题段等。在撰写正文时，文案创作者可以适当设置一些悬念及伏笔，然后通过生动的文字讲述品牌故事，从而引起消费者的情感共鸣，并最终完成转化。

### （四）修改稿件

完成品牌故事的初稿以后，文案创作者需要对初稿进行整体的阅读浏览，修改稿件中的错误，保证没有错别字、错误的语法、不通顺的语句等。

此外，文案创作者还可以在这个阶段进行小范围的消费者测试，以收集他们的阅读意见，询问他们记住了哪些品牌信息，被哪些内容所打动，是否记住了这个品牌等。

### （五）定稿发布

修改完品牌故事后，再对品牌故事的配图进行设计排版，这样就确定了最终的稿件。接下来要做的就是找到合适的发布时机及发布平台，进行品牌故事的传播推广。

## 四、电商品牌故事的文案写作类型

品牌故事可以分为多种类型，商家可以按照自身条件以及品牌特性选择最能吸引消费者注意、最能打动消费者内心的类型。电商品牌故事的文案写作一般分为以下几种类型。

### （一）历史型故事

讲述品牌的历史故事，是许多电商品牌撰写品牌故事的常用方式。这类品牌故事一般包括如下内容：品牌从创建之初到成功是如何一步步走过来的？这期间有过哪些坚持、奋斗与磨难？发展中有哪些感人的小故事？取得了哪些优秀的成绩？获得了什么荣誉？历史型故事一般用励志、热血、坚强的精神来打动消费者，从而使消费者产生对品牌的敬意与好感。

图 9-4 所示为某款雪糕产品的品牌故事，由于该产品名称由其诞生年份而来，因此文案中特别强调了该品牌悠久的历史，以及这几十年来在企业发展过程中取得的一系列成绩，属于典型的历史型品牌故事。

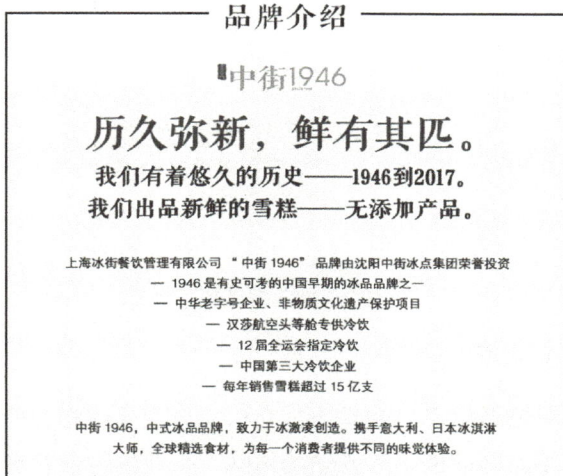

品牌介绍

中街1946

**历久弥新，鲜有其匹。**
我们有着悠久的历史——1946到2017。
我们出品新鲜的雪糕——无添加产品。

上海冰街餐饮管理有限公司 "中街1946" 品牌由沈阳中街冰点集团荣誉投资
— 1946是有史可考的中国早期的冰品品牌之一
— 中华老字号企业、非物质文化遗产保护项目
— 汉莎航空头等舱专供冷饮
— 12届全运会指定冷饮
— 中国第三大冷饮企业
— 每年销售雪糕超过15亿支

中街1946，中式冰品品牌，致力于冰激凌创造。携手意大利、日本冰淇淋大师，全球精选食材，为每一个消费者提供不同的味觉体验。

图 9-4　历史型品牌故事

也有的商家可能会认为新品牌没有悠久的历史，就不适合使用这种历史型品牌故事。其实这个想法是错误的，品牌虽然是新品牌，但商品可能不是刚刚出现的，该商品很有可能与某个美丽的历史或传说相关。例如，茶叶品牌就可以以茶叶的品种历史作为切入点，也可以以茶叶的多种产品形态作为切入点来讲述历史型的品牌故事。

（二）创业型故事

许多人都非常喜欢企业家创业的故事，尤其是在国家提倡"全民创业，万众创新"的年代，人们阅读创业故事时总会被感动或激励。许多电商品牌的创业者讲述的创业过程中的经历具有很强的感染力，因此这种创业型故事也是不少电商品牌在进行品牌故事推广时采用的一种方式。

图 9-5 所示为某淘宝食材店的品牌故事，每一位点击进入该店铺的买家都会看到这样一则品牌故事。店铺主人的创业故事非常励志，创业者也让人敬佩。这样的品牌故事一方面可以让消费者快速了解电商品牌，另一方面也容易引起消费者的情感波动，令其对该电商品牌产生好感，进而提高店铺的被关注度和转化率。

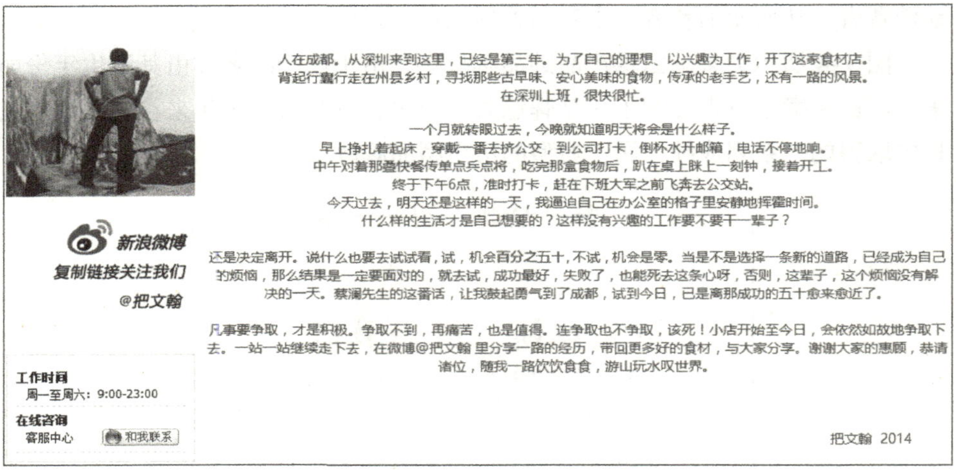

图9-5 创业型品牌故事

## （三）人物型故事

人物型故事，顾名思义，就是通过介绍与电商品牌相关的人物来撰写的品牌故事，可以介绍品牌的创始人或创始团队、企业的经营管理人员、企业典型员工等。经典的人物型故事有苹果公司乔布斯的人物型品牌故事，海尔集团张瑞敏的人物型品牌故事等。

对一些新品牌来说，可以通过描述创始人的创业经历，表现出创始人对这个品牌和行业的热爱，以及创始人希望通过自己的努力用自己的品牌和商品改变人们的生活，带给消费者幸福和快乐的心愿。

图9-6所示为世界著名的巧克力品牌好时的品牌故事。

"好时的名称源自公司创始人弥尔顿·好时。1894年，他携手妻子凯瑟琳·好时创造了好时巧克力，迄今为止已百余年。1909年，他们共同在故土建造了美国人心中象征着甜蜜的童话世界——好时小镇，好时公司给这个小镇的每个角落都打上好时和巧克力的印记。""1909年11月15日，弥尔顿·好时和他的妻子为无家可归的男孩创办了好时工业学校。1918年，弥尔顿·好时将他所有的财富捐给了学校。如今这间学校被称作弥尔顿·好时学校，除了提供免费的教育、健康关爱和咨询之外，还容纳了将近千名来自低收入家庭的男孩和女孩。"

图 9-6　人物型品牌故事

（四）传说型故事

通过讲述一个传说故事或神话故事表现品牌特征，就是所谓的传说型故事。这个故事可以是流传至今的故事，也可以是文案创作者编撰的故事。但不管是历史故事还是编撰的故事，即便不是 100% 真实，文案创作者在加工和创作时也要遵循真实性的原则，一定要保证情感的真实性。

女鞋品牌达芙妮（Daphne）的名字来源于希腊神话，所以达芙妮的 Logo 设计运用了很多希腊元素，Daphne 中的 D 作为基本元件，将编织、河流、桂冠（树）、弓箭、竖琴等——融合在一起，象征着对爱亘古不变的追逐。希腊女神 Daphne 与爱神阿波罗的爱情神话是达芙妮空间设计的主题。"我希望每一个踏入达芙妮的女人，都像是谈了一场恋爱，体验一场华丽的戏，甚至找到真正的自己，所以无论今日女孩或是明日女人，自信的女人都会在达芙妮的引领下新生感动。"

该品牌的传说型品牌故事如下。

### 达芙妮 DAPHNE 与阿波罗 APOLLO 爱的神话

我是达芙妮，一个自然、坦率、自主的女生，是河神的女儿，因为爱好打猎，时常在森林穿梭。

有一天，我在森林里打猎，太阳神阿波罗出现，因为爱神戏弄，太阳神阿波罗深深地爱上了我，闯入了我的世界，而我坚信着永远纯真完美，即使阿波罗的俊美和美妙的笛声都不为所动，我并不爱阿波罗，而我只能逃。

于是一场追逐游戏就开始了。眼看着自己快被阿波罗追上时，我逃到河边，大声向父亲河神求救，河神于是把我变成了一株月桂树。

阿波罗追上的时候，我已成了河岸旁姿影婉约的月桂树，阿波罗轻拥着月桂树道歉并伤心地对我说："我美丽的可人啊！你将成为我的树，以后我的胜利将成为你的专利，我将用你的枝叶编织成胜利的花冠，用你的树枝做竖琴，用你的花朵装饰弓箭，让你永远青春永驻，不必担心衰老。我要将你和那些胜利的人们归属在一起！"于是，月桂冠便成为奥林匹克运动会上胜利的象征。

月桂树属于常绿乔木，希腊人相信这是因为受到阿波罗的金口御封。

月桂冠是由爱情编织而成的，达芙妮象征黎明，阿波罗追逐达芙妮，正如太阳追逐着黎明，是对爱亘古不变的追逐。

### （五）理念型故事

理念型故事是指以企业追求的某种理念、品牌的风格和品牌的定位为传播内容的品牌故事。电商领域品牌纷杂，同质化现象严重，要想让自己的故事被消费者注意到，就必须要有与别人不同的特点。

如图 9-7 所示，Artka 是一家淘品牌，在其官方旗舰店中，其品牌故事就是用"听从心的声音去做那些疯狂美好而纯粹的事情，而非被利益驱使"的品牌理念来讲述品牌故事。

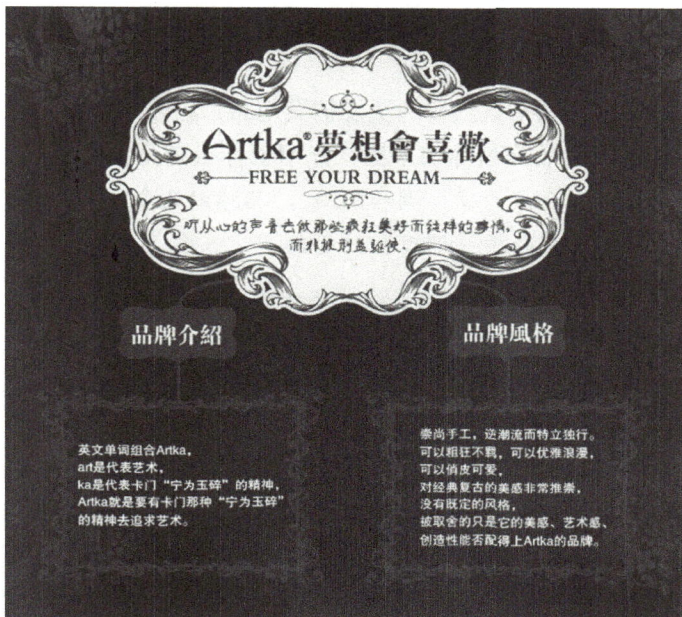

图 9-7　理念型品牌故事

## （六）细节型故事

我们常说见微知著，小细节也可以做出大文章。一个经典的关于细节的案例就是 Google 的品牌故事。Google 悄然更改了自己的 Logo，但许多人没有注意到，原因在于新 Logo 的改变非常细微，人们很难看出来，其原有标识中的 G 和 l 只是稍稍挪动了一点位置，G 向右侧移动了一个像素，l 向右下方移动了一个像素。

于是，Google 发布了一则品牌故事，这个故事的标题为 "99.9% 的人都没有发现的改动"，这反而激起用户发现变动的热情，每个人都争相寻找，希望能成为那 0.1% 的人。因此，一次改动成就了一个故事，一个故事成就了一次宣传活动。Google 把这个品牌故事讲出来，也展示出品牌一丝不苟、精雕细镂的形象。

## 五、电商品牌故事的写作技巧

讲故事需要一定的技巧，运用哪些写作技巧才能写出消费者喜欢的电商品牌故事呢？下面将介绍五种常用的电商品牌故事写作技巧。

## （一）选择有亮点的故事

图 9-8 所示为韩国某款热卖的洗发护发用品，国内的电商平台讲述其品牌故事时，选择了介绍品牌名称的来源，介绍了什么是吕护发："吕，古代音律的统称，古书记载'六吕六律，调和阴阳'。品牌以此命名，秉持'阴阳平衡'的智慧，运用现代尖端科技，调理阴阳气韵。"

图 9-8 选择有亮点的故事

该电商品牌选择了品牌相对最有亮点的故事——一个韩国品牌为什么用一个中国汉字作为名字，这个产品到底有什么特点？这样的品牌故事介绍可以加深消费者对品牌的了解与认知。

## （二）揣摩消费者心理讲故事

要想品牌故事引起消费者的兴趣，文案创作者就要学会揣摩他们的心理，猜到他们想听的故事是什么。首先需要保持故事的新奇性。艺术源于生活，同样故事也是源于生活，但又要高于生活，所以故事型文案要脱胎于生活，但又要有一些对生活的洞察点，能很好地激发消费者的兴趣。

例如，大多数女性消费者都非常重视婚礼，选择一款合适的婚纱自然是重中之重的大事。下面这则故事是著名的 VERA WANG 婚纱的品牌故事，相信它打动了许多女性的内心，并使这些女性对该品牌产生了强烈的好感。

若称王薇薇是婚纱女王，一点儿也不为过。在每年的奥斯卡金像奖星光大道上，王薇薇就像是永不会出错、绝不会让女星得到最差劲服装奖的品质保证。王薇薇的婚纱设计引起了时尚界的一场婚纱革命，一套 VERA WANG 婚纱，就如同一颗 TIFFANY&.CO 的六爪钻戒一样，象征着神圣、珍贵的爱情承诺。一件王薇薇婚纱的造价可以买下一辆名车，照样让人趋之若鹜。

面对着现在年收入两千万美元的好业绩，王薇薇一定会感慨世事难料。她当初设计的第一套婚纱是为自己准备的，因为她在结婚的时候，不幸地发现竟然找不到一件合心意的婚纱，不得已之下才自己动手做嫁衣，从此便一发不可收拾。19 岁时，王薇薇随父母移居时尚之都巴黎。巴黎的经历彻底改变了她的人生轨迹。母亲经常带她去看一些时装表演，这使她对服装设计产生了浓厚的兴趣。王薇薇在巴黎《Vogue》杂志社找到了一份工作。她从一名实习生开始做起，逐渐了解了时尚圈的一些情况。两年后，工作勤奋的王薇薇成了一名资深的服装编辑，并从此一干就是 16 年。

1988 年，她跳槽到世界著名时装品牌拉夫·劳伦公司，担任服装设计总监。在那里工作了两年后，她预感到：到了离开公司，开创自己事业的时候了。1990 年，她用家族赞助的 400 万美元资金，在曼哈顿开设了第一间门市店，专门订做高价位新娘婚纱礼服，她设计的婚纱以现代、简单、尊贵的风格，打破了繁复、华丽的传统，逐渐在上流社会打开了知名度。

王薇薇的最终出名还是借助每年的奥斯卡颁奖典礼，她的婚纱是许多女人的梦想，这当中更包括了许多好莱坞明星和上流社会名媛，如莎朗·斯通、凯特·哈德森、乌玛·瑟曼、桑普拉斯的爱妻威尔逊。取消婚礼的珍妮弗·洛佩兹之前为自己选定的最美华服，也是出自王薇薇之手。

虽然每一套 VERA WANG 都价值不菲，但几乎所有选择它的女人都对设计师本人的一句话深信不疑：在你的婚礼上，你是能以情色动人的。VERA WANG 的风格极其简洁流畅，丝毫不受潮流左右，它使得出现在婚礼上的新娘子们看起来就像是经过精雕细琢的工艺品，美丽惑人。当年，乌玛·瑟曼结婚的时候已怀孕数月，肚子已经高高挺起，她在王薇薇那里挑了一款带有许多蕾丝花边的纱质传统婚纱，穿上婚纱的她让到场的宾客惊艳不已：原来除了 S 形，女人的身体还可以有其他的美丽曲线。

（三）增强故事的代入感

要想写出具说服力的文案，就要迎合人类最基础的视觉、触觉、听觉、嗅觉等感官需求。简单来说,即要让写出来的东西感知性强一点,让人产生亲身体验的联想。其实读者阅读故事的过程就是角色替代的过程。好的电商品牌故事,通过几句话、几段文字就可以给读者营造出一种身临其境的场景,帮助消费者发挥想象代入角色。

New Balance 与"音乐教父"李宗盛合作完成了一部名为《致匠心》的品牌宣传片,如图 9-9 所示。在片中,视频文案通过李宗盛之口被讲述出来。

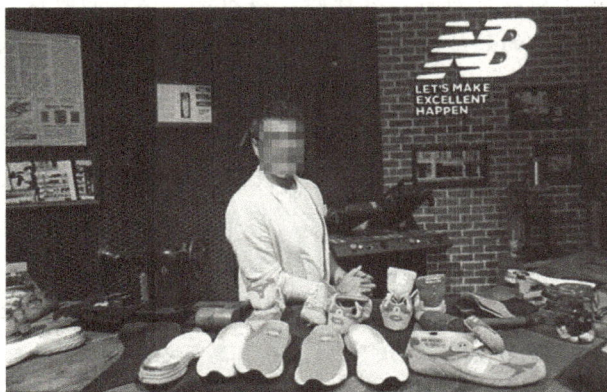

图 9-9 《致匠心》品牌故事视频截图

人生很多事急不得,你得等它自己熟。

我二十出头入行,三十年写了不到三百首歌,当然算是量少的。我想一个人有多少天分,跟出什么样的作品,并无太大的关联。天分我还是有的,我有能耐住性子的天分。

人不能孤独地活着,之所以有作品,是为了沟通。透过作品去告诉人家:心里的想法、眼中看世界的样子、所在意的、所珍惜的。所以,作品就是自己。

所有精工制作的物件,最珍贵、不能替代的就只有一个字——"人"。人有情怀、有信念、有态度。所以,没有理所当然。就是要在各种变数、可能之中,仍然做到最好。

世界再嘈杂,匠人的内心,绝对必须是安静、安定的。面对大自然赠予的素材,我得先成就它,它才有可能成就我。

我知道手艺人往往意味着固执、缓慢、少量、劳作。但是,这些背后所隐含的是专注、技艺、对完美的追求。所以我们宁愿这样,也必须这样,也一直这样。

为什么?我们要保留我们最珍贵的、最引以为傲的。一辈子总是还得让一些善意执念推着往前，我们因此能愿意去听从内心的安排。

专注做点东西，至少能对得起光阴、岁月。其他的就留给时间去说吧。

配合着视频画面，让人们把李宗盛制作木吉他与新百伦鞋匠制作鞋子的过程关联起来，发现两者具有一定的共同属性，而消费者则被两者匠心打造的精神所感染，就像在听一位经验丰富的匠人在分享他的工匠精神，具有很强的品牌故事代入感。

再如，2012年在网络上大火的陈鸥体。

你只闻到我的香水 却没有看到我的汗水
你有你的规则 我有我的选择
你否定我的现在 我决定我的未来
你嘲笑我一无所有 不配去爱 我可怜你 总是等待
你可以轻视我们的年轻 我们会证明这是谁的时代
梦想是注定孤独的旅行 路上少不了质疑和嘲笑
但那又怎样 哪怕是遍体鳞伤 也要活得漂亮
我是陈鸥 我为自己代言

这段文案看上去只是一位"80后"年轻创业者的自述，但读这个故事的普通青年，当看到"汗水、规则、嘲笑、不配、轻视、孤独、质疑……"就会在内心产生强烈的代入感，会认为这番话说出了自己的心声。

（四）发挥故事的诱惑力

发挥故事诱惑力的方式主要有两种：一种是直接告诉消费者品牌的功能和利益所得，另一种是让消费者通过故事对品牌产生情感。

新西兰著名乳业公司Anchor在电商平台的品牌介绍中选用了非常质朴的讲述方式，如图9-10所示。

这种品牌故事阐述了品牌的品质，对担忧乳制品质量的中国消费者来说是一种理性诉求式的品牌故事推广。

再以前面已经提到过的某款手工铸铁锅品牌为例，该品牌铁锅的锻造工艺是一项非物质文化遗产，在其官方旗舰店中，商家通过品牌故事介绍了该工艺濒临消失的现状，以及品牌发展的历史与现状，如图9-11所示。这让许多关

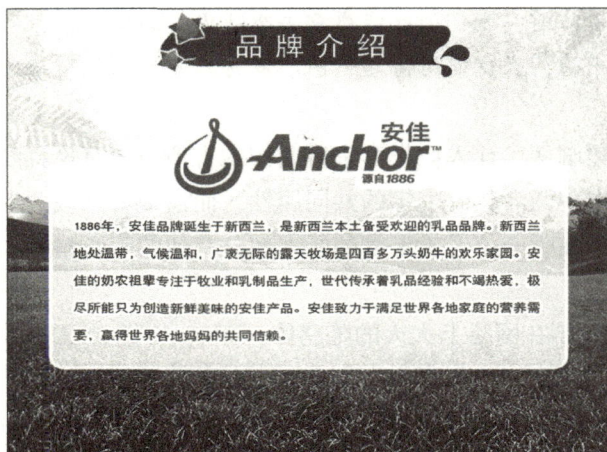

图 9-10　新西兰 Anchor 品牌故事

心中国工匠、关心工匠手艺传承、关心手工艺制作的消费者产生了情感的震撼，"以情动人"，激发消费者的好奇心并使其了解该产品的稀缺性，从而发挥品牌故事的诱惑作用。

最后 200 口手工锅、10 名现场见证者邀您守望匠心

2017 年 8 月

臻三环老铁匠铺即将拆迁

这间打了几十年铁的铺子将变成一堆瓦砾

铁匠师傅们将失去赖以生存的场所

上百年的手工铁锅技艺面临失传的危险

拆迁前，我们和每位师傅聊了聊

关于未来他们很迷茫

但将这门手艺传承下去的决心却很坚决

濒临消失的非物质文化遗产

如今只剩下老人们还在坚持

了解手工锻打工艺好处的人已经极少

市场上到处充斥着冲压后用空气锤打假冒锤印的低劣产品

他们用模具冲压或者将热锻的铁锅使用机械空气锤打上锤印

根本没有后期最重要的几万多锤的冷锻工艺

更不见三万六千锤这样坚持品质和传统的匠人

年轻人也因为辛苦和收入都不再入行

而今天我们希望用网络让这种宝贵的遗产留存下来

也希望每个人能去传播手工艺的产品和品质

让更多的人知道

图 9-11　手工铸铁锅品牌故事

　　要么新奇，要么有趣……文案创作者要把品牌故事写得极具诱惑力才能吸引更多的消费者关注，这样才能发挥品牌故事的效用。总之，撰写出打动人心的品牌故事应是文案创作者毕生追求的目标之一。

### （五）提升故事的分享魅力

　　吸引阅读和引发分享是两件不同的事情，在互联网传播时代，只是做到吸引阅读还远远不够，如果品牌故事能得到广泛的分享传播，那么会对品牌传播起到事半功倍的效用。日本的通信公司 Docomo，曾做过一部品牌宣传短片，短片中的文案如下。

| 我们 | 现在的工作 |
|---|---|
| 都是一个人 | 每25人中有1人是身心障碍者 |
| 是构筑世界无可取代的一份子 | 每13人中有1人是性倾向弱势者 |
| 世界是 | 每4人中有1人是高龄者 |
| 由一个人的复数所组成 | 每100人中有1人与初恋结婚 |
| 这个国家每8个人中有1个小孩 | 注视每一个个体 |
| 每60人中有1个外国人 | 我们持续进化下去 |
| 每2个妇女中有1人产后想继续 | |

这次的宣传短片从"国家""人民"的角度出发，最终将核心的关怀回归到每一个个体上，显得既大方得体，又细致入微。每一位阅读者都觉得这个数据与自己是息息相关的，从而愿意阅读与分享。

人们愿意进行分享的内容主要包含三类：有意义、很感动、有道理。2010年7月，凡客诚品（VANCL）邀请了青年作家韩寒和青年偶像王珞丹出任其形象代言人，并铺天盖地地推出了一系列的广告。该广告系列意在戏谑主流文化，彰显该品牌的自我路线和个性形象。然而其另类的手法也招致不少网友的围观，网络上出现了大批恶搞"凡客体"的帖子。凡客诚品"凡客体"的成功就源自于激活了"用户主动参与，乐于分享"的按钮，这种病毒式传播的多级传播模式快速提升了其品牌知名度。

文案创作者在撰写品牌故事时，要努力提升品牌故事的可分享性，这也是常用的电商品牌故事撰写技巧之一。

## ☀ 本章实操训练题

西班牙位于欧洲西南部的伊比利亚半岛，被人们誉为"橄榄王国"。当地气候温和，光照时间很长，是非常适合橄榄树生长的区域。橄榄树生长缓慢，但寿命很长，从幼苗到成树，需要十多年时间，其结果旺期为40~100年。

现有一款产自西班牙的橄榄油，被誉为"液体黄金"，该企业从鲜果采摘到压榨装瓶，全程跟踪橄榄油生产过程，严格遵循传统的制作过程。

请根据以上内容编写一个品牌文化故事，尽量让消费者融入故事中，并对电商品牌产生好感。

# 第十章
## 多平台电商推广文案的策划与写作

新媒体的不断涌现给电商营销的推广渠道也带来了新变化。当前，电商品牌在进行网络推广时会利用多种平台，无论是论坛、电子邮件，还是微博、微信、视频、直播，都已被各类电商所占领。不同的平台有其独特的传播方式，在进行电商文案推广时，文案创作者要钻研不同平台的特征，根据不同平台的特征撰写相应的文案来进行电商品牌的推广。

## 一、网络论坛上的电商推广文案

2009 年 7 月 16 日，百度"魔兽世界"贴吧上突然出现一条新帖子："贾君鹏你妈妈喊你回家吃饭"。这条字数仅为 12 个字的帖子，在短短两天的时间内却得到了 30 余万条的回复，点击数也高达 760 万。这则突然冒出来的帖子令人匪夷所思，但其在网络上产生的震撼力十分巨大，以至于连国外媒体都对此进行了相关报道。图 10-1 所示为"贾君鹏你妈妈喊你回家吃饭"的论坛网页。

图 10-1 "贾君鹏你妈妈喊你回家吃饭"的论坛网页

到底谁是贾君鹏？他为什么不回家吃饭？贾君鹏怎么就突然火了？在"贾君鹏"事件几近平息时，北京一家策划公司发言称，这是该公司应客户要求发的文案，目的就是为了激活已经沉寂多日的百度魔兽贴吧的人气。据介绍，这次策划活动总计动用了 800 多人进行营销推广，共注册 20 000 多个 ID，得到 10 万余条回复。

这条帖子走红网络的关键原因在于策划者设计的 12 字文案自身的可传播性。这句论坛推广文案预留了让人想象的空间，既涉及了关于网瘾的社会热点话题，又勾起了人们对童年的回忆——被妈妈叫回家吃饭，从而获得了在网络论坛上的绝佳传播效果，以至于到现在仍有许多人专门跑回百度魔兽世界贴吧找到该贴进行"膜拜"。

除此之外，这些年来诸如联想笔记本"彪悍小 Y 的生活"、安琪酵母粉"由一个馒头引发的婆媳大战"、王老吉凉茶"封杀王老吉"等都是著名的网络论坛推广案例，曾在短时间内快速红遍整个网络世界。

网络论坛又称 BBS（Bulletin Board System），是一种经典的网络信息传播渠道。网络论坛是一种网络交流平台，主要有社区、贴吧和论坛等形式，在该平台中通过文字、图片和视频等方式发布企业的产品或服务信息，可以让目标消费者更加深刻地了解企业各方面的信息。随着互联网的快速发展，网络论坛已经非常普及，并逐渐发展为一种以发帖推广为主的网络推广方式，通过网络论坛，企业可以实现宣传企业品牌、提高企业知名度、提升企业美誉度和消费者忠诚度的目的。

不少企业非常重视搭建自身的 BBS 平台，以魅族 BBS 为例，其自创建以来逐渐聚集了自称"魅友"的一个群体。这一群体对魅族的产品相当狂热，除了魅族自己的 BBS，各大手机相关 BBS 上都有他们的身影。而且他们对品牌的忠诚度极高，虽然魅族产品可能有些小瑕疵，但他们依然自发地向周围的人宣传魅族的产品，并引以为傲。凡是有魅族新闻的地方就有"魅友"，就有"魅友"力挺魅族的产品。图 10-2 所示为魅族社区的首页。

图 10-2　魅族社区首页

下面将介绍网络论坛电商推广文案的主要特征，文案创作者只有了解了这些才能有针对性地撰写出优质的电商推广文案，从而获取精准用户。

（一）网络论坛上的电商推广文案特征

网络论坛营销推广手段由于有其独特的优势，被不少企业所认可。网络论坛营销推广的特征主要包括以下几点。

1. 易入门，成本低

网络论坛是伴随着互联网的发展而逐渐形成的网络平台，不仅网民可以在论坛上发表自己的观点或态度，企业也可以通过注册账号在其中发布产品或服务的信息，其进入门槛较低。

网络论坛营销的操作成本比较低，其主要要求的是操作者对于话题的把握能力与创意能力，而不是资金的投入量。网络论坛推广与其他网络推广方式相比成本比较低。

2. 范围广，样式多

网络论坛凭借超高的人气可以有效地为企业提供营销传播服务。由于网络论坛话题的开放度高、范围广，几乎企业所有的营销推广诉求都可以通过论坛传播得到有效的实现。

专业的网络论坛帖策划、撰写、发放、监测与汇报流程，有助于利用论坛空间提供高效传播，具体操作方式包括各种置顶帖、普通帖、连环帖、论战帖、多图帖、视频帖等。

### 3. 炒事件，搜索快

网络论坛营销实际上已经成为事件营销的一个前沿阵地。事件炒作是指通过炮制网民感兴趣的活动，将客户的品牌、产品和活动内容等植入到传播内容中，并展开持续的传播，引发新闻事件，导致传播的连锁反应。

运用搜索引擎内容编辑技术，企业不仅能使内容在论坛上有良好的表现，也能让用户在主流搜索引擎上快速寻找到发布的帖子。

### 4. 精准度高，互动性强

企业在开展营销活动时一般会提出关于网络论坛营销的需求，其中会有特别的主题和版块内容的要求，文案创作者多从相关性的角度思考问题，所创作的内容就更有针对性，这样用户在搜索自己所需要的内容时，精准度就更高。

网络论坛活动具有强大的聚众能力，企业利用网络论坛作为平台举办各类活动，可以积极调动网友与品牌之间的互动。网络论坛营销推广还可以通过网络论坛平台与网友进行互动，引发更大的回响。

### 5. 传播广，见效快

网络论坛话题的开放程度很高，参与人数众多。尤其是当企业发表一些热帖时，往往会得到网友的热烈追捧，并通过网友后续自发传播迅速感染周围的人群，形成小范围的传播高潮，进而不断引发更大范围的新的传播高潮，使传播范围越来越广。

网络论坛都是按行业或兴趣来建立的，主题越集中，传播效果越好。不同的用户会自发选择自己感兴趣的主题板块，当针对特定目标受众群体进行重点宣传推广活动时，网络论坛推广对某个产品或品牌进行造势的效果立竿见影。

### （二）网络论坛上的电商推广文案的写作步骤与技巧

网络论坛推广作为最早的营销推广手段之一，已经具有比较完善的操作步骤，下面结合具体的电商推广文案写作步骤，介绍其写作步骤及技巧。

#### 步骤一：确定适合推广的论坛

网络论坛都是按行业或兴趣来建立的，有一些网络论坛的主题高度集中，有一些则相当松散。在进行网络论坛营销时，主题越集中，营销效果越好。如果你推销的是 SEO、虚拟主机和网站建设等，站长聚集的网络论坛就是进行营销推广的好地方。但在一些主题集中相对较弱的地方，往往不容易建立专家地位。所以企业在开展营销活动前应先搞清楚所在的行业在网上有哪些著名的论坛，不必大海捞针地去很多论坛浪费时间。

目前，网络论坛可以划分为五种类型，详见表 10-1。

表 10-1　网络论坛的常见类型

| 网络论坛类型 | 举　例 |
| --- | --- |
| 门户综合性论坛 | 百度贴吧、天涯社区、猫扑大杂烩等 |
| 专业性垂直论坛 | 汽车论坛（汽车之家、易车会等）、手机论坛（机锋论坛、DOSPY 论坛等）、美妆论坛（瑞丽论坛、太平洋时尚部落等）、母婴论坛（宝宝树、妈妈帮、摇篮社区等）、摄影论坛（色影无忌、蜂鸟论坛等）、房地产论坛（搜房网、房天下等）…… |
| 地域性论坛 | 杭州 19 楼、青青岛社区、河南大河社区、石家庄银河社区等 |
| 电商专属论坛 | 淘宝论坛、阿里妈妈会员社区、派代论坛等 |
| 知识性论坛 | 知乎、果壳网等 |

企业如果想利用网络论坛进行电商推广，就要根据自身产品或服务的特色选择合适的网络论坛。通常来说，企业首先要尽量在对应行业主题的论坛中选择高质量的论坛。所谓高质量的论坛，就是指那些论坛气氛活跃，用户数量多且用户群集中的论坛。在主题集中的高质量论坛上进行网络论坛营销，往往会起到事半功倍的效果；其次，要尽量选择多家网络论坛进行同步推广，这有利于营销的整体造势；最后，要尽量选择那些知名的、易被其他媒体平台转载的网络论坛进行信息发布，这样利于信息内容的二次传播。

**步骤二：了解网络论坛规则并注册论坛账号**

企业在确定了合适的网络论坛后，就需要登录网络论坛了解网络论坛的相关规则、板块设置、发帖的内容及风格，以及管理制度等。

一般而言，网络论坛的相关规则条目繁多，但也恰恰正是这些规则保障了网络论坛的正常运行，为我们进行网络论坛推广提供了平台。

在了解了规则、制度或条例后，企业还要对网络论坛各个板块的内容特点及发帖风格进行分析，了解每个板块的特色，选择适合自己产品或服务信息发布推广的板块，同时还要分析网络论坛的主要网民情况，并尽快融入相应的网络团体。

企业在选择网络论坛推广方式时，首先要有相关的网络论坛账号。图

10-3 所示为天涯社区的注册账号页面，由图可知，用户在注册账号时通常需要绑定手机号码或有效的电子邮箱，有些论坛在注册时还需要绑定身份证件进行实名注册认证。

图 10-3　天涯社区注册账号页面

我们在注册用户名时，要尽量选择通俗易记、有个性的名字，这能使论坛管理人员与其他网友快速识别并对自己有印象；其次，应避免使用生僻字或者难记、难懂的字眼，也不推荐使用英文名称或者无意义的图标等非主流名字；最后在设置账号头像时，最好更换一张符合论坛参与者兴趣的图片。

注册好账号后，我们要按照论坛规则及时补充、填写、完善个人资料信息，如性别、年龄、职业、个人介绍及个性签名等。资料越翔实、越丰富越好，要具有亲和力，以便后期的发帖与顶帖。

**步骤三：搜集素材**

文案创作者在撰写论坛推广文案前，需要做好搜集相关资料的准备工作，要确定发帖的类型，如经验分享帖、行业内幕爆料帖、事件讲述帖或跟踪帖、产品评测帖等。如图 10-4 所示，"婚后首帖，大发福利：十年战痘苦，一扫辛酸泪"就属于经验分享帖。

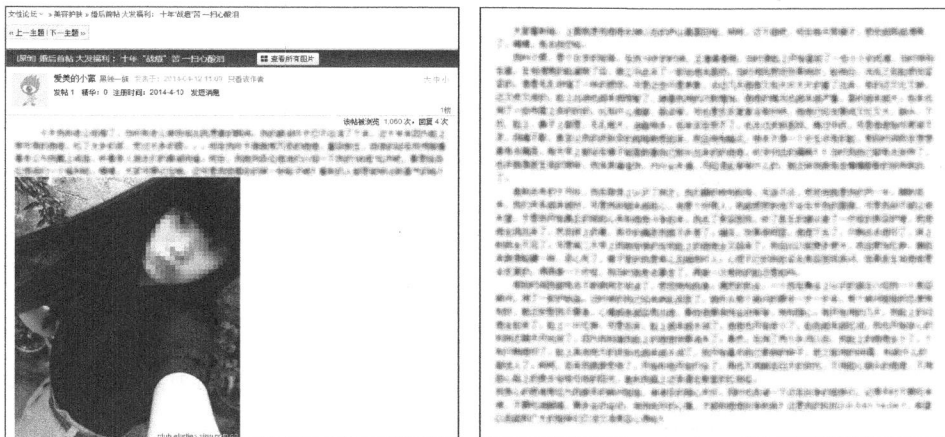

图 10-4　祛痘体验分享帖

　　撰写经验分享类帖子前，文案创作者需要先分析潜在客户共同的痛点，然后找到解决方法。以上图为例，文案创作者在撰写销售祛痘产品的文案时就可以从长痘痘的原因开始写，写出长痘痘时大家的内心感受及生活困扰，然后根据原因写出不同的治疗方法，在帖子中植入产品信息。

　　撰写行业内幕爆料帖要求文案创作者对行业的了解程度比较高。写这种帖子时，文案创作者最好是根据自己的观察发现原创，如果自己并不清楚一些行业内幕，那么最好放弃用这种帖子做论坛推广，不愿意放弃也可以直接找所在行业内经验丰富的人来写，还可以他说你写。总之，该类型的帖子专业性高，操作起来难度会比较大。

　　产品评测类帖子近年来十分热门，许多论坛都有相关产品的"开箱贴"。以智能手机为例，文案创作者通常是把要介绍的产品和同期其他品牌的智能手机产品放在一起进行评测，然后从产品参数、产品价格、手机硬件、客户使用体验等方面入手进行撰写。

　　**步骤四：撰写推广文案发帖**

　　（1）选择用户感兴趣的主题发帖

　　发帖的内容一定要有话题性，这样能够吸引很多人回复帖子。推广文案的内容要选择能引起网民兴趣的话题，例如，文案创作者可以从近期发布的社会新闻热点、娱乐八卦消息等角度贴近热点话题；也可以用分享互助、引发争议的方式引起网民的好奇。

　　千万不要凭空想象客户的痛点，我们应该客观分析潜在客户的痛点，换位思考，可以利用百度指数、相关的关键词工具获得数据，学会用数据分析客户痛点。

（2）选择合适的时机发帖

以时下流行的直播帖为例，直播帖就是把你准备好的内容一段一段地发出去。百度贴吧中有许多这样的直播帖。企业在发这样的帖子时需要注意发帖的频率，想显得真实，帖子就不能发得太快，因为直播帖应该是边写边发的，如果让潜在客户感觉到你是早有准备，就会对你的发帖内容产生一些不好的印象，后续推广的效果也会大打折扣。

（3）设置引人注意的标题

标题的作用十分重要，直接关系到帖子能否被网友点击打开。帖子的标题要尽量做到简洁、清晰，并与产品相关联，让受众一看到这个标题就有点击进来看一看的冲动，如"说的是不是你？""别让马桶长在身上""儿子变了，我哭了""皱语，女人的咒语""妈妈，我在学校很不开心""给贤妻良母提个醒"等。

（4）选择适宜的发布内容

帖子的内容是帖子最核心的部分。文案创作者在写作时尽量从自己熟悉的角度入手，通过严谨的逻辑布局和清晰的表述来进行描述；选择的语言风格应尽量符合网络用语习惯，让网民乐于接受；排版时也要尽可能简洁、清楚，可以采用图文互相配合的方式来进行推广；最后，一定要注意帖子的原创性，绝不能出现抄袭的现象，要能提出自己独到的见解。

（5）合理使用论坛签名

如果论坛允许留签名链接，文案创作者便可在帖子下方留下链接，也可以在签名中提到自己的产品或服务。只要帖子内容能被大家接受并受到欢迎，只要大家觉得你的帖子够专业、够热心，那么大家就可能会点击签名中的链接。

### （三）网络论坛上的电商推广文案的互动方法

发完帖子后，文案创作者的工作并没有结束，要想获得高关注度的传播效果，就要注意使用不同的与论坛网民互动的方法。图10-5和图10-6所示为2017年小米6手机在小米论坛上的推广。小米公司在其论坛上先后发布了一系列论坛推广帖，包括产品介绍帖、评测帖、投票帖、抢楼帖、晒图帖等，利用多种方式进行零广告费的推广互动，让消费者参与进来。

小米公司通过此次调查，让消费者对小米6手机的性能更加了解，并通过随机发送小米6 F码激励消费者进行互动，如图10-6所示。

图 10-5　小米 6 手机论坛推广　　　图 10-6　互动投票赠送 F 码网页

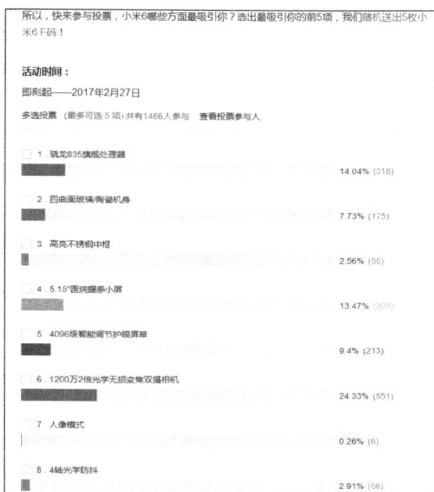

最后，文案创作者要学会正确引导回帖。文案创作者在与网友互动过程中，可能会遇到争论。其实，争论未必是坏事，企业可以通过争论增强论坛的互动性与曝光率，特别是不知名企业，可以通过论坛途径将营销演变成大范围"病毒"式营销，但一定要合理控制争论的程度，如果控制不好反而会给论坛带来不利的影响。

## 二、电子邮件里的电商推广文案

电子邮件广告是以电子邮件为传播载体的一种网络广告形式。有些电商品牌会利用电子邮件进行宣传推广。电子邮件广告有可能全部是广告信息，也可能在邮件中穿插一些实用的相关信息，可能是一次性的，也可能是多次的或者定期的。

通常情况下，网络用户需要事先同意加入到该电子邮件广告邮件列表中，以表示同意接收此类广告信息。只有这样，用户才会接收到电子邮件广告，这是一种许可行销的模式，那些未经许可而收到的电子邮件广告通常会因为被用户视为垃圾邮件而被屏蔽。

### （一）电子邮件中的推广文案优势

研究显示，一封邮件从收件箱众多邮件中脱颖而出，获取用户注意的时间仅为 2 秒。邮件从被用户打开，传递关键信息，吸引用户注意，与用户进行互动，并促使用户采取行动，在这一系列的过程中，用户的停留时间仅为 5~20 秒。邮件文案内容对品牌与用户建立联系，产生互动和转化都至关重要，错过这几秒可能就错失了一个潜在的销售机会。

许多电商企业愿意选择用电子邮件进行推广，是因为其具有以下优势。

### 1. 方便快捷

电子邮件广告特别方便、快捷：发邮件只要稍微设置一下，剩下的发送任务由群发软件来完成。发邮件的速度特别快，如果设备足够好，一天可以发 100 万封左右。而且它不占电脑资源，发送邮件的同时大家还可以照常上网，且不受时间和空间的限制，在任何地方、任何时间发邮件都很容易。

### 2. 成本低

电子邮件推广的广告成本极低：广告邮件的成本只包括上网的费用和人力的费用。

### 3. 覆盖面广，阅读率高

电子邮件的广告覆盖面广，阅读率高。邮件广告接收方包括国内和国际两大部分，总计一亿多个邮件地址，同时一天可发送几十万封邮件，其覆盖面是传统期刊所无法比拟的，而且广告邮件的阅读率比传统期刊广告也要高得多。

### 4. 广告效果好

邮件广告是点对点地与大量最终客户接触，可以通过加强与用户的交流，增加销售量，建立品牌的知名度，降低成本，提高用户的满意度，从而帮助企业与客户建立长期互信的友好关系。此外，根据大数据精准营销，企业在提交邮件广告时还可以做到针对目标客户群的精准投放。

## （二）电子邮件中的推广文案写作技巧

不管邮件设计得多精美，收件人最关心的还是邮件本身的内容，写好一封让收件人觉得可读性很强的邮件也要掌握一定的技巧，文案创作者在撰写时要考虑语气、个性化、精准、有价值等多个方面。

### 1. 标题突出

像报纸的头条一样，邮件文案的标题也要求简短而有冲击力，其内容可以包含重要优惠信息、利益点或新闻，文案创作者在设置标题时还可邀请用户行动，营造紧迫性。图 10-7 所示为某天猫旗舰店发送的电子邮件推广广告，邮件被打开后"卡侬生活，狂欢趴"出现在邮件最显眼的位置，这就是该电子邮件广告的标题。

图 10-7　电子邮件推广广告

　　受邮件客户端的限制，通常仅位于邮件前部的词语易被注意，所以邮件的关键内容应该尽量放在主题行前部。在实际操作中，文案创作者应该给每一个内容模块设置一个简洁的标题。

　　紧随主题行之后的预览摘要需要和主题行、标题保持内容互补、相互配合，全面展现邮件的关键内容。邮件文案不但要求主标题精炼、突出重点，还要求副标题与主标题形成互补。

### 2. 直奔主题

　　邮件应当简洁明了，大部分收件人不会耐心地读完整封邮件。因此电子邮件中的文案要直奔主题，突出重点（可以用不同的字体和颜色来突出），让收件人能迅速了解邮件的重点。如果在几秒内不能引起收件人的兴趣，那大部分用户也不会再继续看下去了。

### 3. 主体精简

　　因为很少有收件人会从头到尾阅读全部邮件内容，所以文案创作者在邮件主体内容的写作上应该去除重复和过渡内容，保持简短集中。无论是有趣的、富有挑战性的、迷人的、鼓舞人心的言语，还是非常严肃的言语，只要内容不无聊、语意鲜明有个性，能引起收件人响应，都可以算是具有"煽动性"的语言。在内容的创意写作中，文案创作者要运用这些"煽动性"的语言，以最快的速度和最简短的语言归纳要点，然后在要点后加入行动号召按钮。

### 4. 鼓励行动

在电子邮件中，除了介绍产品或服务的信息外，文案创作者还应该构建一个强烈的、能鼓励收件人深入了解的情境，重点描述自己产品或服务的独特价值、会给收件人带来什么样的方便和好处，也可以指出同类产品的不足和自己产品是如何克服这些不足的。文案创作者要尽量激发收件人的兴趣和好奇心，让他们点击链接继续了解关于产品更为详细的信息，因此可以用价格刺激、赠送免费礼品、发放优惠券等方式来吸引收件人点击邮件中的链接。

### 5. 其他技巧

针对电子邮件的特殊性，其文案创作总体要遵照的原则是：选择有"煽动性"的语言、内容表述精练集中、使用主动语态、要点明确、紧跟行动号召按钮。

发送邮件其实就是给收件人写一封信，如果收件人开始就能通过一些简单的文字知道发件人是谁，那么他打开这封信的概率就会高很多。在信息互动前，文案创作者可以用一些简短的文字交代一下发信人与收信人之前有过的接触，争取让收件人成为订阅用户。

邮件内容的质量是邮件营销成败的关键，文案创作者在写邮件时始终不能忘了自己的目的：建立品牌认知度，进而让收件人购买自己的产品或服务。那么，邮件文案该如何写才能达到让收件人感兴趣、去消费的目的呢？

首先，文案创作者要长期积淀，慢慢摸索，使写出的邮件文案逐渐形成一个与电商品牌形象和用户期望契合的风格；然后，逐渐使邮件文案具备说服用户购买的感染力；最后，还要多花心思研究自己的目标受众，他们会点击阅读哪些内容？他们对什么样的内容最感兴趣？什么样的促销活动最容易促使他们购买？选择什么时间点进行促销推广才能起到事半功倍的效果？

图 10-8 所示为用户在生日当天收到的颇具针对性的生日专属祝福邮件。

正如同陈年的葡萄酒，你也将随着年龄的增长而越来越好。让我们用高级会员资格打对折的方式来为你庆祝生日吧，这样明年你就会拥有更傲人的身材了。赶紧行动，今天就来获取你的生日礼物——你的折扣优惠有效期仅适用于下周！

图 10-8　电子邮件推广广告文案

# 三、微博中的电商推广文案

微博是一种基于社交关系的分享和传播信息的网络媒介和平台。微博用户可以将看到的、听到的、想到的事情写成一句话，或发一张图片，通过电脑或者手机随时随地分享给朋友；还可以关注朋友，及时看到朋友们发布的信息。许多电商企业纷纷利用微博进行产品或服务的推广销售，微博已经成为社会化营销的常用平台。

## （一）微博推广文案的写作特点

一篇好的微博推广文案可以吸引众多读者，带来巨大的流量，之后再转化为购买力。微博文案的写作特点包括以下几点。

### 1. 短小精悍

每篇微博的字数一般控制在 140 字以内，文案创作者在写微博文案时，要尽量做到短小精悍、言简意赅，字数在 100~120 字之间最佳。当今人们更习惯于速读，很少有人有耐心阅读大篇幅文字，微博文案正是在这样的环境下应运而生的。

文案创作者在撰写微博文案时一方面要求短小精悍，同时还要注意微博内容一定要通俗易懂，要用浅显易懂的文字来表述电商品牌想要传递的信息。

## 2. 主题明确

不管是什么类型的微博文案，都要求有明确的主题，这就要求文案创作者在撰写文案前先做好文案的定位。如图 10-9 所示，这篇微博推广文案的主题就是飘柔无硅油洗发水。

图 10-9　主题明确的微博推广文案

### 3. 快速传播

一篇成功的微博文案发布后，会在非常短的时间内引起众多读者的阅读、转发与传播。微博利用互联网进行发布，因此缩短了传统广告制作、发布等一系列过程。很多时候一篇微博文案的创作、发表、形成话题、实现转化都是在非常短的时间内完成的。

## （二）微博推广文案的策划与写作技巧

发微博需要讲究一定的技巧，不然只能是唱独角戏，发的微博无人问津，阅读量和转发量也会很低。文案创作者要想将微博推广文案最大程度地扩散，使其被网友所知，应该掌握以下技巧。

### 1. 选好发布时机

2012 年 8 月 7 日下午 5 点 45 分，刘翔从赛场上再次黯然伤退。15 分钟后，耐克就发出了微博，出现在其文案上的刘翔面容冷峻。该文案的左侧用白色字体写着："谁敢拼上所有尊严 / 谁敢在巅峰从头来过 / 哪怕会一无所获 / 谁敢去闯 / 谁敢去跌 / 伟大敢"。其另配的文字则写道："谁敢在巅峰从头来过，即使身体伤痛，内心不甘。让 13 亿人都用单脚陪你跳到终点。"

这则被认为制作速度堪比百米赛跑的微博，在发出 10 分钟后收到了 1 600

余条评论和 1 万余次转发。刘翔是耐克品牌的形象代言人，耐克作为全球著名的运动品牌，在品牌代言人不能参赛的情况下迅速做出反应，抢占了一个好的发布时机。

由于微博具备快速传播的特点，可以完成 24 小时在线发布，这也就要求文案创作者随时待命，选择合适的发布时机。

### 2. 学会利用热门话题

微博中的热门话题往往是一段时间内大多数人关注的焦点，凭借话题的高关注度来进行产品或服务的宣传，可以快速获得人们的关注。不少电商品牌就通过独立运营维护热门话题来进行品牌的推广宣传。文案创作者在选择热门话题时，要注意热门话题的时效性，不能选择时间久远的话题，此外，还要注意文案的措辞，不能使用生硬、低俗的话语进行牵强附会的关联，要保证话题与自身品牌之间的联系。

图 10-10 所示为统一老坛利用热门话题 # 国际青年节 # 创作的一篇将产品与热门话题相关联的微博文案——"无老坛，不青春。"

图 10-10　利用热门话题的微博推广文案

### 3. 情景导入，激发读者体验

在微博文案中，文案创作者要有目的地引入或营造达成文案行动目标所需要的氛围与情境，以激起读者的情感体验，这样做可以渲染氛围、预热主题，引起读者的阅读兴趣。

文案创作者在进行文案撰写时，要灵活运用这种方式，将需要进行宣传推广的产品或服务放入一定的情景中，通过情景的描述或渲染让读者不知不觉地融入其中，在潜移默化中接受所推广的产品。

**4. 学会利用微博工具**

微博文案主要是通过对微博进行转发、点赞、评论等互动方式进行传播推广的。文案创作者在文案创作及发布中要学会利用微博中的各种常见工具。例如，微博中的@、#和链接等可以增加文案被读者搜索查看的概率，提高文案的阅读率，并扩大传播的范围。

图 10-11 所示为雕牌利用 # 雕牌新家观 # 微博话题工具完成的一系列品牌营销活动。

图 10-11　利用微博工具进行文案推广

**5. 多媒体组合形式**

微博发布的形式越来越多样，常见的发布形式包括文字、图片、动图、视频和直播等。许多电商品牌在进行品牌推广时不再只是使用单一的形式，而是选择多媒体组合形式。

**（三）微博推广文案的实时互动**

2014 年，电影《同桌的你》的定位核心观众人群是学生、白领等年轻人。为了迎合他们的喜好，覆盖更为广泛的年轻群体，在电影上映前的推广期，影片推广人员借助新浪微博、豆瓣网等社交媒体平台，通过创意性话题的营造引爆话题效应。

推广人员在新浪微博设置了 # 同桌我想你了 #、# 荷尔蒙喷溅的青春 # 等 5 个热门话题。其中以 # 同桌我想你了 # 为话题的文案有 13.8 万人次阅读，2.8 万人参与讨论，以 # 荷尔蒙喷溅的青春 # 为话题的文案有 47.3 万人次阅读，4 300 人参与讨论。

微博营销的关键在于与读者的互动，单一的推送式文案早已不再是电商品牌进行文案推广的常用方式。文案创作者在撰写文案之前就需要想好互动话题，在文案发布后也需要根据读者的反馈和回复随时进行调整，找到合适的互动话题进行实时互动。

常见的促进文案实时互动的方法如下。

**1. 设置互动话题**

图 10-12 所示为某婚纱摄影店在新浪微博发布的信息流广告文案。在这篇推广文案中，店家主动设置了与消费者互动的话题内容，如"想知道价格，评论【1】""想看看客片，评论【2】""想预约进店，评论【3】"。店家用这样的方式激活了文案的互动性。

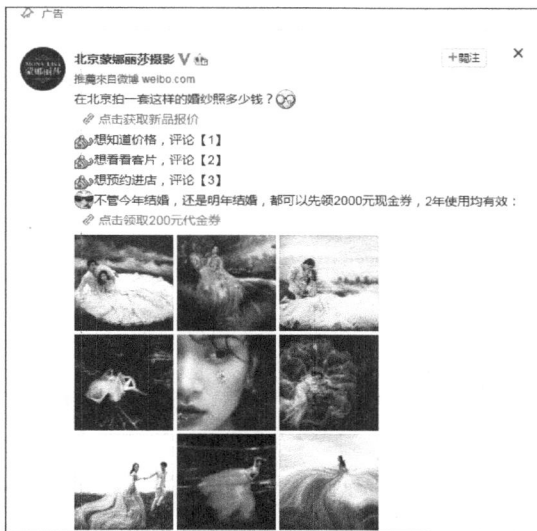

图 10-12　设置互动话题

**2. 策划互动活动**

图 10-13 所示为 2016 年加多宝凉茶利用新浪微博等社会化营销平台开展的一场"正宗凉茶大战无名火"的营销活动。这场活动得到了广大读者的积极响应，大家纷纷在微博与品牌官方账号下进行互动。同样，魅族"高考 613 分

送手机"也是一项经典的利用微博完成的热点事件营销案例。

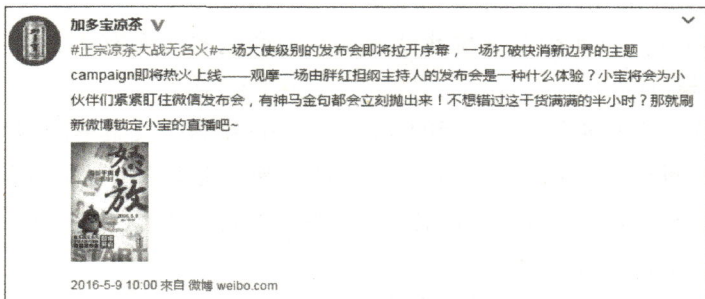

图 10-13　策划互动活动

### 3. 巧妙回复形成新的话题

2012 年年底，苏宁易购官方账号进行了一次"年终盘点"，在官方微博中进行了"办公区大揭秘"，并晒出了一张配有苏宁办公区图片的长微博，微博中写道：

"【年终盘点】苏宁易购办公区大揭秘：在这里！！！电影大片随便看，健身房跑出汗，KTV 里随意点，游泳馆中免费练……咖啡必须星巴克，按摩带到养身馆，都说上班是件挺苦的事儿，所以要把它变得好玩一点儿。希望新同事在跟家里报平安的时候，最先说的是：爸妈，这里还不错，突然，也不那么想家了……[ 走你 ]"

网友们纷纷围观并参与回复和转发。

@YrsNicholas：人要长肥的！

@ 凤姐同学：元芳，此办公室你怎么看？

@ 智联招聘：美慕嫉妒恨都不足以描述很多人现在的心情，你最喜欢的是哪个设施？

@ 中华英才网：办公区布置得如此贴心，在这里上班的人们会更有干劲儿了啊！

如图 10-14 所示，苏宁易购的官方账号对不同评论进行了回复，其回复既有当年流行的"元芳体"，又有卖萌的表情，既回复了普通用户"来吧，@ 苏宁易购招聘等你"，又精选了部分相关企业账户进行回复。通过多次转发原微博内容，该话题继续发酵升温，带动了苏宁易购招聘工作的新话题，取得了不错的传播效果。

图 10-14 微博推广文案中的巧妙回复

## 四、微信中的电商推广文案

在移动互联网飞速发展的今天，目前微信的月活跃用户数约 9 亿。作为当今最流行的移动互联网入口，微信成为许多电商品牌进行移动电子商务的不二选择。随着微信商城的推出、微信公众号的井喷，以及微信朋友圈的信息流广告发布，微信已不仅仅是简单的通信工具，各种类型的企业和电商品牌都开始通过微信进行电商运营。因此，微信中的电商推广文案显得尤为重要。

### （一）微信平台的电商推广文案优势

微信文案是指通过对产品的概念和特点进行深度分析，通过文字、图片等元素写出能够进一步引导读者进行消费的文章。众多企业选择微信平台进行电商推广，是因为其具有以下独特的优势。

#### 1. 成本低

电商品牌的推广需要进行大量的促销活动及宣传，这就需要大量的经费。而通过微信进行的活动推广及宣传大部分是免费的，且由于微信的使用用户非常庞大，同时大多数用户都有刷微信的习惯，因此，如果商家选用微信平台进行推广宣传，就可以节省一部分营销推广成本和服务运营成本。

#### 2. 定位精准

不同于微博的开放性，微信营销的最大特点在于只有关注者才可以看到你发送的信息。因此，商家通过微信平台更容易进行后台数据的统计、管理，能进行更精准地客户定位和画像。

微信营销常见的方式包括 3 种，如图 10-15 所示。

191

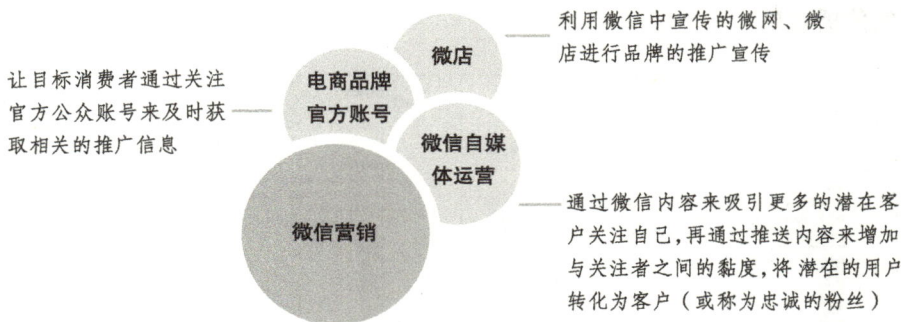

图 10-15　微信营销常见的方式

### 3. 传播效果好

微信具有即时通信的强大功能，这就使商家可以直接与消费者进行沟通联系，直接回复每一个消费者提出的问题，互动式的传播效果显然优于传统的单一式传播。

另外，当消费者看到感兴趣的内容时还会主动将其分享到自己的朋友圈和微信群，这就使单一的受众变成了新传播的主体，形成多次传播的优质传播效果。

### 4. 转化率高

大多数消费者对商家直接发送的广告很排斥，即使是忠诚的品牌粉丝也会反感企业直接发送的广告。微信文案则不然，它可以通过图文并茂的软文进行巧妙的引导，让消费者顺其自然地接受广告信息并主动寻求更多的内容，这就大大提高了客户转化率。

## （二）微信平台的电商推广文案类型

微信平台的电商推广文案分为两种类型，分别是朋友圈电商推广文案和公众号电商推广文案。

### 1. 朋友圈的电商推广文案

为什么这么多人选择在微信上做电商呢？因为微信朋友圈拥有即时互动功能，商家在微信朋友圈发完产品照片后就可以直接通过微信与客户私聊，不用切换工具。朋友圈是微信的主要功能，是个人化的分享平台，商家可以通过分享趣味性的内容、社会热点、个人心情、咨询求助和专业知识等内容进行推广宣传。

2015 年年初，微信推出了朋友圈广告，在商业化道路上迈出了重要的一步，一大批知名企业品牌纷纷在朋友圈投放广告。图 10-16 所示为神州专车在朋友圈投放的信息流广告。朋友圈中的广告一般注有"推广"字眼。

图 10-16　微信朋友圈信息流广告

在朋友圈内进行推广的文案内容要尽量简短，最好控制在 6 行以内，字数在 100 字左右最佳。商家在朋友圈内每天分享的文案数量在 5~8 条比较合适，过少起不到宣传的效果，过多则容易引起用户反感，导致被屏蔽。商家在朋友圈内发布文案，进行文案推广，能取得较好效果的时间段多为早晚高峰、午休时间，以及晚饭后到睡觉前的休闲时间。

需要注意的是，朋友圈代表着个人风格，人们通常通过看别人朋友圈发布的信息内容来判断持有者的性格、兴趣与品位等，同理，企业发布的文案也应与目标受众特点相符。

### 2. 公众号的电商推广文案

微信公众号是开发者或商家在微信公众平台上申请的应用账号，该账号与 QQ 账号互通。通过公众号，商家可在微信平台上实现和特定群体的文字、图片、语音和视频的全方位沟通与互动。公众号是一种主流的线上线下微信互动营销方式。微信平台内容电商的销售额增长迅猛，其中"罗辑思维"书籍销售额过亿本，"小小包麻麻"母婴育儿用品单月销售额超过 3 000 万元。作为公众号营利的主要方向之一，微信内容电商潜力巨大。

公众号是目前微信内容营销的主战场。公众号主要包括两类，如图 10-17 所示。

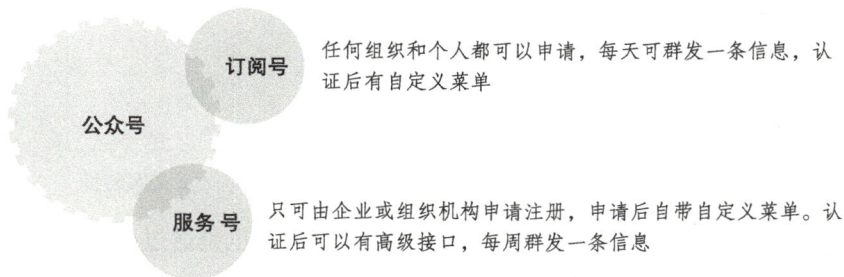

订阅号　任何组织和个人都可以申请，每天可群发一条信息，认证后有自定义菜单

公众号

服务号　只可由企业或组织机构申请注册，申请后自带自定义菜单。认证后可以有高级接口，每周群发一条信息

图 10-17　公众号的类型

目前，有许多专业从事公众号运营的文案创作者，这些人需要具备专业的文案策划及撰写能力。

### （三）微信平台电商推广文案写作流程与技巧

推广文案的终极目的是扩大商品信息的受众范围，提高购买转化率，因此文案创作者掌握一些经典的文案写作技巧就极为重要。

**1."点这里"：微信推广文案的封面设计和标题写作**

微信文案的封面是用户第一眼看到的推送内容，包括封面缩略图和文案标题。图 10-18 所示为公众号通过用吸引用户眼球的图片和标题引起用户注意的案例。一般来说，用户在 3~8 秒的时间内就可以决定是否点击查看推送的内容，因此文案创作者要好好把握封面的设计。

封面的缩略图是对微信文案的简要说明和体现，有创意和视觉冲击力强的缩略图可以快速吸引用户的注意力，并让用户的注意力停留在封面上，产生进一步点开阅读的欲望。通常，公众号文案可以分为单图文文案与多图文文案。图 10-19 所示即为单图文文案。

图 10-18　微信文案的封面设计　　　图 10-19　单图文文案封面

图 10-20 所示为朋友圈信息流广告案例，该案例也是通过引人注意的图片和激发人好奇心的标题来引发人们关注的。

图 10-20　朋友圈微信文案封面设计

图 10-21 所示为以"50 岁亿万富豪濒临破产，心疼留学的女儿，亲手用大闸蟹做手工酱，却意外再造创业传奇"为标题的案例，该标题激发了用户的好奇心。好的标题能直接引起用户对文案的阅读兴趣。微信文案标题的写作方法与前面讲的其他类型的文案标题写作方法类似，在此不再赘述。

### 2."读下去"：微信推广文案的正文写作

文案创作者能让用户点击进来阅读自己的文案已经非常了不起，那么如何让好不容易点击进来的用户留下来继续读下去呢？

微信文案依然强调内容为王，翔实的内容才可以让用户真正记住文案所表达的诉求。在碎片化信息传播时代，人们不肯花费太多的时间和精力来阅读文字内容，只有那些让用户感觉说到他

图 10-21　激发读者好奇的微信文案标题

们心坎上、让他们读起来轻松好笑、能够获取相关知识的内容才能引起用户继续阅读的兴趣。

既然用户是奔着标题而点击进来阅读的，文案创作者就应该直接将用户最

关心的内容放在开头，直奔主题，满足用户的好奇心，如图10-22所示。

无论是销售哪种商品的微信电商文案，其最主要的目的都是促成交易，所以这些文案并不需要华丽的开头或结尾，而需要吸引用户的产品卖点。这些卖点常常出现在文章的开头、主体和结尾，以下为血橙的文案。

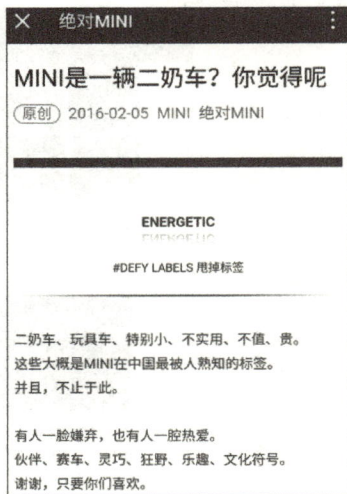

图10-22　开门见山、直奔主题的微信文案

只有少数人才能品尝到的有机阳光血橙，吃到它的人，能心想事"橙"！

眉州玫瑰血橙，位于四川省眉山市，俗称眉州古城，该地种植橙子已有千年历史。

今天要给大家重点推荐

爷爷的橙

家里有10余亩玫瑰血橙果园，
尽管爸爸不喜欢一辈子当果农
但爷爷把它当成了最甜蜜的事业，
他老人家常年待在果园，
细心照顾每一颗果树。
老人家种了一辈子的果树，
对果园有一种特殊的情感。

真正北纬30度的阳光玫瑰血橙

郑重承诺：

不打蜡、不催熟、没有膨大素、没有甜蜜素！

3个血橙=1杯鲜榨果汁，水分足
对比脐橙，血橙的个头就小多了，其果径通常在60mm~75mm之间，别看它个头小，果肉十分脆嫩，榨汁率高得惊人，高达75%。3个就能榨出1杯鲜果汁，对于节后想减肥的朋友，简直就是福音啊。

超高日照的阳光血橙，甜度高
昼夜温差16摄氏度左右，年平均日照2500小时以上，遵循自然规律，自然成熟，自然的清甜味。
肉质细腻化渣，多吃不上火。
富含天然花青素，美颜清毒
果肉中的红色因子是：天然花青素。

俗称人体清道夫，有效清除人体毒素。

还是天然美容养颜佳品，能有效延缓衰老。

作为吃货的你，

怎么能错过这样"暖心"的它。

10 亩果园，产量约 40 000 斤，数量为 5 000 份，也就是说，只有 5 000 人能品尝到这清甜的果子。真的错过了就没有了。

产品的每个卖点都包括 4 个方面的内容：背景铺垫、卖点介绍、卖点质量背书和唤醒用户需求。文案创作者通过对卖点的描述拉近与用户的距离，让用户愿意阅读下去，愿意了解文案内容、产品特点，从而激发其购买欲望。

### 3."转出去"：微信推广文案的引流方法

通常来说，只有你写的东西有用、有启发、有意思，用户才会看，才会收藏，才会转发给别人。商家可以参照微博互动的方法，通过设置互动话题、互动活动、转发集赞、抽奖投票等方法进行微信推广文案的引流。图 10-23 所示为可口可乐公司的公众号中被大量转发的微信推广文案。

图 10-23　引起转发的微信文案

## 五、视频直播类平台的电商推广文案

如今，视频直播是人们非常喜欢的娱乐方式之一，因此热门视频直播的点击量和收视率很高。商家可以与视频网站或者直播平台开展合作的方式，在视频和直播中推出有趣的商品文案，让观众在玩乐的过程中产生对该产品的购买欲望。

（一）视频网站的电商推广文案写作

视频网站的电商推广文案是指利用常见的视频网站平台进行的电商品牌推广文案。近年来，我国兴起了一批以爱奇艺、优酷土豆、腾讯视频等为代表的视频网站。商家在这些网站进行电商推广的优势为：网站受众数量多，内容来源多元化，视频可植入其他网页，方便用户进行互动等。

此外，不少视频网站还制作了大量自制剧，并运用新的技术手段使边看边买成为可能，这让视频内容营销与电商推广相结合成为了未来的发展趋势，因此许多电商品牌十分看好利用视频网站进行电商品牌推广。

2014年，爱奇艺与京东宣布联手打造"视频＋电商"跨平台购买的购物新方式，京东冠名爱奇艺出品时尚真人秀《爱上超模》。除品牌冠名、广告贴片外，超模选手在节目中的服饰配件均在京东有售，"视链"技术在节目播出全程时时贯穿，连接爱奇艺和京东在线销售平台。爱奇艺也已经推出"一搜百映""云贴片""视链"等精准营销技术，实现跨平台购买。

基于视频网站的电商推广文案最大的写作特点就在于要与视频网站的内容融合在一起，要尽量精简文字，突出主题。由于观众在视频网站停留的主要目的是观看视频，因此商家在植入电商广告时，就需要与视频平台相配合，不能引起观众的反感。

图10-24所示为2017年暑期热播的青春励志成长校园剧《我们的少年时代》，在这部剧中，随着剧情的不断推进，小迷糊钥匙扣成为了解锁友谊走向的关键线索。当观众通过爱奇艺观看视频时，视频中也会相应弹出"颜值高的人都爱小迷糊面膜"文案。

图10-24　与视频结合的文案

图 10-24　与视频结合的文案（续）

## （二）直播平台的电商推广文案写作

目前直播似乎已经成为电商、社交、视频等各类线上平台的吸睛利器。正因为如此，直播与不同行业结合而形成的"直播+"经济也在逐渐升温。而直播电商也是"直播+"的新业态，成为了电商发展的趋势与风口。

当红的直播电商平台包括天猫直播、淘宝直播、京东直播、唯品会直播、波罗蜜全球购直播、蘑菇街直播等。在信息时代中，每个人都成为了信息传播交流的中心，许多年轻人乐于并且享受这种被置于聚光灯之下的生活方式。2016年，直播平台飞速发展，这一年甚至被许多人认为是中国的"直播元年"。

图 10-25 所示为天猫直播的画面，直播的实时性、互动性、直接性、真实性让观众在接收品牌的营销信息时，也能感受到一种平等和尊重，而不是像以前那样被强制观看广告。这再次说明，直播在未来将是品牌和企业连接用户的重要渠道，是一种新的营销平台。

在目前的电商直播推广中，"网红+内容"的输出方式已经成为一种经济

图 10-25　天猫直播画面

现象，它在低成本获取流量的同时还能获得较高的消费者忠诚度。顶级网红的服装网店在上新款时竟可达到千万元销量，和一些专业品牌相当。网红经济模式对于未来娱乐、营销、电商甚至整个社会经济的发展，都将产生重要的影响。

　　如图 10-26 所示，网红张大奕用直播的方式向粉丝介绍每一件衣服的详情和穿搭方法。该直播结束后总计有 600 多万次的播放量。大家可以看到，直播间画面右侧有观众实时互动，左侧有主播小店入口，对店主的产品感兴趣的观众可以直接进入购买。凭借巨大的流量支持和直播内容的有趣、有料，张大奕的每次直播都可以为店铺带来许多订单。

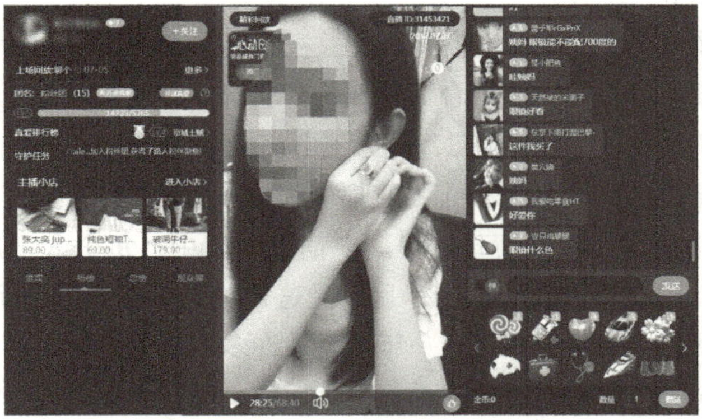

图 10-26　网红淘宝店主直播画面

　　在直播过程中，主播的内容介绍脚本写作以及直播过程中的文字输入交流都可以作为直播平台的电商推广文案的写作内容。观众可在直播画面中看到其他观众针对商品向主播提出的各种问题，同时自己也可以通过文字输入的方式向主播提出问题，以便更全面地了解商品，达到尽快下单的目标。

随着各企业和品牌商相继试水直播营销，如今谈起直播，人们的第一印象已不只是和"网红"有关，它的实时互动性以及对观众注意力的凝聚和品牌营销的作用开始成为大家关注的焦点。

例如，薇姿在品牌85周年之际，以张艺兴为代言人进行了一次品牌直播活动，如图10-27所示。本次活动的第一支视频由@薇姿官方微博账号在85周年天猫品牌日的7天前放出，预告进入直播倒计时。直播8小时前，代言人张艺兴亲自发布直播前的最后一则话题。所有话题直指7月28日的直播活动。2016年7月28日直播当天，#张艺兴薇姿火山温泉大挑战#准时在天猫以及聚划算平台开播，预热积攒的人气井喷式爆发，使这次活动收到了很好的效果。

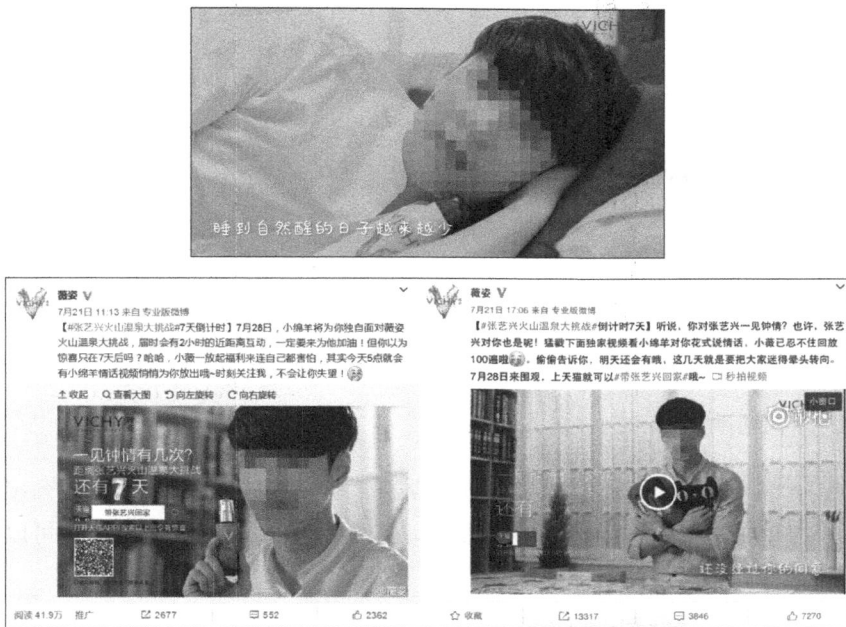

图10-27　品牌直播活动

## 🔅 本章实操训练题

请结合本章所介绍的推广方式，写出某款新型手机的BBS论坛推广策划活动文案、电子邮件营销活动文案、微博营销活动文案、微信公众号推广文案、视频直播推广文案，注意所写文案要与目标受众进行互动。

# 第十一章
# 电商软文的策划与写作

广告大师大卫·奥格威认为，社论式广告获得的读者人数比普通广告多50%。电商软文是近年来许多电商品牌经常使用的一种传播策略，这种品牌推广的方式"润物细无声"，因此受到许多电商品牌的青睐。电商文案创作者要正确认识电商软文广告，把电商软文写作引向积极、健康发展的方向，在掌握撰写技巧的同时也要注意相关事项。

## 一、电商软文的类型与特点

电商软文与电商硬广告相对，可以看作电商"软"营销。电商软文是指电商企业的市场策划人员或广告公司的文案人员为了宣传企业的产品或服务而通过媒体付费刊播的篇幅相对较长的文字性宣传材料。

### （一）电商软文的类型

电商软文的类型多样，可以是突出客观性的新闻报道，也可以是突出专业性介绍的专题系列文章，还可以是以情动人的情感式诗歌散文，甚至可以是轻松、幽默的小品故事。

根据主题、目的和内容的不同，电商软文的类型大致分为以下几种。

### 1. 科普型软文

科普型软文是指科学地对产品进行宣传或介绍，让消费者了解并熟悉产品所蕴含的科技含量，进而接受它。这种类型的软文尤其适用于新产品上市，或某项新技术刚刚面世的时候，需要用较长的软文对该科技进行普及推广的情况。图 11-1 就是京东为介绍其智慧物流科技撰写的科普型软文。

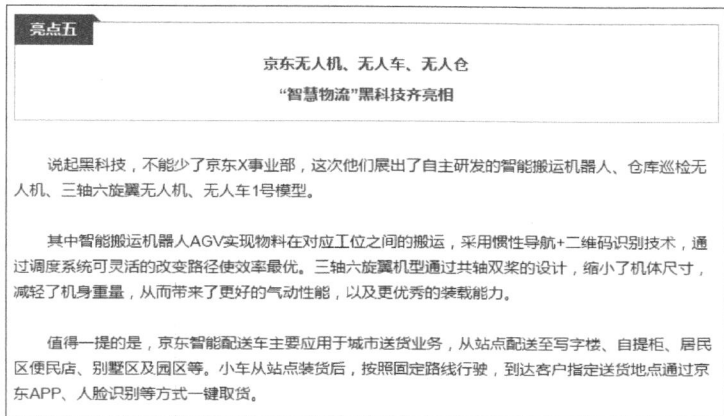

图 11-1　科普型软文

## 2. 情感型软文

情感型软文重在以情动人、以情感人，其感性化的描述往往会在读者精神层面产生巨大的影响。在撰写这种类型的软文时，文案创作者可以虚构一段感人的、夸张的、搞笑的故事，将品牌与故事完美结合起来。这类软文也容易引发话题的延伸，并促使消费者进一步讨论互动，形成二次传播。例如，在 2017 年的父亲节，汉堡王在其官方账号发布了如下一段软文。

人生欢呼的第一声"好 man 哦"
不是被"壁咚"
不是男友掏卡买买买

是有个男人餐桌上一句
"爸爸只吃鱼头不吃鱼肉"

这个父亲节
我们准备了三款"霸霸"套餐

购买含"霸"字的指定套餐
一律享受史无前例的霸气优惠

父爱总是带着不由分说的男子力
霸道　坚决　深沉如大海
父亲是我们人生中的第一位霸道总裁
他们过他们的父亲节
我们过我们的"霸霸节"

这就是典型的情感型软文，文案创作者在软文中融入了父爱，让软文更加吸引人。

## 3. 人物型软文

企业老板的成长经历、创业过程、管理思想等都可以作为软文的内容，以此为内容的软文被称之为人物型软文。例如，2012 年，年逾八旬的昔日"烟草大王"褚时健带着一款名为"褚橙"的脐橙走入大众视野，以他的故事而写成的电商品牌推广软文就是典型的人物型软文。

### 4. 事件型软文

企业参与了某项社会事件，或展开了一项事件营销，以此借势展开的文案撰写就是事件型软文，常见的有处理危机公关时发布的文章等。例如，农夫山泉曾在多年前发起一场纯净水与天然水之争，这在全国引起了强烈的反响，以此事件为主要内容撰写的软文便为事件型软文。

### 5. 故事型软文

故事型软文是指用讲故事的方式引出产品，使产品通过故事的"光环效应"和神秘感对消费者的心理造成强烈暗示的软文类型。图 11-2 是电商品牌维吉达尼讲述的其在"双十二"活动期间售卖阿克苏苹果的故事软文，软文题目为"这群'梁山好汉'24 小时卖出 36.9 万个阿克苏冰糖心苹果"。

> 今年"双十二"，维吉达尼阿克苏冰糖心苹果在亲亲果园（武汉）与聚鲜农业（杭州）线下店火热开卖，而维吉达尼淘宝、天猫、有赞、有量全渠道店铺也是火力全开！维吉达尼连接了水果业内价值观共鸣的合伙人，用亲亲果园创始人胡勇的话来说，就是大家像当年的梁山好汉一样，替天行道，替好水果代言。在 24 小时里，好汉们各显神通，截至 12 日 23 点，合共销售出 36.9 万个阿克苏冰糖心苹果。
>
> 尽管目前业内对"新零售"的概念尚无统一认识，但它无疑诠释并代表着一种新趋势，从另一种角度来讲，给用户多样化的服务和消费体验，亦是维吉达尼多年以来所追寻的企业态度，我们以连接生产者与消费者为使命，也将顺应从价格消费时代向价值消费时代的升级。
>
> 其实早在今年八月，为了能解决巴楚瓜农产品销售困局，在巴楚留香瓜的运营中，维吉达尼首次尝试鑫荣懋、OLE、本来生活、亲亲果园等数十家渠道合作，并且与农村淘宝乡甜农场进行订单农业的合作，在开售前接到了超过 6 000 吨的订单，而维吉达尼的契约农户的蜜瓜产量只有 500 吨，虽然巴楚留香瓜无法满足全部订单，但是新零售的威力初步显现。
>
> 在顺应经济新常态、市场新变化、消费新变局，实现线上线下联动、体验化、个性化、年轻化才能满足日趋多元化的消费需求的背景下，这一次，维吉达尼依靠核心品牌内容，丰富的线上运营经验以及优质的产品，结合武汉亲亲果园、杭州聚鲜农业线下零售体系，全面提升服务质量，在本次"双十二"活动中进行了首次合作探索。在未来的销售实践中，我们也希望继续做到线上线下活动、会员体系、物流体系、服务体验的统一完善，达到 1（维吉达尼）+1（城市合伙人）>2 的效果。
>
> 互联网让世界变平，我们已经不去区别线上还是线下，电商还是实体，商业又回归到了一个基本面，只有好产品、好服务、好口碑留存下来。明年维吉达尼将带着积累了五年的品牌、产品供应链的基础，联同水果江湖各路好汉，全线进入国内几十个城市，我们，等着各路英雄过来歃血为盟。

图 11-2 故事型软文

值得注意的是，讲故事并不是目的，故事背后的产品线索才是文章的关键。听故事是人类最古老的知识接受方式，所以故事的知识性、趣味性、合理性是这类软文能否成功的关键。

### 6. 促销型软文

促销型软文往往是直接配合促销使用，即通过低价、时间紧迫等理由来激发消费者的购物欲望。图 11-3 是典型的促销型软文，它借助电影《大话西游》的经典片段和台词，传递给消费者珍惜打折机会的信息。

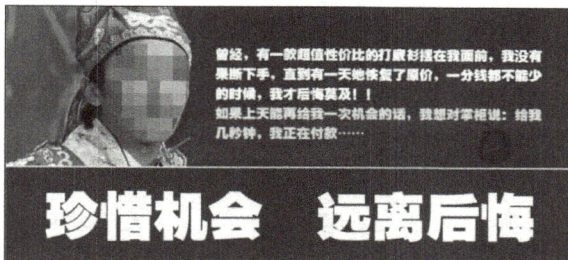

图 11-3  促销型软文

上述 6 类软文绝对不是单独存在的，很多时候电商品牌在进行软文推广时会采用多种类型软文整体推进的方式来完成品牌的推广。

### （二）电商软文的特点

电商软文依靠网络媒体进行推广宣传发布，就要带上深刻的网络印记，语言网络化，内容丰富多样，用多媒体形式展示。网络的主要优势就是它的分享性，网友们会自发转载或分享好的软文，使软文的受众范围更广。

一般来说，电商软文主要具有以下特点。

### 1. 语言网络化

新媒体时代有其独特的语言标准，文案创作者在撰写软文时要跟上潮流，适时加入一些网络用语。如果软文的表达方式太过于陈旧，就很难吸引目标消费者的注意，也就无从谈起发挥软文的推广作用了。

移动互联网时代，年轻人对网络化的语言使用频率非常高，甚至将网络中使用的语言变成生活中的口头禅。要想让软文得到年轻人的认可，文案创作者就要将网络语言与软文内容完美结合。尤其是对于那些用户多数是年轻人的电商企业而言，撰写具有网络文化的电商软文已成为一种必备的推广手段。

下面是肯德基在其官方公众号上投放的软文，从软文的标题到内容，使用了许多年轻人喜闻乐见的网络词汇，如"搞事情""敲黑板""公主病"等。软文以诙谐搞笑的方式将产品介绍给目标消费者，成功地赢得了年轻用户的喜爱。

想搞事情？看薛之谦如何用十翅一桶
39 元搞定事情
在这个带节奏、搞事情的年代
传说下凡历过以下三大劫
就能坐地飞升，他们是——
不同信仰的球迷、随时会炸的"女票"
和下班出没的老板

不过，＃天生翅粉＃＃薛之谦＃
早就看穿一切，搞定一切！
世上无难事，只要有 39 元十翅一桶
敲黑板！以下重点，快戳视频！

翅桶第一，比赛第二
管他球场上是什么姿势
我先吃了手里的这桶鸡翅

翅桶在手，哄好女友
给她爱的投喂
让她从"公主病"，变成小公主

征服不了老板的心，就用翅桶征服
他的胃
搞定了老板，
记得自己来一块翅压压惊！

39 元十翅一桶火热狂欢中！
天下翅粉终能相遇
不管你是什么粉
此刻都是＃天生翅粉＃！
快前往门店，跟"翅"同道和的人
一起共享美味与快乐吧！

### 2. 内容多媒体化

当前，电商软文大多数采用图文结合的方式进行推广，但也不乏添加了视频、音频等形式的软文，许多能引起人们疯狂转发的软文都是内容多媒体化的产物。在速读时代，人们很难再面对单一的纯文字介绍而耐心地阅读下去，相反结合了图片、漫画、动图、视频、音频的内容会令人们阅读起来更轻松。

此外，软文传播的平台也同样呈现出多媒体化的趋势。传统的软文主要集中在报纸、杂志这样的纸质媒体中，而电商软文主要是在互联网上进行推广投放，因此更符合互联网多媒体化的要求。

### 3. 传播分享化

互联网传播具备双向互动的特征，在移动互联网传播时代，信息的分享更加便捷，受众喜爱的软文可以得到分享转发，有时简简单单的一条微博、一篇微信公众号的软文就能在全国甚至全球进行传播。

现在的信息多数都是依靠社交媒体来传播，社交媒体传播信息的特点就是快速、简洁。人们在社交媒体中看到某篇软文，如果觉得有趣、有意义、有价值，就可以进行信息的分享。

### 4. 效果数据化

电商时代，我们可以清楚了解到自己广告费的投入与产出比，可以随时对广告费用进行监测。互联网大数据使信息和数据愈加透明、公开。软文的效果如何，点击阅读的人群都是哪些人，在哪个时间段阅读的人数最多，这些都可以通过后台数据进行实时监测。在社交化媒体平台上，企业可以通过直接查看社交媒体的点击量、点赞数和评论及时获取电商软文的传播及转化效果。

## 二、电商软文的营销价值优势

软文有内容，营销有力量。硬广告往往重视直接、快速、精准的传播，而软文就好似"绵里藏针"、收而不露。所以很多读者都有这样的软文阅读体验：等你发现自己是在阅读一篇软文时，你其实早已经落入撰写者精心设计的"软文陷阱"了，这令你哭笑不得，久久难忘。于是，越来越多的电商企业注意到了电商软文的营销价值优势。具体来说，这种优势包括以下几种。

### （一）传播的隐蔽性

软文具有"春风化雨，润物细无声"的传播特点，其广告意图不明显，通过慢慢渗透影响读者，达到潜移默化的传播效果。软文通常具有一定的新闻性、科普性和知识性，读者更愿意去主动接受这些信息，不会像对硬广告那样很容易产生排斥心理。在阅读软文的过程中，读者会不知不觉地记住企业、产品或服务。

下面是京东在公众号发布的有关"京东智慧供应链"的软文。撰写者用通俗易懂的知识、古人今用的超级想象、诙谐幽默的描述风格帮助消费者更好地理解了京东智慧供应链的用途，以及其对消费者购物的影响，从而让消费者对京东购物产生好感，这篇软文的传播效果很好。

#### 假如杨贵妃生活在现在……

话说，以前的达官贵人们买个东西，翻山越岭，跋山涉水，权力大过天也需要个百八十天。

看看唐朝的杨贵妃，想吃个荔枝，即使是在皇城根下，天子脚下，骡子运、马儿拉也得个把月，玉环都饿瘦了，还没有等到荔枝，这还不都是因为周边无货。

再瞅瞅宋朝的苏轼，为了吃到新鲜的荔枝，竟吟诗作对"日啖荔枝三百颗，不辞长作岭南人",为了吃到新鲜的食材,京城户口绿卡都不要了,非要拿岭南暂住证。

再看看现在,大家诚惶诚恐怕断货。特别是让男士头疼的情人节一到。在节骨眼上,大家勒紧裤腰带省吃俭用攒下钱,准备把心水的商品从购物车里解救出来时,却发现赫然写着:当前地区!缺!货!想不到吧!"扎心了吧老铁"!但是,有京东,这种情况你就别操心啦!

如果我们的生活中,存在着这么多的让人灰心的缺货等待,你还有没有勇气去剁手?来来来,赐你一碗干货——京东智慧供应链,赶走贵妃式饥饿,找回自信。有了这条智慧供应链便捷通道,大家再也不用为了"日啖荔枝三百颗",甘愿扔京牌了。想吃什么京东来买,货物满满。这神奇的智慧供应链是如何应用到我们的生活当中的呢?

所谓的"智慧供应链",就是运用大数据来预测近期客户可能会需要哪些商品,提前采购,提前供应,提前将货品运输到离客户最近的仓库,以便用户下单有货,并在下单之后,可快速送达。它能避免情人节巧克力断货,儿童节零食缺货,端午节粽子断货,中秋节月饼缺货……

如此一来,才能打造客户最满意的购物平台。By the way,你以为价格越低大家就越满意了吗?NO NO NO!在这个个性化横飞、电商普及化的新时代,怀旧风、乡土风还是高大上风依旧百变多样,开动脑筋掌控成本、效率和用户体验才是全渠道零售智慧制胜的关键。

简单来说,好的商品,好的计划,好的价格,好的库存,打造智慧的协同。一条智慧供应链,能用大数据进行宏观上初步的预测,在适当的时间,以适当的价格,适当的商品,卖给适当的顾客,依据背后强大的智能大数据:购物趋势、用户数据、消费者的购买数据、内部数据和其他数据等,提前预测大家想要买什么。例如,我们预测到杨贵妃喜欢吃荔枝,爱买荔枝,买得频次多,一次吃得也多,岭南那边又经常收到玉环的订单,京城的人供需大,因此就可以把荔枝在玉环还没买之前就投送到京城水果站点内,等那边一下单,京城刚好又有价格喜人的好货,用京东极速达,三小时内即可送到。长期的供货保障,让玉环的腰又圆了一圈呢。

"618"这天疯狂抢货、秒杀,再也不用害怕因为货供应量少,导致短时间内商品缺货,不用担心买回来的荔枝不新鲜,这些问题Y事业部的京东智慧供应链早已替你打点好了!在京东找到最贴心的价格,暖心的服务;及时补货,智能调货;在你想要开启剁手模式的第一时间,扫除缺货障碍,助你顺利买到想要的产品，这一切都需要感谢智慧供应链的智能指示，有了它，大家才能顺利享受到好货无忧购的福利呀！

### （二）传播的亲和力

与硬广告相比，电商软文的到达率相对较高，原因在于软文细腻、情感丰富，对受众来说具有良好的亲和力。人们总是对硬广告持有一种怀疑的态度和抵触的情绪。软文能就一个主题进行详细的阐述，信息容量很大，就像一个有耐心的讲解员在给你绘声绘色地解释说明。此外，一些具有知识性的、有趣的、有意义的软文内容，消费者甚至愿意主动进行二次传播。

### （三）传播的灵活性

随着互联网技术的不断更新，软文呈现出多媒体化趋势，企业可以根据需要选择合适的推广策略、发布形式和信息内容等。围绕传播主题，文案创作者可以选择合适的软文类型和表达形式，使其既能彰显电商品牌独特的个性，又能精准定位目标消费者的兴趣，投其所好。

### （四）传播的低价性

选择电商软文进行电商品牌的推广还有一个成本优势。相较于硬广告高昂的策划费用、制作费用和发布费用，除了极个别特别知名的文案撰写大师的软文作品价格略高，大部分电商软文的费用要低得多。一些中小型企业和创业型企业没有太多的资金和实力进行硬广告的投放，选择低传播成本的电商软文无疑是一个最佳选择。

## 三、电商软文的撰写要求

电商软文已经成为不少电商品牌进行品牌推广宣传的方式，软文撰写有一定的要求和原则，主要包括以下几点。

### （一）主题明确

文案创作者在撰写电商软文时要明确主题，精准地反映电商品牌的主要特点。主题的选取非常关键，主题单一且明确，才能强化软文的感染力。多主题的软文容易失去中心意境，降低软文的吸引力。

软文的主题可以是产品（质量、产地、价格、性能、材质等）、品牌（品牌个性、品牌内涵等）、企业（企业文化、企业创办人、企业经营管理等）、促销活动、服务、消费者的反馈等。

下面这篇软文主题非常明确，即这款砧板是环保材质的，使用起来会非常干净卫生。该软文首先用标题引起了人们的注意，吸引住读者的眼球，然后分别对比生活中常用的两款材质的砧板，让读者在阅读的过程中不断加深"传统砧板很不卫生"的印象，接着顺势推出了自己的环保砧板，然后又一一介绍了该产品的优点，让消费者产生购买的欲望，最后再列出价格，直接形成强效转化。

### 90% 的砧板上的细菌比马桶还多，砧板应该这样选

很多蔬菜里，有甲胺磷、对硫磷、涕灭威、克百威、水胺硫磷等各种各样的农药残余。

用贝壳粉、食用面碱……洗海淘的野菜冲啊冲、泡啊泡、滤啊滤，你终于心安地把蔬菜放到了砧板上。

但，你的砧板，可能已经毁掉了你为洗净蔬菜而做的全部努力！

木质菜板容易产生刀痕，还掉渣，清洁不彻底，有鱼腥残留，再切水果，会造成交叉感染……

木质菜板也很容易藏污纳垢留下细菌、滋生小霉菌。那些生肉沫可能正在缝隙中繁衍生息，进而滋生的细菌，导致各种疾病的发生……而你却浑然不知！

你说，我家用的是塑料砧板，再大的力气切下去，也留不下刀痕，应该安全吧？

错！

塑料砧板添加了塑化剂，切生食还可以，但凡沾上焯过水的肉和菜，在高温作用下，就会散发出三聚氰胺和双酚 A，你以为焯过水更干净的食物，实际上正在经历二次污染！

所以，千万别小瞧一块砧板。

今天，我们就介绍一款来自马来西亚的好砧板——OG+ 稻壳砧板！这款砧板的原材料，居然是天然稻谷壳！稻谷壳含大量植物纤维，有很强的抗菌性能，能保护大米不被腐蚀和虫蛀，同样能抵挡各类食材的残余腐蚀！

口说无凭，一起来看看日本工业标准的抗菌检测报告：无论是在大肠杆菌还是金黄葡萄球菌的测试中，稻壳砧板都通过了标准极高的日本工业标准测试！

居家日用品用的黏合剂中含有苯和甲醛等化学成分，而甲醛释放期很长，一般长达 15 年。

在生产工艺上，这款砧板采用高压力（300 吨）、高温（170℃~180℃）一体成型，无拼接、无表面化学涂层、不用任何胶来粘连！正常的切剁力度，在这款稻壳砧板之上，都留不下任何痕迹！

这款稻壳砧板，因为不吸水，所以能做到有效地防霉抗菌，从而经久耐用，非常易于清洗、不留异味。

不吸水的稻壳砧板，绝对干货！

这款稻壳砧板表面有蜂巢防滑纹理，板面更有质感且光滑，在切菜时增加了摩擦力，大家再也不用担心切到手指头了！

其周边的凹槽设计，可以防止蔬果汁液流出，保持厨房桌面整洁，更加方便清洗！

这款稻壳砧板背面有抗震防滑胶垫，可以防止菜板滑落，同时也保护了操作台面！

即使某一天，你不再使用这款稻壳砧板，可将它埋于土中，自然降解，回归自然。真正的从大地而来，最终融入大地。你，每购买 100g 的稻壳制品，就可以阻止 120g 的碳排放！

绿之态科技（OG+Greenvolutions Riceware）于 2005 年在马来西亚首都吉隆坡成立，致力于环保理念和绿色文化，绿之态科技为全世界的消费者提供植物纤维环保硬质餐具。继稻壳儿童餐具风靡全球后，稻壳砧板掀起了新一轮的绿色厨房革新！

这一次，有赞精选，用全网最实惠的价格，将真品 OG+ 稻壳砧板带给大家。

亚马逊海淘折后价 45 美元（人民币 300 元＋），有赞精选价，限时特优——90 元！！！

（二）定位精准

文案创作者在撰写电商软文时可以专门对某一类消费群体进行精准定位，根据用户的阅读习惯、消费行为、兴趣爱好等撰写有针对性的电商软文。例如，下面就是针对年轻父母的一篇软文，分别从"宝宝多大可以吃鸡蛋""宝宝吃鸡蛋的注意事项""哪些情况下不宜吃鸡蛋"和"如何给宝宝选个好蛋"四个角度入手，成功地吸引了关心孩子饮食健康的家长们。最后软文介绍了自己产品的特点，符合之前介绍的"好蛋"标准，进而促使消费者购买。

## 宝宝爱吃的"蛋"该怎么挑？怎么做？

蛋是一种营养非常丰富、价格相对低廉的常用食品。鸡蛋的蛋白质品质仅次于母乳，且富含脂肪、维生素、钙、锌、铁、核黄素、DHA和卵磷脂等人体所需的营养物质，是婴幼儿、孕妇、产妇的理想食品。

我们先来了解下鸡蛋的营养知识。

（1）宝宝多大可以吃鸡蛋

一般来说，从安全性角度考虑，建议宝宝7~8月后开始添加蛋黄，1岁后才添加蛋清。煮熟的蛋黄易噎，有些宝宝会在进食蛋黄后出现一定的过敏现象（如嘴周围出疹子）。而蛋清中的蛋白分子小，可以直接透过肠壁进入宝宝的血液中，可能引起一系列过敏反应或变态反应性疾病，如湿疹、荨麻疹、喘息性支气管炎等。

不过也有一些营养学家的说法是，6月龄后的宝宝就可以添加全蛋（水蒸蛋）了，妈妈群里也有不少妈妈表示，1岁前给宝宝添加了全蛋也并无不良反应。总体来说，辅食添加建议都是从一个比较安全的角度出发，一般在建议月龄后添加相应辅食出现问题的概率会大大降低，而并不是说早于建议月龄添加就一定不可以。妈妈们可以根据宝宝的实际情况做添加决定。

今天小编就教教大家，宝宝爱吃的蛋该怎么挑？怎么做？

（2）宝宝吃鸡蛋的注意事项

①计算好食量

婴儿吃蛋黄，开始时只添加1/4个，以后逐渐加至1/2~1个。1~2岁的孩子，每天需要摄取的蛋白质为40克左右，除普通食物外，每天添加1个或1个半鸡蛋就足够了。如果吃得太多，超过了孩子的需要，孩子的胃肠负担不了，会导致消化和吸收功能障碍，引起消化不良。

②计算好煮鸡蛋的时间

煮鸡蛋的时间一定要掌握好，一般8~10分钟为宜，煮得太生，蛋中的抗生物素蛋白不能被破坏，会影响机体对生物素的吸收，且不能很好地消灭细菌。煮得太老，蛋白质的结构变得紧密，孩子食用后难消化。

（3）哪些情况下不宜吃鸡蛋

①发热病的宝宝不宜吃鸡蛋。食用鸡蛋蛋白后能产生额外热量，使机体内热量增加，不利于病儿康复。

②鸡蛋一定要煮熟后给宝宝吃，以蒸熟为最佳。煎炸鸡蛋会破坏鸡蛋内的

营养成分，且不宜消化。

③有些婴幼儿对蛋白质过敏，并不是对所有的蛋白质都过敏。所以，家长要仔细观察孩子是在吃了什么食物后发生过敏反应的，以便日后避免给其再食用这种食物，其他含蛋白质的食物则可以食用。一般对鸡蛋蛋白过敏的现象会随着宝宝年龄的增大而消失。

（4）如何给宝宝选个好蛋

①看蛋壳

新鲜蛋的蛋壳比较粗糙，上附一层霜状粉末；陈蛋蛋壳光滑有亮光；受雨淋或受潮发霉的蛋壳有灰黑斑点；臭蛋外壳发乌，有的还有油渍。

②摇晃听音

鲜蛋音实，贴蛋壳，无晃动感。臭蛋有喳喳声，空头大的有空洞声。裂纹蛋有啪啦声。

③沉浮法

将鸡蛋放入清水中，如果它平躺在水里，说明十分新鲜；如果它倾斜在水中，则至少已存放了3~5天；如果它笔直立在水中，可能存放10来天了；如果它浮在水面上，这种蛋有可能已变质了。

④有机证书

符合国际或国家有机食品要求和标准，并通过国家有机食品认证机构认证的鸡蛋（鸡蛋上有认证标签或商家能出具有机证书），在安全性方面的表现更好，更适合做宝宝的口粮哦。

浙江遂昌高山散养土鸡蛋
连续三年通过中国有机产品认证
土鸡放养在海拔500米以上山林中
喝的是山泉水，吃的是林间虫、草
每只土鸡养足7个月后产蛋
且2~3天产一枚蛋
养分积累周期长
蛋清清澈黏稠，蛋黄呈金黄色。

（三）视角新颖

视角新颖是指软文创作者要开拓视野，多角度、多领域地发挥想象，视角新颖是软文发挥效用的根本所在，包括软文布局的新颖、构思的新颖、写作角度的新颖、语言风格的新颖……文案创作者只有通过不断地提高撰写软文的创新能力，才能写出视角新颖的好软文。

通常茶叶产品在进行软文宣传时，往往会对茶叶的产地、品种和品质等进行详细介绍，但下面这篇软文却用一个煮茶叶蛋的故事来推广茶叶，但恰恰是这种独特的视角让用户对"牛肉"产生了兴趣，进而激发了消费者尝试购买的欲望。

有这样一则新闻：有一对夫妇，家里条件还不错，老公喜欢喝茶，有不少人给他送了很多茶。

一天，这家的女主人想给忙碌一天的老公煮几斤茶叶蛋，发现大多数茶叶的包装都很精致，就没敢用这些茶叶。她发现角落里有一包用牛皮纸包装的茶叶，于是就用这里面的茶叶给老公煮了一锅茶叶蛋。老公回来后，发现满屋香气飘逸，便问老婆做了什么，这么香。

老婆说为了犒劳他专门给他煮了茶叶蛋，可当老公看见茶叶蛋的时候立马脸色煞白，大喊："你怎么把我的'牛肉'当作泡茶叶蛋的辅料了，"老婆说："我没有用牛肉啊，我用的是茶叶，"老公满面愁容地说："这'牛肉'就是茶叶的名字，这是我特意托朋友买回来的，而且来之不易，你怎么这么不小心啊。"老婆不高兴了："我忙了一天给你煮茶叶蛋，你却数落我，如果你喜欢，你可以把茶叶捞出来，再泡啊。"这时老公缓缓地道出："牛肉"就是老茶客常说的武夷山牛栏坑肉桂，这种茶每斤起价就是 8 000 元，而且稀有异常，不是有钱就能买到的，这时老婆才恍然大悟，原来自己这一顿茶叶蛋花了有近万元，真是心疼啊。

## （四）生动有趣

软文要生动有趣，文章要好玩、优美。有些产品自身就带有一定的话题性，所以在撰写软文时比较容易找到"槽点"，如杜蕾斯的互联网话题营销；但也有些产品相对比较客观、严谨、古板，如一些科技类、商务类、财经类的产品，这时就需要通过软文赋予它一些趣味，让它显得有独特的创意。

广发银行为推出某款旅行产品，在公众号上发布了一篇题为"张伟，我要做你女朋友！"的软文，如图 11-4 所示。软文先由一篇名为张伟的小学生的作文开头，在这篇作文中，张伟提到了一次全家一起去香港的暑期旅行活动，其中他和爸爸还是免费旅行，接着软文围绕"香港免费旅行"这个内容而展开描述，最后，开始阐述其核心内容，即广发银行"游礼享"香港游开始报名，使这篇软文达到预期传播效果。

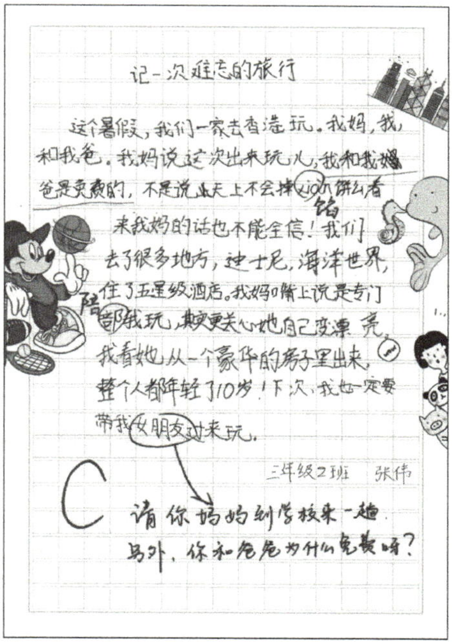

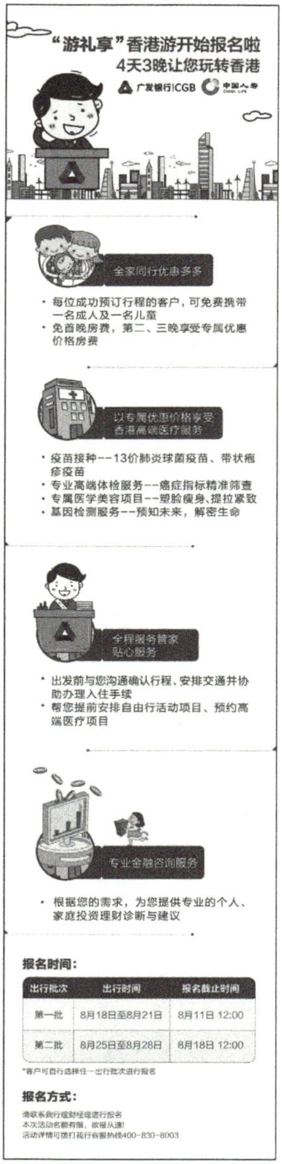

图 11-4　生动有趣的电商软文

## 四、电商软文的写作技巧

软文也是广告，所以也应该符合广告的一般特征，即切中用户需求，给用户传播知识。为了更好地打动用户，软文的撰写要遵循一定的技巧。

### （一）软文应满足用户需求

一篇好的电商软文要能使用户感受到产品的价值，所以文案创作者在策划撰写电商软文时要从满足用户需求的角度出发，要在软文中体现出产品的功能价值和品牌价值。

用户购买某个产品一定是为了解决生活、工作、学习等中的某项需求，撰写者要尽量突出产品最具优势的价值。下面是售卖松茸产品的一篇软文。松茸本身作为一种高档食材，并不被普通用户所熟悉，此时让用户了解它，并且心动购买，就是撰写者撰写软文所要达到的目的了。在这篇软文中，其标题"能吃到它要等5~6年，一年赏味期仅7天，谁让它是贵族食材呢？"用一系列的数字彰显了它的稀缺珍贵，之后又将松茸与热播电视剧中的蓝鳍金枪鱼相比，举例日本与松茸的故事，讲述其生长缓慢的原因……让大家真正了解松茸食材。这就充分满足了人们获取知识、解除疑惑的需求。

**能吃到它要等5~6年，一年赏味期仅7天，谁让它是贵族食材呢？**

在芸芸众生的食物界，
同样存在着残酷的等级划分，
有五毛钱的白菜，
也有"贵贵贵"的蓝鳍金枪鱼，
但是！万物有灵且平等，
每一份能入口的味道，
都是大自然的恩赐啊！
不过作为灵魂吃货，
本姑娘今天决定带大家见识点不一样
的好吃的，
蓝鳍金枪鱼有什么稀奇？

生长于高原密林的它，才是真正的
人间至味！
而且由于产量稀少，
真的是吃一口少一口啊，
听着就让人分外珍（想）惜（吃）
「密林深处的精灵」

身为天然药用菌，却因为全世界都不
可人工培植、
产量逐年递减、身价逐年上涨的是它；
被日本人奉为神菌，
每年高价出口到日本的也是它；

有缘不远千里从四川甘孜州雅江，全程 36 小时冷链来到本姑娘家的还是它。

它，

就是走过 7 000 年历史，号称菌中之王的——松茸！

从宋代起就被载入史籍的松茸，可谓是历史足够悠久的贵族系食材了。而且松茸是个慢性子又是个急脾气，生长期长达 5~6 年，但从破土而出到成熟只需要 7 天，过了 7 天的松茸就成了老松茸……

不再适合食用。

贵族系食材果然有贵族独有的脾气。用了那么长时间慢慢生长，却在破土而出后就要迅速老化的松茸，堪比昙花一现，你想不想尝上一尝？目前我国出产的松茸占世界松茸总产量的 70%，松茸对生长环境的要求极为苛刻，只能生长在无污染的高原原始森林中，中国松茸 70% 来自四川甘孜藏族自治州和阿坝藏族羌族自治州，其中四川甘孜藏族自治州雅江县更有"中国松茸之乡"称号。

## （二）多角度撰写软文内容

从不同的角度撰写的软文会产生不一样的效果。软文的写作切入角度很多，包括企业的角度、品牌的角度、创始人的角度、产品的角度、消费者的角度、第三者的角度等。电商品牌在进行品牌推广时，可以通过撰写不同角度的电商软文来达到吸引读者、宣传推广品牌、促成销售的目的。下面是电商品牌维吉达尼分别从创始人角度、产品角度、消费者角度撰写的精彩软文。

从创始人角度撰写的软文如下。

她不喜欢应酬
不喜欢人多的场合
不喜欢阿谀奉承
做任何事情，她先要过自己内心这一关
她大学毕业后坚持面试 50 家公司
最后进入华为工作
厌倦了大公司的氛围后
她辞职到新疆去做援疆志愿者
体验之前人生未曾有过的风景
结交了许多维吾尔族朋友

她参与了一次从来不敢想象的创业
甚至在怀孕期间都通宵值班客服
而这一切，他与她共同渡过

他们是同一所大学毕业
毕业后
他在一家国企——深圳晶报当记者
她在一家世界 500 强企业——华为做了行政秘书
原本结婚多年的夫妻

已经可以过上幸福美满的小日子

但是

2011 年

刘敬文从晶报辞职作为项目社工到喀
什工作一年，

张萍也辞职参与援疆志愿者
一起来到了从未涉足的新疆

她说："我从来没有想过要创业，可
是很多事情不是个人的意愿可以去左
右的。"

而能够让张萍鼓起勇气的，
是一种无形的需要，
农户和用户的需要，
创业团队的需要，
刘敬文和阿穆的需要。

从产品角度撰写的软文如下，如图 11-5 所示。

塔希老人告说，"对村里人来说，小圆枣就是命"。

新疆女人做月子，当阿妈的总爱拿晒干的小圆枣泡茶。热水里枣子泡得糯糯的，晒了一年的太阳都给泡到了水里，微微甜。

当地人日常饮食、煮粥，做手抓饭，也都习惯放上一些小圆枣。走亲访友，小圆枣就是最好的伴手礼。

阿瓦提乡卡鲁克村的大家，世世代代守护着这片古树林子，从好几百年前开始，就是这样了。

图 11-5  从产品角度撰写的软文

从消费者角度撰写的软文如下。

冬妈：

美食达人，坐标江苏

爱美食，善种植，有独特的生活见解

……

Q：你是如何认识维吉达尼的？

A：最初知道维吉达尼，是从《三联周刊》的一篇介绍阿克苏冰糖心的文章开始的，那时，未曾想到后来我与维吉达尼的这段故事。

当时的我不仅感受到了来自食物的吸引，更体会到了不一样的情怀，他们对食物的高标准要求和对农户的帮助包含了太多感情，让我很感动。但是因为水果是有季节的，还没有到冰糖心的上市时间，所以我关注了别的产品——新疆干果，也就是从那一次开始，我不断地尝试各种维吉达尼的商品，从干果到新鲜水果，甚至冰鲜羊肉，买得这么放心，是因为我知道前方的小伙伴们早已帮我们挑选了品质最过硬的产品。

在接下来的两年里，我成为了维吉达尼的忠实用户，我几乎尝试了每一种维吉达尼的产品，每一次尝试都只有惊喜，从未失望。高标准、好口感，已经是我为维吉达尼贴上的标签了！

两年里，我和维吉达尼的小伙伴们彼此熟悉，并且在群里分享了几次美食制作，在这里结识了更多爱生活的朋友们。

（三）用情感诉求打动读者

虽然软文越来越被电商品牌所认可，但真正能打动人心软文的并不是太多。在类型众多的电商软文中，情感式电商软文最容易打动人心，让用户产生共鸣。能抓住用户情感上的弱点，激发他们情感的可能是亲情、爱情、友情，也可以是乡情、爱国情……当电商软文描述的情感诉求点与用户的情感相契合时，就会让有相同或类似经历的用户感同身受并愿意主动转发传播软文。

下面是某款钢琴品牌用情感诉求打动读者的软文。

### 我的钢琴，我的梦，我的菲奥娜

我有一架钢琴，菲奥娜123C。

她是我的知己、我的"妹妹"。因为她的出现，让一直以来遥不可及的我的梦想有了承载的媒介。她静静地聆听我的心，然后为我而歌唱……

我曾经疯狂迷恋着《秋日私语》，一遍又一遍地听，幻想优美灵动的音符从我的指尖流泻。每当我走进音乐教室，教室窗边的那台老旧砖红色的钢琴就好像在呼唤我，那些黑白色的琴键仿佛是一颗颗磁石吸引着我去触碰……

在我20岁的那年，我犹记得那是一个微雨的早晨。我第一次走进那间有着淡淡木调香味的屋子，白格落地窗玻璃上沾着一滴滴雨珠，墙边靠着一架果色的钢琴，顶盖上铺着一方洁白的钩针顶盖罩，一只球形的玻璃器皿里养着我叫不出名字的水生植物。这一天，我成为了一名"大龄琴童"。

虽然我没有太多的时间去学习、弹奏，但每当手指触碰到琴键，整个人都会变得平静下来，任何压力和烦恼都可以抛之脑后。我很幸运，有一个耐心优秀的老师引我入门。在我学琴的日子里，那间不大却精致温馨的琴室就是我的乐园。

2013年9月的一天，是我22岁的生日。我刚回到家，看到一个大大的箱子立在客厅中间。爸爸站在一边微微前倾着身子看着，妈妈手上拿着吸尘器，嘴里还说着："师傅啊，这里弄干净了，就放在这里可以吗？"两个穿着工作服的陌生男子，此时正把那大箱子打开，一台酒红色的（其实是樱桃木色，当时不知道）钢琴静静地立在那里，身上还包着一些防磕碰的保护膜，但这些一点都不影响她的美！我半张着嘴，鞋子脱了一半。我妈看见了，带着半欢喜半埋怨的语气说："啊呀呀，你怎么今天回来得这么早，本来想摆好整理完给你个惊喜的。快来看看喜不喜欢！"

我甩掉一只鞋，另一只等不及脱掉，连蹦带跳蹦跶到钢琴前，傻笑着从摇盖摸到琴耳，从顶盖摸到琴腿，总之摸了个遍，现在想想当时的样子一定很傻。我爸看不下去了，"让两位小师傅把琴放好，你再摸个够好了，你别浪费人家时间呀！"我这才傻呼呼地退到一边。

我不知道我是怀着怎样的一种心情等到我的钢琴被放置落位的。只记得我妈说她和我爸爸都看得出我对钢琴的喜爱，希望我坚持下去，不需要我有什么成就，只要过自己想要的生活，快快乐乐就好了，独生子女很孤单，希望这台钢琴能成为我的"妹妹"。

这之后的日子里，每天我内心盛满对钢琴的热爱、对父母的感恩，跟我的"妹妹"菲奥娜钢琴一起努力。有时候弹得累了，就把摇盖合上，看着上门板亮光烤漆上映射出的我的脸；或者贴着琴键嗅嗅属于她的淡淡的木头的香味；又或者只用食指按下某一个琴键，听她柔美清润的声音……

感谢我的父母、感谢我的老师、感谢的我妹妹——菲奥娜钢琴（大多数时候我都叫她菲奥娜）。谢谢你们陪我、帮助我织一个梦。我和菲奥娜在一起，创造了一个只属于我们的世界，即便没有人知道，没有人欣赏……

（四）写作语言通俗化

一篇好的软文一定能被人轻松阅读并理解，语言的通俗化就是要能照顾到大多数阅读者的理解能力。电商软文的阅读者是普通的消费者，因此它要拒绝华丽辞藻的修饰，拒绝连篇累牍的描述，将思想和灵感通俗化、商业化、锐利化。如何做到通俗？尽量长话短说，尽量避免华丽辞藻的修饰，尽量用消费者熟悉的生活元素去说道理。

下面是京东公众号在 2017 年 5 月发布的一篇软文，仔细阅读后你会发现，这篇软文的写作语言十分通俗易懂，就像是一个邻家小弟在网上向你抱怨，这让消费者觉得既亲切、好笑，又默默了解了京东售卖智能冰箱这一宣传点。

求安慰 京东：

恩，没错，我们分手了……

还记得上回那个叮咚音箱吗？我当时想让"女票"一张嘴就能被吃的堵住嘴，然后我就寻思：家里多备点食材什么的呗，那就换个大点好点的冰箱呗，我就习惯性地在京东下单买了个智能冰箱，想着好好给"女票"做饭，结果，就是因为这个冰箱！我们分手了！！！对！冰箱！智能冰箱！

事情是这样的……

京东出的这款智能冰箱是全球首款全面应用大数据和人工智能的冰箱，并率先实现了厨房应用场景的全闭环体验。

听这名头是不是已经被吓到了？

它通过冰箱上的屏幕，可以个性化向用户推荐每天最新鲜最健康的水果和食材。还可以通过图像识别技术，了解用户冰箱内的食材是否新鲜、提示你哪些食物快要过期了。

看明白了吗？就是说用不着我了，什么该吃，什么不该吃，怎么吃，吃多少，哪些快变质了要赶紧吃，它都知道！比我知道的还具体，比我知道的还全面！这还没完！

不但如此，京东通过大数据分析还能帮助用户进行自动补货、一键下单购买。甚至语音交互、厨房智能电器联动、营养健康分析、膳食建议等功能都出现在这款智能冰箱身上。

到这我实在忍不了了，你说它能帮助她吃也就算了，这聊天、购买、营养专家、健康专家的活它全给包了！甚至家里缺啥它还会自己买！身为宇宙超级无敌玉树临风倜傥的她男朋友的我还有什么价值呢？

于是，我就越来越没地位，家里能和"女票"说得上话的只剩下冰箱和音箱，剩下的事，你们懂的……对，就是下面这个表情……

就是这么个玩意，京东智能冰箱，它能代替男朋友，科技太发达，入手需谨慎！这事真不是我骗你们，故事也不是编的，不信你看，这都上电视了，还是央视报道的……放个截图你们感受一下……

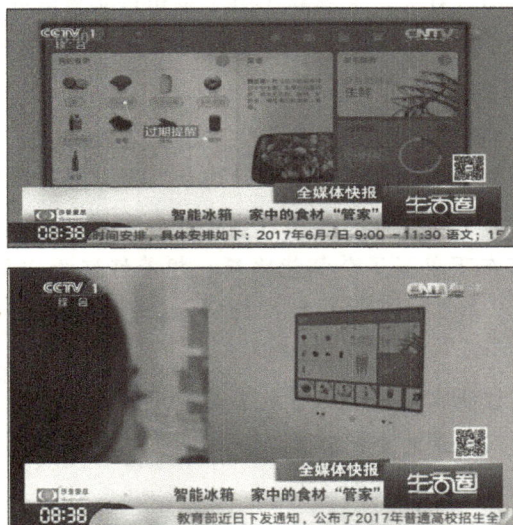

嗯，说完了，对了，我是来说我分手的事的，求安慰……

## 五、电商软文写作的注意事项

文案创作者掌握了撰写软文的技巧，并不意味着写出的软文就一定能促使消费者做出购买行动。软文在撰写和发布过程中有一定的"雷区"，商家一定要注意避开，如果不幸闯入"雷区"，则可能给自己造成损失，影响软文的推广效果。

### （一）保证软文内容的真实性

软文虽然与新闻不同，但也必须在真实性上下工夫，尤其是对产品或服务的描述部分，必须实事求是，不能进行虚假夸大宣传。如果消费者在阅读完软文后对内容的真实性产生怀疑，就会对电商软文介绍的品牌产生质疑。

### （二）合理安排软文的发布

软文的发布同样关系到软文的传播效果，发布的时机、渠道、方式等都会影响到电商软文的传播影响力。

从时间上来说，有些软文必须具有时效性，尤其是新闻式的电商软文。另外，不同的发布时间也会影响到电商软文的到达率、阅读率和转化率，商家发布软文时要尽量选择注意率高的时间，如每天的上下班高峰、午休和晚上等人们刷手机休闲的时间。

从渠道上来说，合适的网络平台渠道可以使软文推广达到事半功倍的效果。图11-6所示为某装修公司在地方论坛中的家居家装板块进行的软文发布。对有装修需求的用户来说，从论坛中获取相关装修信息是一种常用的方法，因此这个软文选择的发布渠道就很合适。

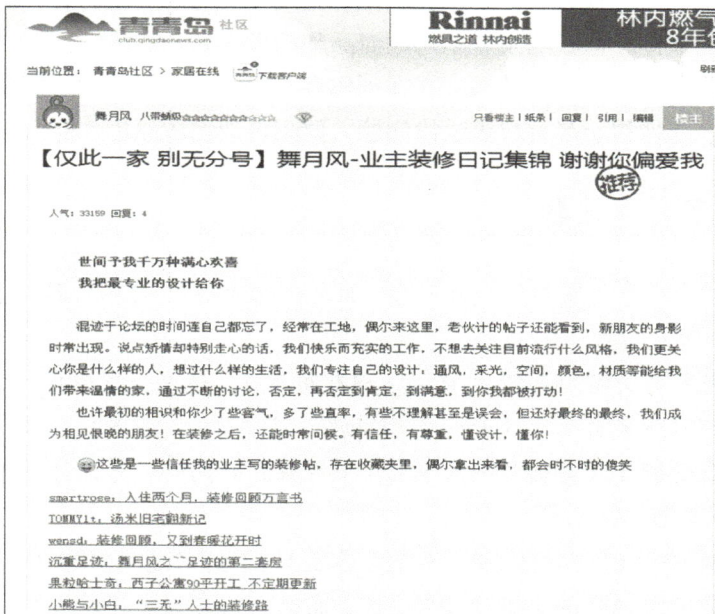

图 11-6   某装修公司发布在论坛中的软文

### （三）与其他推广活动相配合

在推广电商软文时，可以与其他推广活动相配合。任何一个行业、任何一家企业都不能单单靠一种推广方式宣传，必须做到整合推广，尤其是在新产品上市等这样的公关环节，必须要保证软文内容能快速发布在各类媒体平台上。可口可乐在推出酷儿饮料时采取的软文与推广活动相配合的推广方式便取得了成功。它在产品上市之初配合电视广告、线下活动刊发了一系列极具经典意义的软文，让广告业内人士大为叹服。

一篇软文可以作为新闻发布，也可以作为公众号文章发布，还可以作为论坛帖子发布。一篇优秀的软文可以多次利用，以充分发挥它的价值。

（四）规避法律与道德双重风险

软文是在网络时代极具杀伤力的营销利器，但这个武器同时也是一把"双刃剑"。在实际操作中，有些电商软文往往游走在一个比较模糊的灰色地带，让人们分不清楚其到底是新闻，还是公关稿，或是软文广告。

对企业来说，提高知名度是营销的目的之一，但也要把控好营销推广的"度"，如果推出与社会法律、社会主流价值观相背离的营销内容，就算短期吸引了读者的关注，但长期来看是对电商品牌的损害。

最后，需要特别指出的是，文案创作者在撰写电商软文时一定要注意不要触犯版权、肖像权、名誉权等法律问题，要积极地完成原创作品。

## 本章实操训练题

请结合本章所学知识，为下面这款卡西欧 TR600 自拍神器美颜相机撰写一篇故事型软文。

全新美颜功能 MAKE-UP Plus 拥有高画质，追求女性理想的肌肤呈现方式，可以设定自己喜欢的肤色和肌肤平滑度；在皮肤美颜处理上，除了单纯美白还能呈现更健康的肤色；在平滑肌肤的同时，也能让眉眼周围的立体感清晰呈现。

搭载 EXILLIM 引擎 HS Ver.3 高感度 1/1.7 的高速 CMOS 传感器和全新优秀光学特性的高灵敏度镜头；在昏暗的光线及逆光的情况下可以通过机身搭载的高光度的 LED 拍摄出美丽的照片，让自拍的画质更有质的飞跃。

# 第十二章
## 不同行业电商文案优秀案例剖析

电子商务行业繁多，不同的行业有其不同的特点。用最有效的方式、最准确的语言传递企业想要表达的完整信息，是电商时代下的营销出路。本章将常见的几种行业的电商文案优秀案例进行了归纳整理，通过剖析案例总结出不同行业电商文案的撰写技巧。

## 一、服饰行业的电商文案写作

一直以来，服装配饰类都是电子商务中的热门行业之一，也是各大电商平台中店铺数量最多的一类，竞争十分激烈。

服饰行业受流行因素影响较大，女性消费群体是其主流购买人群。电商文案的撰写目的就是提升转化率，让消费者看到文案后愿意购买，甚至自发进行品牌传播。对服饰行业而言，形成自身的文化风格，甚至引领时尚潮流，是其品牌推广的主要目标。

通常来说，服饰类店铺商品的详情页文案包括产品的设计理念、款式、材质、商品细节、颜色、实拍效果、洗涤方法、号码尺寸说明、包装、适合搭配的其他单品的链接及介绍等。

那么，文案创作者在进行服饰行业的电商文案写作时应该注意哪些问题呢？

（一）突出款式细节，阐明购买理由

在商品说明文案中，单一的面料说明已经不能完全满足大众的需求，消费者追求自然、舒适，能体现出目标群体需求的商品细节可以更具说服力，更能满足消费者的要求。

如图 12-1 所示，这个商品详情页将 T 恤的细节详细地展示给了消费者，如圆领设计、选用面料、版型剪裁、商标展示等。在服饰行业中，商家可以通过对产品细节的展示（包括产品的颜色、面料、设计、版型等）突出说明让用户进行购买的理由。

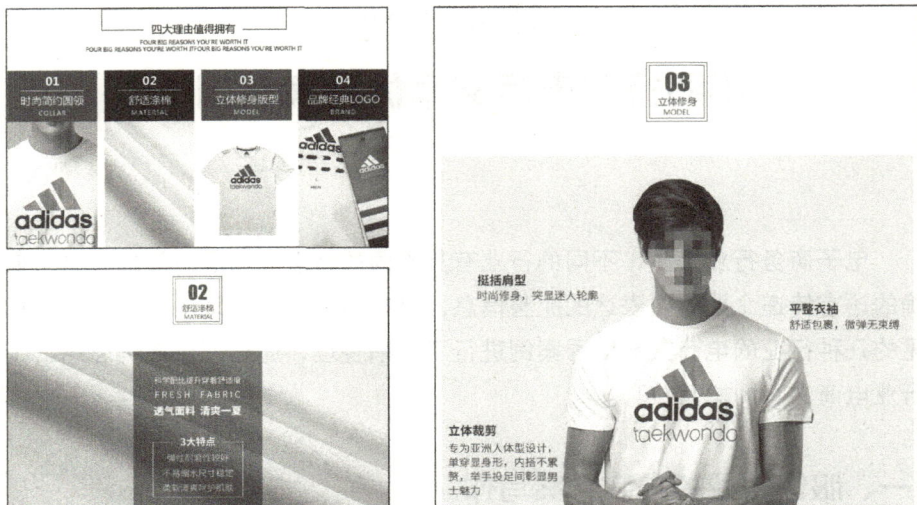

图12-1 服饰行业电商文案写作案例一

（二）表达品牌个性，彰显不同风格

服饰的风格代表的就是一种文化。越来越多的服饰电商品牌都在努力做出自己的风格特色，他们将网店的配图和文案与品牌风格相契合，塑造了整体的网店风格。图12-2所示为售卖某款美式复古风首饰的网店页面。

素缕服装旗舰店以文艺风为特色，为了突出品牌的这一风格，其产品的电商文案也十分具有文艺范。例如，其简单的文艺压褶针织开衫的文案如下。

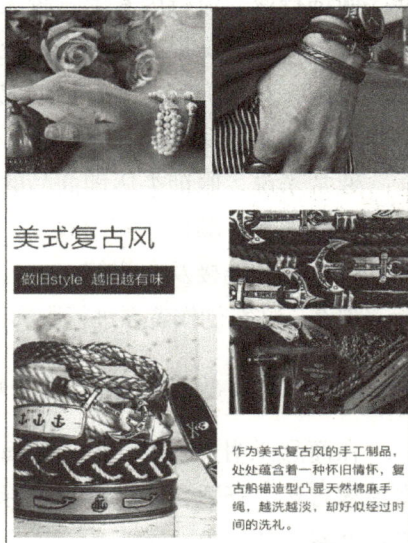

图12-2 服饰行业电商文案写作案列二

"着一件简洁的针织衫，走在并不熟悉的乡间小路，气定神闲，前面路漫漫，去探索，看新的世界，舒适，简单，优雅。"

其简单文艺镂空吊带背心的文案如下。

"做一件小背心，自己非常喜欢。前片衣身用了镂空织法，经过反复试穿，镂空大小和位置刚刚好，不会露，更多了一些腔调。"

图 12-3 所示为其简单文艺连衣裙的文案。

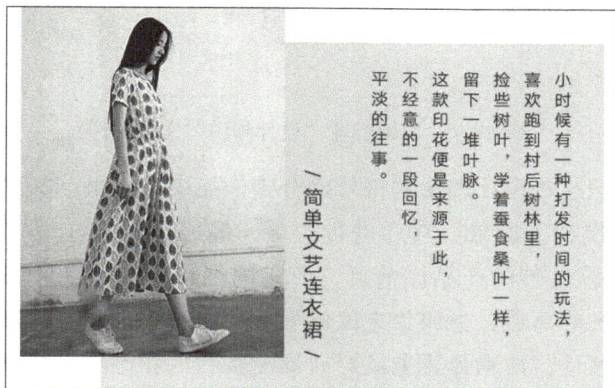

图 12-3　服饰行业电商文案写作案例三

当店铺中的文案与店铺整体的风格相映时，就可以大大提高商品的转化率。对于店铺来说，优秀的文案不仅仅要做文字功夫，还要用文字来引导销售，从产品名称到产品描述的整体定位和细节的详情展示，都要统一风格。例如，同一款式的连衣裙，但白色和红色风格迥异，此时文案创作者可以写出符合两种颜色的文案，起到引导买家购买的作用。

白色：清风，走在街道，熙熙攘攘，我的思维却在孤独中行走，陪伴我的唯有这一袭白棉，舞出了清风的曲线。

红色：烈焰，夜晚，霓虹灯下是另一个我，随性、张扬，这红色在黑夜中的反光，扎眼、明亮。

（三）设计师说，模特秀

当前许多服饰店铺在进行产品介绍时会设置"设计师说"文案。如图12-4 所示，设计师介绍产品设计背后的故事，一方面可以让消费者更好地了解产品所蕴含的设计理念，另一方面也增强了服饰品牌的独特设计感。

图 12-4　服饰行业"设计师说"文案案例

设计师要把这些设计理念的符号融合到作品中进行微创新，之后要做的就是输出产品、模特、场景，然后进行拍摄，最后用产品详情页呈现出来。图12-5所示为某款女鞋的产品详情页，商家把设计师说"岁月轮回，请允许我诗意地翻开时光的画卷，查阅你走过的岁月，洗尽铅华剩下的浪漫，花瓣、露珠聆听时间的倾诉，回溯你流光溢彩的浪漫旅程"和产品以及模特、场景完美地融合为一体，凸显了该产品的品牌个性。

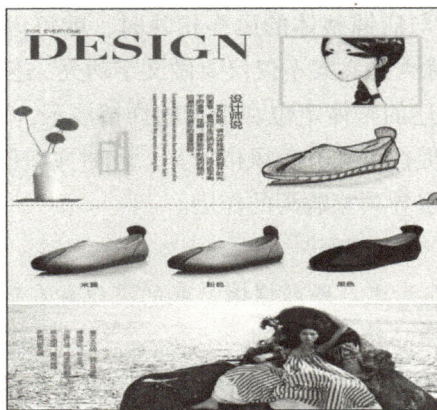

图 12-5　服饰行业电商文案写作案例四

（四）网红实拍展示，口语化表达试用体验

近年来伴随网红经济的兴起，诸如张大奕"吾欢喜的衣橱"等网红网店纷纷得到消费者的追随与热捧。这些网店以售卖女装服饰为主，通过实拍模特展示穿着效果，图片清晰，美感十足，很能吸引买家的注意；再配以口语化的试穿试用体验描述，直接将吸引来的用户转化为购买者。

图 12-6 所示就是这样的服饰文案，很容易吸引年轻目标消费群体的注意。

图 12-6　服装配饰行业电商文案写作案例五

## （五）贴心的尺码介绍和服务随文

服饰类行业中比较重要的一个产品描述部分在于尺码的介绍。消费者通过网络购买服饰类产品，不能进行亲身试穿试戴，因此就需要商家对尺码进行详细介绍，以便消费者选购到适合自己身材的产品。

尺码的介绍形式很多样，图 12-7 所示的尺码介绍一目了然，整齐清楚，比起文字描述看起来不会那么疲倦，这会让买家感受到店家的贴心，从而提升对品牌的好感度。

人工测量误差1-2厘米左右，敬请谅解！

女款尺码表

| 尺码 | 衣长 | 胸围 | 下摆 | 肩宽 | 袖长 | 袖口 |
|------|------|------|------|------|------|------|
| S | 59 | 102 | 78 | 40.5 | 58 | 18 |
| M | 60 | 106 | 82 | 41.5 | 59 | 19 |
| L | 61 | 110 | 86 | 42.5 | 60 | 20 |

男款尺码表

| 尺码 | 衣长 | 胸围 | 下摆 | 肩宽 | 袖长 | 袖口 |
|------|------|------|------|------|------|------|
| S | 68.5 | 100 | 86 | 44 | 62 | 19 |
| M | 69.5 | 104 | 90 | 45 | 63 | 20 |
| L | 70.5 | 108 | 94 | 46 | 64 | 21 |
| XL | 71.5 | 112 | 98 | 47 | 65 | 22 |

图 12-7　服饰行业电商文案——尺码说明

此外，文案创作者还可以撰写一些"衣物的护理""服装的穿搭建议"等服务随文，这也有利于促成最终的销售转化。图 12-8 所示为某服装品牌撰写的洗涤保养说明文案。

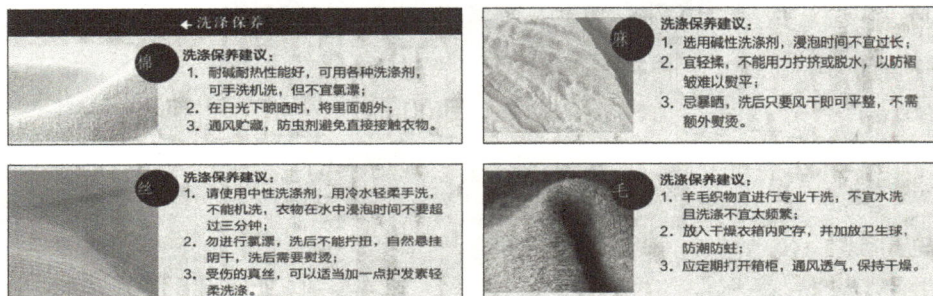

图 12-8　服饰行业电商文案——洗涤保养说明

## 二、个护化妆行业的电商文案写作

根据天猫美妆联合第一财经商业数据中心（CBNData）发布的《2017 中国美妆个护消费趋势报告》，目前已有超过 3 000 个美妆品牌在天猫开设了旗舰店，全球九大美妆集团都已入驻天猫，其中宝洁、上海家化、联合利华这种主打日化快消类产品的集团已实现旗下品牌在天猫商城的 100% 入驻率。个护化妆行业早已成为电子商务中非常重要的一个行业市场。

同服饰行业一样，个护化妆品类的主流购买人群仍是女性群体。无论是家庭日化产品，还是个人护理产品，都是以女性消费者为主，化妆品类更是如此。因此，个护化妆行业在进行电商品牌推广时就要定位不同女性消费群体对产品的需求，有针对性地撰写出适合不同女性消费群体的电商文案。

通常来说，个护化妆品店铺的商品详情页文案包括产品功能、配料、商品细节、试用效果、产品实拍、使用方法、包装、适合搭配使用的其他单品的链接及介绍等。

那么，文案创作者在撰写个护化妆行业的电商文案时应该注意哪些问题呢？

（一）与品牌个性相符合的文案风格

许多个护化妆品牌的定位非常符合广大女性消费者的心理需求，在进行文案撰写时，文案创作者只需撰写出与品牌个性相符合的文案内容即可。百雀羚产品作为国货护肤产品的代表，其品牌本身就以中国传统、崇尚自然为特点，其产品的文案如图 12-9 所示。

这篇文案的风格就非常符合其品牌个性。

图 12-9　个护化妆行业电商文案写作案例一

图 12-9　个护化妆行业电商文案写作案例一（续）

**（二）突出产品功能，满足消费者需求**

消费者购买个护化妆类产品一定有其自身的需求，因此从清洁、防晒、美容、保养等关键词出发，就可以实现直击消费者需求的效果。在进行电商文案撰写时，文案创作者不妨将产品的功能作为核心主题进行推广宣传。例如，玉兰油防晒霜的文案内容如下。

> "既要修护又想防晒
> 怎么才能快捷有效？
> 面对肌肤重重问题
> 细纹 干燥 暗沉 晒黑
> 你能 1 瓶改善！"

这样的产品描述文案牢牢抓住了广大女性消费者的心理需求，让消费者通过文案直接了解产品的功效，从而产生购买欲望。

**（三）强调产品品质，打动消费者**

个护美妆用品种类繁多，若想突出重围，被消费者记住并认可，就要强调产品的品质。商家可以通过产品的成分或展现产品的细节来表现产品的品质，也可以通过明星代言为产品的品质背书。

如图 12-10 所示，这款产品通过图片向消费者展示了其自身富含多种植物纤维的特点，突出了"细致嫩滑""净透"的产品特征，满足消费者"补水"的功能诉求，同时"真材实料、水感一触即发"的文案用语也使人印象深刻。该产品还请到颇具人气的演员刘昊然为代言人，"鲜补水"与"小鲜肉""鲜鲜联合"，让消费者能够联想到自己使用后的效果。

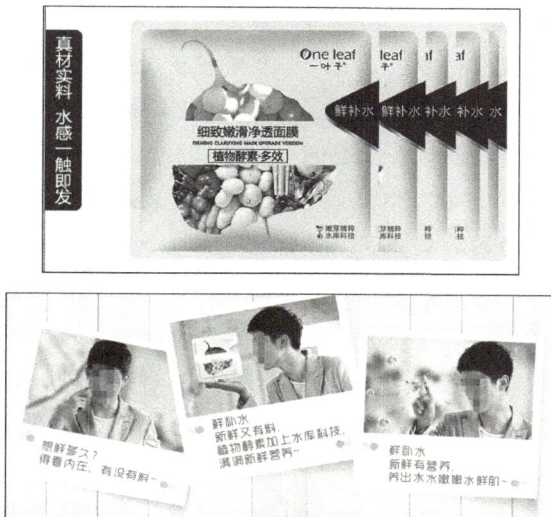

图 12-10　个护化妆行业电商文案写作案例二

"明星不老容颜背后的神器",看到这样的产品描述文案,买家会对产品充满信心,产生购买欲望。不难看出,当在文案中使用描述产品高效品质的词语时,读者也会增强对产品的信心,从而增加转化。

（四）将产品置于使用场景,贴近用户生活

纯粹描述产品的好处难免会让消费者感觉比较空泛,文案创作者可以将产品置于使用场景进行描述,贴近用户生活,这样很容易让消费者有代入感,联想自己使用该产品的场景,从而激发消费者的购买欲望。

图 12-11 所示为某款知名品牌的卸妆水产品文案,其文案中的"带妆一整天""PM2.5""一片化妆棉一抹即净"等描述文字都会让用户在阅读时产生代入感。

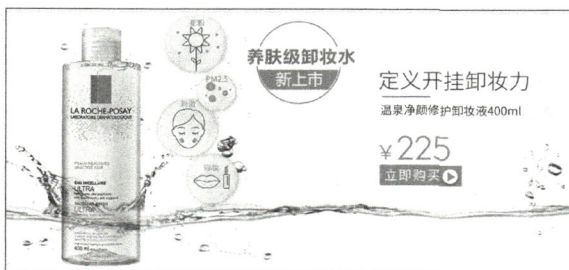

图 12-11　个护化妆行业电商文案写作案例三

轻松点
卸妆的方式轻松点

最近有款卸妆液在美妆圈风头正劲啊
教科书般的"净""护"双修
我已经听到泉粉的应援声了
是的，TA 就是
理肤泉温泉净颜修护卸妆液

大写的安心好用
小编敲小黑板求关注

1
首先 TA 承包了多个"小技能"
一款能卸除 PM2.5 的卸妆水
整日游走在雾霾"仙境"的小仙女们
带妆一整天下来肌肤难免附着 PM2.5
颗粒、粉尘
自然会给肌肤增加不小的负担
你需要可以彻底清理脸上杂质的一款
卸妆水
BUT
不少敏感肌的小仙女在卸妆时会担心
过度的擦拭会给肌肤造成更多负担
但是使用理肤泉卸妆液无需担心
因为

有效清洁　一抹即净
用理肤泉这款卸妆水就不必担心哟～
1 片化妆棉就可以达到卸妆净颜的效
果哦
卸妆效果是实验室亲测，也算是卸妆
界的优等生

2
如果理肤泉的使命是
造福敏感肌
那么，这款卸妆水
在养护肌肤上怎么会输
TA 是一款养护肌肤的卸妆水
蕴含理肤泉温泉水
可以温和舒缓肌肤敏感期间的不适感

总结下来就是
卸得干净＋质地清爽＋温和不刺激＋
水润保湿

"安利"了这么多
小编只想问
除了理肤泉卸妆水
谁能成为你的卸妆刚需
又是按捺不住要剁手的节奏啊……

（五）使用方法介绍要简洁易懂

　　个护日化类产品的电商文案中往往还会介绍使用方法。文案创作者在撰写这一部分时要尽可能站在用户的角度，用最简洁易懂的方法告诉消费者应如何使用产品。图 12-12 所示为某防晒产品的使用方法介绍。

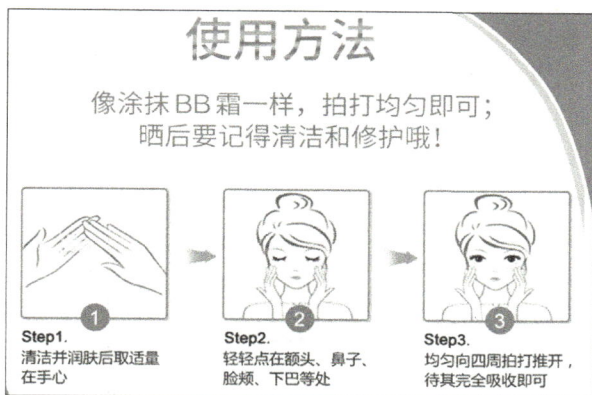

图 12-12　个护化妆行业电商文案写作案例四

## 三、手机数码行业的电商文案写作

曾经辉煌的 3C 数码卖场近年来不断传出撤店、关停的消息，相较于实体数码广场的冷清，拥抱互联网，将产品搬上电子商务平台，已成为众多企业的选择。再加上智能硬件成为消费市场上大热的领域，手机数码行业已然成为电子商务中一块重要市场。

伴随智能化手机终端设备的日益普及，手机数码行业成交量稳步上升，其主要消费人群以年轻人为主。

通常来说，手机数码类产品以科技为依托，其推广更适合使用理性诉求式的广告文案，以及独具特色的评测式文案。此外，手机数码行业的宣传期主要集中在新品上市阶段，其商品的详情页文案主要包括产品的设计理念、功能、材质、商品细节、颜色、实拍效果、包装、适合搭配的其他单品的链接及介绍等。

那么，文案创作者在进行手机数码行业的电商文案写作时应该注意哪些问题呢？

### （一）描述产品特征，突出特有功能

手机数码产品受科技因素影响较大，更新速度很快，因此在进行文案撰写时，文案创作者可以将重点放在描述产品的特征上，或是产品外观、产品功能上。例如，金立 S10 手机的文案对手机的外观进行了如下的描述。

轻薄时尚 有美皆备
它在设计上融入了大量流行曲线元素
优雅的弧形中框
圆润倒角，握持在手心，有一份难得的舒适感
2.5D 弧面玻璃，似盈而不溢的水滴，圆润中蕴藏张力

再如华为麦芒 5 手机，其手机拍摄功能具有三大特点，商家为给消费者重点推介了该产品拍照一功能，其文案内容如下。

不错过今晚的美丽，经典再升级

拍摄之美怎能只定格在白天？ HUAWEI 麦芒 5 采用 1 600 万像素 BSI 摄像头，搭载三轴光学防抖马达，智能弥补长时间曝光带来的抖动影响。即使在暗光、弱光环境里，也能留住美好！

这一拍，快而美

16M 摄像头采用 SONY IMX298 传感器，更多的感光面积（相比麦芒 4，感光面积增加 23%，动态范围增加 20%）带来更好的亮度和色彩细节，把你拍得更美。同时两种对焦方式协作的混合快速对焦，有效提高对焦速度和精度，0.3 秒定格精彩瞬间。更支持 4K 高速摄像，让动人心魄的真实都在细节里栩栩如生。

美颜自拍，自信表达

HUAWEI 麦芒 5 与国际专业化妆师合作出品美妆 2.0，一键切换 8 种模板。进一步优化自拍，预置粉底、唇彩、腮红等 11 项内容，让你美出自信。更升级美颜 3.0，提升瘦脸、亮肤、大眼、亮眼等功能，用科技绽放美丽。

（二）创意文字可以激发用户好奇

下面这个案例是 2015 年魅蓝 note2 手机新品发布时的五张倒计时海报，虽然最后一张海报调侃小米和凡客时用力过猛，遭到网友批评，但前四张海报以价格"便宜"为卖点，用赤裸裸的数字呈现出其价格优势。文案一旦引起了消费者的好奇心，自然就有了与产品的隐性互动。在这篇文案中，各种争议性话题在文案发布后引起了网民的关注和讨论，这无疑再一次激发了用户的好奇并形成了互动传播。

还剩 5 天：一台 iPhone6 的价格减去一台魅蓝 note 的价格等于一场京都红叶之旅。

还剩 4 天：一台三星 Note4 的价格减去一台魅蓝 note 的价格等于游戏"英雄联盟"的皮肤压制。

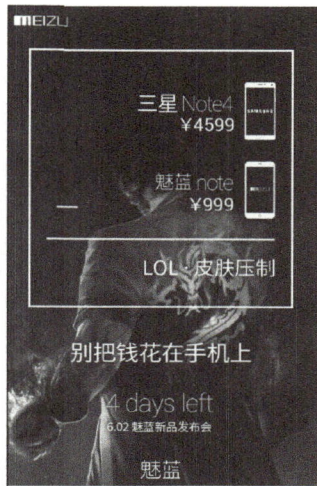

还剩 3 天：一台华为 P8 的价格减去一台魅蓝 note 的价格等于一辆 Louis Gameau 单车。

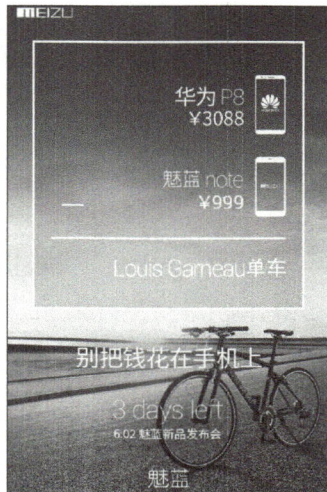

还剩 2 天：一台锤子 T1 的价格减去一台魅蓝 note 的价格等于一幅铁三角 ES700 耳机。

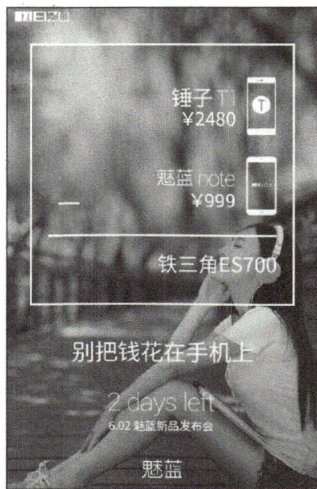

还剩 1 天：一台魅蓝 note 的价格减去"糙"手机等于烦客。

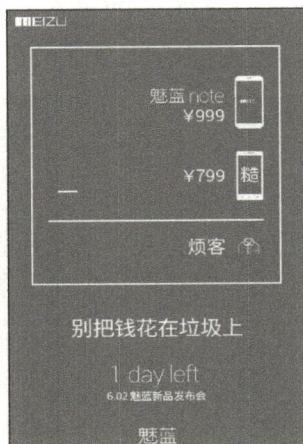

## （三）品牌风格要始终一致

锤子手机的金句文案"漂亮得不像实力派"，自提出之日就引得了许多人的关注和好评。其电商海报也始终风格一致，符合品牌个性。

选用了能代表"漂亮得不像实力派"这句广告语的三个著名人物，海蒂·拉玛、温斯顿·丘吉尔和海明威，用他们的传奇人生故事作为文案，阐述了品牌个性"漂亮得不像实力派"，如图 12-13 所示。

图 12-13　手机数码行业电商文案写作案例一

能写诗，能跳芭蕾

能十六岁走上大银幕

还能十八岁出演人类历史上第一部全裸戏

能以烂演技在好莱坞颠倒众生

能在演烂戏之余从事通信领域的科研工作

还能在几十年后被称为 CDMA 之母

她的名字叫海蒂·拉玛

能当首相

还能提名诺贝尔和平奖

能写书，能让书畅销

还能以畅销书获得诺贝尔文学奖

能胡吃海塞，能一生抽掉 3 000 公斤雪茄

还能活到 91 岁

他的名字叫温斯顿·丘吉尔

能去非洲狩猎

能在海上捕鲨

能上战场立功

能凭一本小说获得普利策奖

还能凭一本小说获得诺贝尔奖

能在飞机失事后大难不死

能在几天后飞机再度失事时再次大难不死

还能在经历无数次死里逃生后一枪打死自己

能被毁灭，但不能被打败

他的名字叫海明威

## （四）文案要符合年轻人的表述方式

图 12-14 所示为一则标题为"WO 是投影仪"的电商文案，文案选用了当前年轻人经常使用的网络词汇，如"打怪""打 BOSS""蜗居"等，从第一人称的角度向用户介绍了这一款新的科技产品。

图 12-14　手机数码行业电商文案写作案例二

## （五）反其道而行的感性诉求文案

手机数码类产品的文案多以理性诉求类电商文案为主，目的是增强产品的科技感。感性诉求式文案就像是科技产品电商文案中的一股清流，有其特立独行的风格，也取得了不错的传播效果。

图12-15所示为某款相印机文案，由于该产品的目标消费群体为年轻女性群体，因此商家在进行文案宣传时反其道而行之，选择了感性诉求文案，该文案讲述了布朗熊和可妮兔的爱情故事，而贯穿其中的恰恰是这款产品，这个可爱萌趣的故事给人留下了深刻的印象。

图12-15　手机数码行业电商文案写作案例三

LG趣拍得POPO相印机

这是我们的爱情故事——可妮兔

遇见

第一次见到他的时候

他木讷、不苟言笑，却也心地善良，

踏实稳重

惊喜

或许是知道我喜欢自拍

他送我一个小小的礼物——趣拍得手

机照片打印机

造型居然是他傻傻可爱的脸

圆润可爱，手机一样大小，装在包里拿在手里几乎没有重量，随时随地都

可以记录打印开心的瞬间

魔术

他总是会创造惊喜，时不时地"吓我

一跳"

偷偷躲在角落，让打印机忽然打出我

的照片

链接蓝牙即可打印

摇动打印

他说要给我表演新学的"街舞"

不过是拿着手机笨拙地摇来摇去，转眼却给我一张我的美照

使用 LG 趣拍得专属 App，轻摇手机，即可打印

分享幸福

木讷的他，却也知道我的"小心思"，为我定制的智能 App

可以美颜、修图、拼图，每一张照片都可以分享到我的朋友圈

自带分享功能，可分享到微信、微博等社交软件，满足晒图狂魔的需求

在"1"起

他向我求婚了

用了整整 999 张照片，从相遇、相识、相知，到相爱

都是趣拍得打印记录的美好时刻，ZINK 无墨相纸打印技术，相纸小巧可粘贴

放进钱包、制作相册，照片效果好，可长时间保存

## 四、食品生鲜行业的电商文案写作

民以食为天，食品行业在电子商务中占据着重要份额。近年来伴随物流、仓储、冷链的日益完善，生鲜电商随着电子商务的发展大趋势而快速发展，加上国家推动许多地区的农业经济项目发展，将当地的农产品利用电子商务平台进行销售成为许多贫困地区的脱贫项目。

食品生鲜行业的主流购买人群为年轻消费群体，庞大且快速增长的城市化人口、消费升级后的人群都为食品生鲜电商提供了巨大的发展空间。

通常来说，食品生鲜店铺商品的详情页文案包括产品的口味、产地、成分、商品细节、颜色、实拍效果、包装、适合搭配的其他单品的链接及介绍等。

那么，文案创作者在进行食品生鲜行业的电商文案写作时应该注意哪些问题呢？

（一）突出原产地，提升产品的文化感

如图 12-16 所示，这款产品从命名到文案撰写都以"皇妃"作为卖点，还突出了产品的原产地来自"三代皇后的故乡"吉林，并用经纬度对其原产地进行

图 12-16　食品生鲜行业电商文案写作案例一

了精准的定位：北纬 42° 31′ ~44° 40′，东经 125° 40′ ~127° 56′。文案中的文字"千年龙脉孕育米之精华，米农匠心雕琢皇家贡品""米中贡品，来自皇后之乡"，使该产品充满历史文化感。

## （二）绘声绘色描述滋味

消费者购买食品的目的就是满足食欲。对食品而言，味道的好坏极其重要，事关产品的销量。因此，文案创作者就要用丰富的文字描述出食品的味道。如图 12-17 所示，文案创作者把四梅的口感滋味描绘得有声有色，使读者在阅读过程中就好像亲自品尝了这款产品一样，会留下深刻的印象。

图 12-17 食品生鲜行业电商文案写作案例二

四梅碰撞 甜在心头　　　　　嘉应子：清甜味美的嘉应子
舌尖酸甜 怦然心动　　　　　　　香甜肉厚，富有余味

话梅：经典的话梅　　　　　　邀梅子来一场恋爱！
回忆中熟悉的味道　　　　　　　恋上闲暇，爱上吃梅
想起就忍不住咽口水了

　　　　　　　　　　　　　　　酸甜的杨梅，那是暗恋的味道；
蜜梅：柔软肉厚的蜜梅　　　　咸咸的话梅，也许是眼泪的坠落；
添加蜂蜜腌制　　　　　来一颗蜜梅，体会热恋的甜蜜；
甜蜜如热恋　　　　　品味嘉应子，余味久久，回归生活的
　　　　　　　　　　　　　　　　　　　韵味。

杨梅：酸甜可口的杨梅
恰似暗恋般酸甜　　　　　　　青青梅子已添肥
　　　　　　　　　　　　　　　竹马何时绕床来

## （三）搭时令，蹭热点

青团作为我国南方春季的一种专属糕点，近年来成为消费者争相购买的网红食品，其广告语"春天的味道"，让人心动不已。商家新近推出的樱花团再次让人体会到时令食品的新鲜与浪漫，如图 12-18 所示。

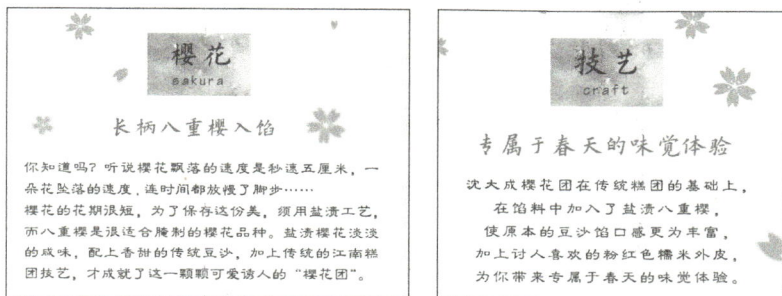

图 12-18　食品生鲜行业电商文案写作案例三

此外，在电视剧《伪装者》热播之际，该品牌及时捕捉到与产品相关的台词，并将其运用到网店文案中，该文案一方面与热点结合引起话题，另一方面体现出产品的知名度及历史悠久感，效果很好，如图 12-19 所示。

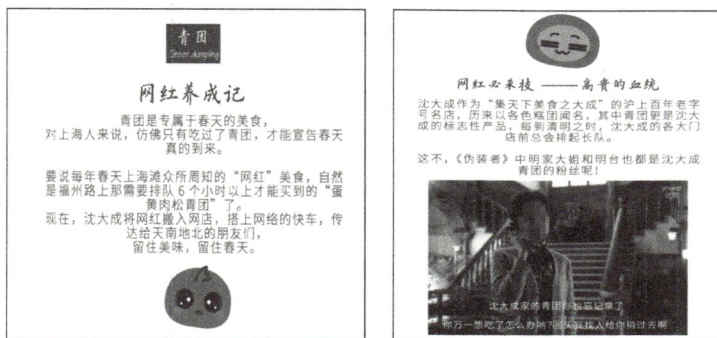

图 12-19　食品生鲜行业电商文案写作案例四

## （四）引经据典，探寻美食背后的故事

京东特产馆开业之初的广告创意十分有特色，将各地典型特色美食的介绍以报纸版面的方式进行宣传介绍，如图 12-20 所示。各类美食的特点、典故、制作工艺等都是可以展开描述的内容。用讲故事的方法介绍美食比较容易吸引消费者的注意。

图 12-20　食品生鲜行业电商文案写作案例五

（五）保存及食用方法的用心介绍

在食品生鲜类电商文案中往往还要添加保存及食用方法的介绍文案。在这部分文案中，文案创作者需要用最简洁易懂的方法告诉消费者如何保存和食用食品，可以结合产品特征有所创新。图 12-21 是商家对百香果的保存和芒果食用方法的用心介绍。

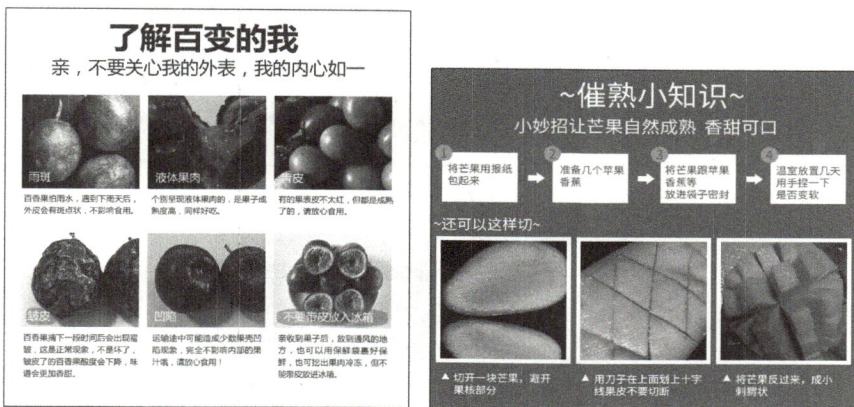

图 12-21　食品生鲜行业电商文案写作案例六

## 五、母婴玩具行业的电商文案写作

随着"85后""90后"年轻一代的崛起，本是中国主力网络消费者的他们已到了为人父母的年纪，孕育观念和消费行为的升级使互联网母婴市场发展迅速。从信息内容服务到工具服务，再到母婴电商、跨境购物和大母婴产业的O2O服务，用户诉求正在倒逼母婴产业朝规范化、品质化、标准化发展。

母婴玩具类电商以妈妈群体为切入点，以母婴商品为主要售卖品类。与其他行业相比较，该品类更注重产品的安全性及未来趋势性。

通常来说，母婴玩具类店铺商品的详情页文案包括产品的设计理念、款式、材质、商品细节、颜色、实拍效果、适用的年龄、尺寸说明、包装、适合搭配的其他单品的链接及介绍等。

那么，文案创作者在进行母婴玩具行业的电商文案写作时应该注意哪些问题呢？

### （一）强调产品优质安全

由于消费者对此类产品的品质要求普遍偏高，母婴玩具行业的文案创作者在进行产品描述时，可以突出产品的优质安全，通过介绍产品的品质满足消费者的需求。例如，在婴儿辅食米粉的成分描述页中，文案创作者阐述其中含有的都是安全的成分——大米、益生菌、维生素，并说明均衡全面的营养搭配能给宝宝补充全面的营养需要，保障宝宝身体的正常发育，促进宝宝健康成长，进而吸引消费者的关注。

图 12-22 所示为一款苹果泥的介绍，该产品主打有机、健康、天然、无任何添加剂和色素。有机农场里阳光明媚，绿草茵茵，水质天然。文案也强调了产品严格的生产程序，精心的营养搭配，独有的双重检测认证标准。

图 12-22 母婴玩具行业电商文案写作案例一

再如下面这款奶粉的文案，也是通过介绍奶源产地的高品质、奶牛饲养的严格专业等来体现奶粉产品的安全、天然、优质等特点。

都说奶源好奶粉才会好　　　　　新鲜直取皇家第一道奶源

皇家美素佳儿的牧场圈　　　　　　全脂牛奶入料

环境优美，空气水源安全无污染　　突破性自然保护配方

严格管理，专业奶农，精心喂养　　助力宝宝全方位发展

对奶牛的草料和饮用水进行严格把控　　皇家品质

保证高品质牛奶的产出　　　皇家奶源就要有皇家的品质

科学配方 丰富营养　　　　　　望、闻、品、泡

宝宝一试便倾心

宝宝喜欢，妈妈也放心

解密皇家第一牧场

位于北纬53° 荷兰黄金牧场圈

环境优美，气候适宜，空气水源安全

无污染

优质奶源

## （二）以情动人，打动父母的心

母婴玩具类产品采用情感诉求式文案往往会取得不错的传播效果。这类文案能拉近品牌与消费者之间的关系，提升消费者对电商品牌的好感度。图12-23所示为某奶瓶电商在其官方旗舰店发布的文案——"传递万千妈妈的爱恩诺童万千妈妈的选择"。

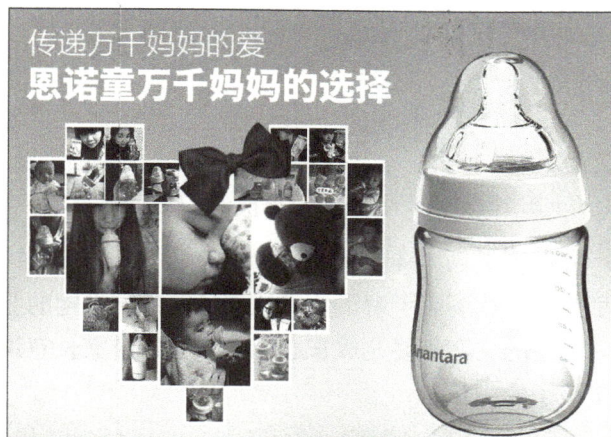

图12-23 母婴玩具行业电商文案写作案例二

该文案为图文结合的方式，其文字部分简洁有力，戳中"妈妈对孩子的爱"这一点，再配以由妈妈喂孩子奶水的照片而组成的心形照片集，突出了产品的使用场景，体现了母亲对孩子的爱意。

## （三）明确产品带给孩子的益处

母婴玩具产品主要围绕孩子进行设计与销售，因此其文案要体现出这款产品能给孩子带来怎样的益处。图12-24所示为某款玩具的文案。

### 费雪益智玩具声光安抚海马DGH82- 蓝色

用可爱的声光"小海马"来陪伴睡前哭闹的宝贝；渐暗式光线帮助宝宝更

快入眠；用音乐和大海的声音安抚宝宝；舒适手感，安全卫生，便捷拆洗。

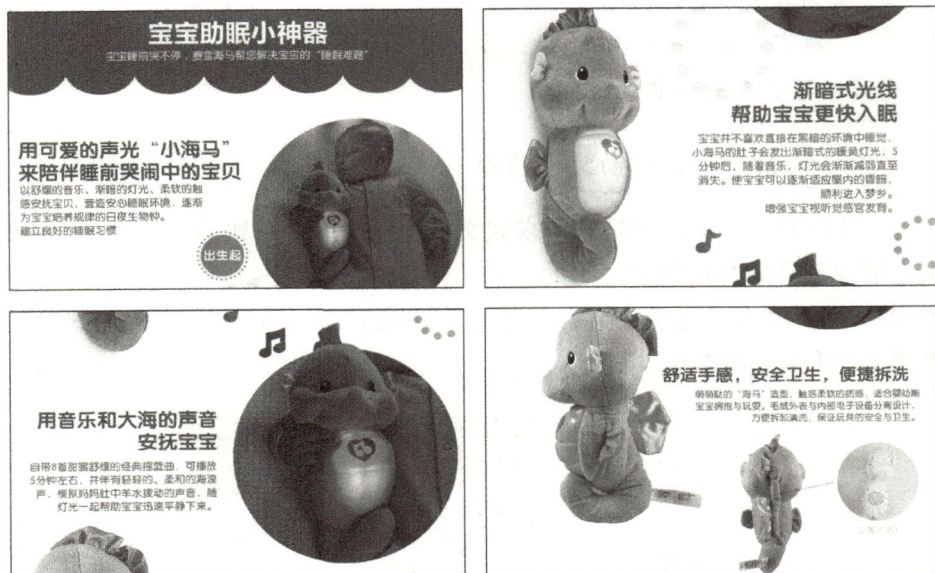

图 12-24　母婴玩具行业电商文案写作案例三

该文案对产品进行了较为详细的介绍，通过"安抚""陪伴""帮助宝宝更快入眠"等文字描述，让买家了解了使用该产品能带给宝宝的益处。

再如，某款奶瓶的文案从婴儿成长心理学入手，让家长意识到选购一款合适的奶瓶有利于孩子的成长。

睡天使　醒恶魔

宝宝调皮捣蛋，充满好奇心，开始有自己的选择意识，为宝宝精心打造——小饿魔奶瓶系列！

德国设计师团队，历时一年时间，与专业育儿专家交流育儿经验及婴幼儿心理学，终于打造出这款集时尚、功能、有趣于一体的小饿魔奶瓶。

（四）补充介绍与孩子相关的知识

母婴玩具类产品可以通过辅助介绍一些与孩子相关的知识，体现电商品牌对孩子的关爱，从而让消费者产生阅读兴趣，吸引用户停留在网店内。

图 12-25 和图 12-26 分别介绍了宝宝得了尿布疹后的护理方式以及宝宝发展的 12 个关键要素，这能够吸引有知识需求的父母注意，从而产生购买欲望。

图 12-25　母婴玩具行业电商文案
写作案例四

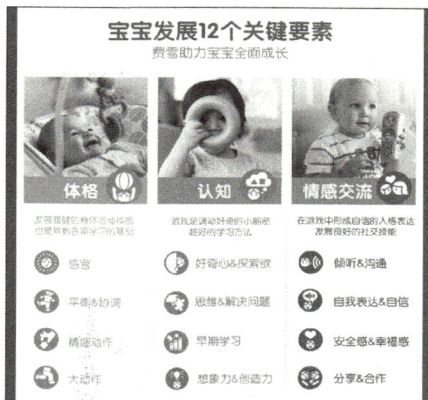

图 12-26　母婴玩具行业电商文案
写作案例五

## 六、家电家居行业的电商文案写作

家电家居行业的线上渠道可谓发展迅速，网上购物的消费方式也越来越被消费者所认可，线上渠道也成为每个制造业不得不重视的一个渠道。当物流、安装、售后、维修等一系列问题都得以解决后，越来越多的年轻家庭倾向于在网上购买家电家居产品。

家电家居市场消费群体年轻化特点显著，其中"80后""90后"已成为家电产品的主要购买者。作为核心用户群体，他们更注重科技、时尚与生活方式的结合，注重产品性价比，以及多元的精神需求。

通常来说，家电家居行业的电商文案应以突出方便家庭生活为主题。家电家居类店铺商品的详情页文案包括产品的设计理念、款式、材质、功能、商品细节、颜色、实拍效果、尺寸说明、包装、适合搭配的其他单品的链接及介绍等。

那么，文案创作者在进行家电家居行业的电商文案写作时应该注意哪些问题呢？

### （一）明确主题，形成系统

家电家居行业产品种类十分丰富，一些产品具备多项特征，因此文案创作者在进行产品介绍时应明确文案主题，进行系统化的宣传。例如，奥克斯空调倾国系列（见图 12-27）的文案主题为"奥克斯空调臻爱在一起"，其产品详情页依次从相遇、相识、相知、相守四个部分展开，从外观、产品性能、操作、辅助功能四个角度系统化地介绍了该产品的特点。

如图 12-28 所示，文案创作者在介绍该产品 30 秒速冷功能时使用了具象化的语言文字，用"就喝了杯水，房间就凉爽了；看完一篇文章，房间就暖和了"来体现产品的特征。

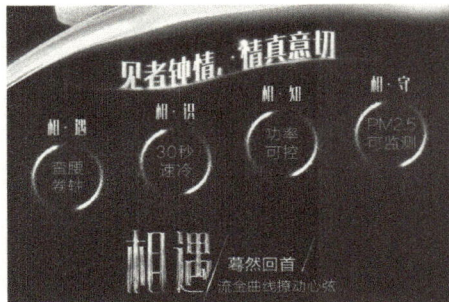

图 12-27　家电家居行业电商文案
写作案例一

图 12-28　家电家居行业电商文案
写作案例二

## （二）赋予产品以"家"的温情

家电家居类产品都是在家庭中使用的产品，因此文案创作者在撰写文案时可以赋予产品以"家"的温情，然后以亲情、爱情等感性诉求文案推介产品。例如，方太抽油烟机的文案将产品与外婆的饭相关联，"食物的滋味，能让我们感知彼此的温度；美好的关系，赋予食物妙不可言的美味"，如图 12-29 所示。

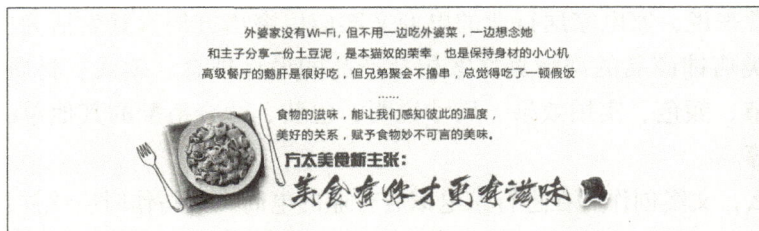

图 12-29　家电家居行业电商文案写作案例三

## （三）将产品功能与消费者需求结合

家电家居类产品以给消费者提升生活品质为目标，不同的产品所具备的功能也不尽相同，文案创作者在撰写文案时可以尝试将产品的主要功能与消费者的需求结合起来进行创作。

图 12-30 所示为某款除螨仪的文案，该文案一方面介绍了产品具备的四大特征，即轻便、干爽、安全感和洁净；另一方面，将这四大功能与女性用户使用除螨仪的需求相匹配，让人读后觉得这款产品所具备的特征恰好可以满足自己的需求。

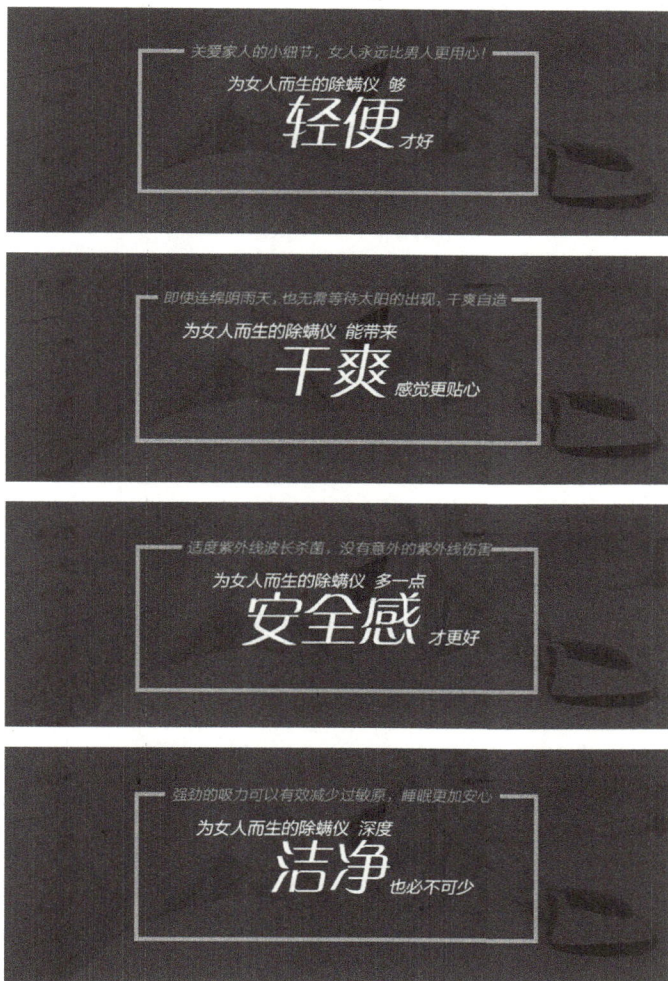

关爱家人的小细节，女人永远比男人更用心！

为女人而生的除螨仪 够

# 轻便 才好

即使连绵阴雨天，也无需等待太阳的出现，干爽自造

为女人而生的除螨仪 能带来

# 干爽 感觉更贴心

适度紫外线波长杀菌，没有意外的紫外线伤害

为女人而生的除螨仪 多一点

# 安全感 才更好

强劲的吸力可以有效减少过敏原，睡眠更加安心

为女人而生的除螨仪 深度

# 洁净 也必不可少

图 12-30　家电家居行业电商文案写作案例四

小狗除螨仪

她，为家渐渐褪去了粉色的青春

你只需负责貌美如花，我负责除螨净家

为女人而生 床褥专用除螨仪

关爱家人的小细节，女人永远比男人更用心

为女人而生的除螨仪 够轻便才好

对女人来说，除螨仪够轻便很重要

猜猜它究竟多轻？

轻巧，净重只有 1.2 kg


即使连绵阴雨天，也无需等待太阳的出现，干爽自造

为女人而生的除螨仪，能带来干爽，感觉更贴心

除螨仪 2 大常用功能：紫外线杀菌和清理脏污

新小狗 Kitty 带来第 3 种功能

热敷除湿　　高温除螨

环境温度和湿度是影响尘螨生长的主要因素

热风除湿　　睡眠安心

底部热排风采用物理加热系统，温度可达 57 ℃，杀灭螨虫的同时，也有效降低床褥的湿度，即使南方梅雨天也可以使床铺保持干爽、无异味，有效地预防螨虫滋生。

适度紫外线波长杀菌，没有意外的紫外线伤害


为女人而生的除螨仪，多一点安全感才更好

压感式防紫外线泄露设计

反应速度更快更安全

机械式滚轮设计，使用时只要离开被清洁物体，滚轮便会自动弹起，UV-C 杀菌灯也随之自动关闭；当滚轮被重新按压下去，UV-C 灯又会再次点亮。


强劲的吸力可以有效减少过敏原，睡眠更加安心

为女人而生的除螨仪，深度洁净也必不可少

当我们在床上翻动、变换姿势时，很容易将床垫中潜伏的尘螨尸体、粪便翻腾起来，这些翻腾的尘螨尸体、粪便仅有 0.3 微米大小，在空中至少会停留 30 分钟，可以很容易地被人体吸入。


再如，某款家用蒸汽挂烫机的文案如下。

"新品首发！唯品专供！全新升级版锅胆，蒸汽强劲且稳定！通透熨衣帘，熨衣不湿衣！脚踏开关＋收线，省掉弯腰和电线裸露烦恼！华光，给你不一样的熨烫体验！"

这也是将产品的特点与带给消费者的好处结合在一起进行阐述的文案，其实现转化的效果很好。

（四）用数据说话，有理有据

家电家居行业常常使用具体的数据来表达产品的功能。例如，某款家用扫地机器人的文案为："我们花 25 年时间，让清洁变得简单，每天给您 1 小时自由，让生活多彩起来。"该文案用"25 年时间"表达商家的历史悠久，用"1 小时的自由"直接展现产品带给消费者的好处。

再如，科龙空调的文案如下。

1. 你喜欢的一级能效变频，现在更省电
更高的 ARF 值
ARF 能效等级是衡量空调是否省电的核心指标之一，科龙空调的 ARF 值高达 4.74，远高于国家一级能效标准 4.5，节能省电，用数据说话。
2. 你喜欢的一级能效变频，现在更急速
夏天，从大汗淋漓到凉爽舒适，换件衣服的工夫，家里就凉了。
急速制冷，凉爽不等待！
超大循环风量，有效缩短制冷制热时间
3. 你喜欢的一级能效变频，现在更健康
空调会洗澡，室内室外机一键双清洁
FC 自动清洁技术，轻轻一按，即享洁净如新的空调
拒绝回南天，自然风除湿
科龙空调自然风除湿技术，除湿不降温，轻松应对梅雨等潮湿天气。有效避免因除湿带来的温度下降，除湿时忽冷忽热，老人、小孩不舒适的情况。
1.5 L/h 的超大除湿能力（35 机）
（注 1.5L 水可灌满 3 瓶容量为 500 mL 的矿泉水瓶）

文案中用一系列的数字、专业术语，有理有据地阐述了产品的各项功能特点。

## 七、医疗保健行业的电商文案写作

受人口老龄化加剧、居民健康消费意识提升、政策红利等因素影响，中国医疗保健产业发展潜力巨大。医疗、医药产业由于其产品的特殊性，在网上进行销售时有特殊要求。总体而言，医疗保健行业利用互联网为消费者提供了更便捷、贴心的物流服务。

医疗保健行业的主要目标消费群体为老年人，但医疗保健行业的特殊性使产品的使用者与购买者分为两类人，在网上进行医疗保健产品购买的仍以年轻人居多。

通常来说，医疗保健店铺商品的详情页文案包括医疗保健品的功效、成分、商品细节、服用方法、包装、适合搭配的其他单品的链接及介绍等。

那么，文案创作者在进行医疗保健行业的电商文案写作时应该注意哪些问题呢？

### （一）明确产品带给消费者的益处

医疗保健类产品与其他产品一样，消费者购买商品是希望获得产品的功效，因此文案创作者在撰写文案时不妨直接点明商品能带给消费者的好处，如某款保健商品的文案如下。

> 易生美 YISHENGMEI 天然维生素 E 软胶囊
> 恭喜你赶上了
> 美丽嫩白 美得自然
> 推荐买两瓶 搭配 VC 养颜事半功倍
> 要天然 不要妆 唤活你的肌肤
> 青春可以留住 美丽怎能错过
> 年轻，因为爱的滋养；美丽，在于用心珍惜
> 易生美天然维生素 E 软胶囊，懂得肌肤的本源需要，更贴女人心
> 内外兼修美丽 DIY
> 内调外养
> 美，就是这么简单

这则文案明确指出了这款商品能给消费者带来的好处，让用户可以直接产

生购买欲望。

## （二）突出产品品质

医疗保健类产品，尤其是中药滋补性药品，往往通过突出产品品质的方式进行商品的推广。例如，下面两个文案分别从商品的原料成分、制作工艺、成品质量等角度出发对商品进行描述，体现出了产品的优质品质，进而吸引消费者购买。

滋补在于春 "值"选鹤年堂
"值"选1：地道药材选料·无好料，不成膏
"值"选2：正宗配方熬制·6代传承经典古方
精心挑选：传统煎膏制备，精致雪梨膏，保证品质
　　　　　雪梨膏为鹤年堂精心挑选材料熬制，气香，味甜
熬制生成：雪梨膏为鹤年堂传统配方
口感细腻：味道芳香，色泽透亮。经传承熬制，无杂质
色泽透亮：经传承熬制，纯度高，性状稠厚
　　　　　本品精选药食两用的优质原料，经煮制、打浆、过滤、混合、
　　　　　灭菌、分装等加工工艺制成

图12-31所示为鹤年堂雪梨膏的电商文案。

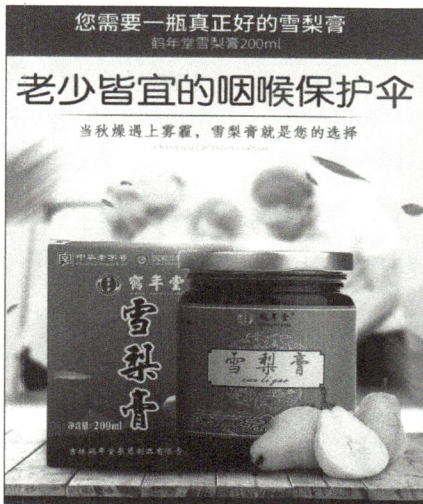

图12-31　医疗保健行业电商文案写作案例一

"纯正好阿胶是怎样炼成的？"是东阿阿胶的电商文案标题，具体文案内容如下。

### 纯正好阿胶是怎样炼成的？

三大原则，缺一不可

01　采用原生态驴皮炼制

东阿阿胶拥有国家级黑毛驴繁育中心，20个自建生态养驴基地。

每头毛驴均有唯一的身份证，全程可追溯，

每一盒均通过 DNA+ 特征肽检测双重保障，从源头确保产品质量和效果。

02　采用东阿深层地下水

东阿水，是泰山、太行山两山山脉交汇的地下潜流，

富含 20 多种矿物质和微量元素，比重高达 1.0038，

此水熬胶，驴皮中的胶质与杂质易于分离，胶质纯正，有助滋补功效发挥。

03　国家非物质文化遗产传承人技艺

东阿阿胶是国家非物质文化遗产，传承 3 000 年纯手工晾胶、擦胶工艺，

99 道工序，842 项关键工艺控制点，确保产品原生态、易吸收、效果好。

上述文案从三个层面"原生态驴皮""深层地下水""熬制工艺"阐述了商品的优良制作流程，以此表现产品的优质品质。

### （三）关爱促成商品的购买

关爱家人身体健康，以感情诉求式文案促成产品的销售，也是医疗保健产品进行推介的常用方式。例如，龙牡壮骨颗粒的文案（见图 12-32），"小时候，妈妈给我用龙牡壮骨颗粒，让我赢在起跑线上！今天，我给宝宝用金装龙牡壮骨颗粒，不止是补钙，更是让爱传承！"该文案主打亲情牌，将产品赋予了一种"爱的传承"的精神内涵，让消费者在感动之余进行购买。

### （四）产品说明书要严谨

按照规定，医疗保健类产品在电商平台进行销售时必须要将产品说明书等信息内容公开展示。药物类产品说明书的撰写虽然有一定的规律可循，具有模板化的特点，但在撰写时也一定要注意真实、严谨、易懂，不能有任何差错。图 12-33 所示为龙牡壮骨颗粒说明书文案。

图 12-32　医疗保健行业电商文案
　　　　　写作案例二

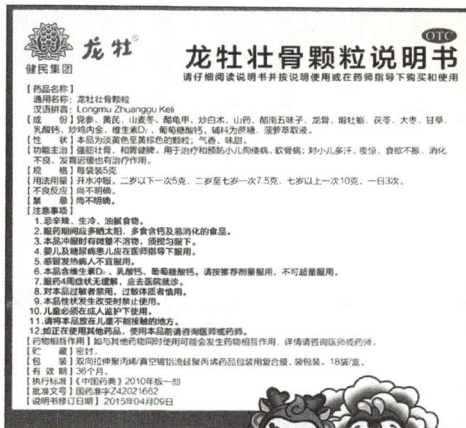

图 12-33　医疗保健行业电商文案
　　　　　写作案例三

## 八、其他行业的电商文案写作案例剖析

　　除了上述七类常见行业外，越来越多的行业也纷纷进军电子商务进行品牌运营推广。下面我们剖析几个其他行业的电商文集经典案例，以供读者参考借鉴。

### （一）图书——《宝宝的第一本书》

　　由读库出品的《宝宝的第一本书》是一套针对婴幼儿的图书。下面这篇文案介绍了这本书的情况，其中包括这本书的内容、印刷制作水平、国外读者评价等。其合理的逻辑顺序，真挚的文字，很容易吸引读者的注意。

　　这套纸板书全七册，是给初识世界的孩子最美的礼物。

　　1234567，ABCDEFG，红橙黄绿蓝靛紫……每个孩子都从这些最基本的元素开始认识缤纷世界。这套幼儿纸板书，可以让宝宝完成与知识、与万物、与书籍的第一次"亲密接触"。来自英国设计师简·福斯特的《宝宝的第一本书》，就是这样一件美好的"初物"。

　　《宝宝的第一本书》包含《123》《ABC》《黑与白》《认出颜色》《叫出名字》《小老虎学图形》《小棕熊认色彩》七册，让宝宝们开始学着数数，认识字母，了解物体的名称，辨识简单的颜色和图形，非常适合家长和 3 岁以下的孩子一起阅读。

读小库的这一套中文版，完全由印制英文版的印厂加工制作，与外版并无二致。

在国外，《123》《ABC》是每个有新生孩子的家庭必备的认知启蒙书，在美国亚马逊上有很多家长表示，这是他们见过的最棒的认知入门书，改变了他们对启蒙读物的认识。

这是我六个月宝宝最喜欢的一套书了，宝宝只要看到它，就要伸手翻一翻。他尤其喜欢里面的猫和狮子，书里的每一个形象都能很快吸引他的注意力。我有不少 ABC 书，但这本是我们的最爱，就因为它有独一无二、醒目的设计。

——Kalliecakes

我的宝宝两岁多一点，正在学着说多音节的词和稍复杂的读音，这套书再适合不过了，粗线条勾勒出的画，形象又可爱。我们给他读了两天之后，他就能自己读给我们听了。

——L. McLeod

我的孩子十五个月大，他最喜欢的是《黑与白》，一遍遍地让我读，他自己也读。书上的动物很形象，与真实的动物很相像。

——Isaiah J. Talley

国外知名绘本评论人 Sarah Yewma 在她的绘本博客上评论道：柔和的背景色，配上活泼生动的形象，使这套书的视觉效果惊人。简·福斯特的设计辨识度极高、设计感十足，可以吸引任何人的目光。成年人激赏它的设计，孩子们也对它爱不释手。

## （二）文具——钢笔

下面这个案例是某淘宝店铺在推出一款自制钢笔时发布的文案。在这个文案中，文案创作者将铅笔的研发、制作、售卖的过程用文字记录下来。

细麦，作为我们第一款自主调教的定制钢笔，让我们在研发调教及生产过程中获得了不少的经验，也让我们认识到了国内的钢笔生产水平并非传闻中的那么不堪，甚至还能找到一些令人为之鼓舞的闪光点。

时间回到 2016 年的 4 月，我们在开发细麦的同时也在考虑研发另一款产品，其产品理念是"各方面均适合入门级用户"，这里的"适合"是指这支钢笔的受众是对价格、书写、外观都比较敏感，但又想体验钢笔书写的入门用户。

经历了无数个不眠夜，我们理清了思路："价格不超过20元""外观不能吃藕""包装简洁环保""必须适合日常书写""供墨性能稳定""手感舒适""每支均手工筛选"。

同时我们也发现要满足以上的外观及书写要求，开发一款新品所带来的成本将无法满足"价格不超过 20 元"这个前提条件，从现有产品改进更加符合现实需求。

所以这一次我们决定当钢笔界的 AMG，同时我想告诉大家，只要用心做，国产钢笔并不是"腊鸭"！

在选品阶段，首先我们想到了大家喜闻乐见的 616，这是一支毁誉参半的钢笔。

10 多块的零售价格，经典的造型加上软硬适中的棉滑写感，几乎没有对手。但是，想要体验到这个写感的前提是你拥有过人的运气。

根据小编上手不下 100 支 616 的经验来判断，616 的正确购买姿势应该是一盒 10 支买，取最好写的那支，而总体成本是近 100 元！

放下 616，我却瞥见了旁边的 JH-911，它的名声也许不够响亮，但它也许还有"机会"。

书写上，JH-911 虽然没有特挑版 616 的温柔棉滑，却多了一份阳刚简练，全钢的外壳也让这支笔的性价比更加凸显，尽管外观并没有打破暗尖钢笔的常规（喜欢致敬派克 51），却也更加保险，至少不会丑，甚至还能拿得出手。

但它离我们心目中"20 元内好钢笔"的目标，还有很长一段路要走。供墨诡异、缩尖、笔尖有残料、笔身容易断裂，上墨器做工极其粗糙……但败家作为一只磨人的小妖精，厂家愿意让我们烦，我们就有信心把它打磨成理想中的钢笔。

确定以 JH-911 为重制目标后，我们开始联系厂家，得到的答案却是 JH-911 已经停产，重启生产线的订货数量惊人。为了让厂家重启生产线并答应我们各种"苛刻"的产品改进要求，我们提高订货价格并且同意厂家把部分改进成果运用到他们的旧产品 JH-911 上。

终于厂家被我们拉进了车轮战：各种反复，换材料，调试，打样，再调试，再打样，从重构到试产，足足经历了 4 个月。

过程烦躁，结果喜人，产品脱胎换骨，我们将其命名为 THYER。塞尔，名字灵感来源于中世纪的骑士，身披银甲，忠诚善战。

与旧款 JH-911 相比，我们改进了以下几点。

1. THYER 更换了全新的笔舌及供墨系统，提高供墨稳定性，减少飞白及断墨的概率。为适应新总成，笔尖做了细调，铱粒打磨之后出水约 0.45mm，非常适合中文日常书写。

2. THYER 笔壳螺纹口更换成金属链接件，完美解决 JH-911 容易断裂的问题，同时金属件自身重量可以使笔的重心更加靠近握手位置，避免了因为金属笔杆塑料笔握造成的发飘现象。

3. 上墨器更换成金属旋转上墨器，上墨容量及体验大大提升，配合败家实验室挤墨器可以实现满墨。

4. 最重要的一个步骤，每支 THYER 都经过我们败家研发部老师傅的亲手检查调整，点红墨水，八方＋弧线测试，不合格即弃。

5. 每一支经过败家研发部筛选过的 THYER 均刻有败家实验室专属标志。

……

最后，我们做这支笔的初衷是希望能找到一支 20 元以内的国产好钢笔，所以我们兑现承诺，将其定价为 19.8 元。

目前教育部出台了《中小学书法教育指导纲要》，要求将书法教育纳入中小学教学体系，学生将分年龄、分阶段修习硬笔和毛笔书法——小学生从三年级开始学习使用钢笔，能用钢笔熟练地书写正楷字；同时还要学习用毛笔临摹楷书字帖，学会楷书基本笔画的写法。

我们认为这是足以让国人欢欣鼓舞的事情，真心希望在这个全民数码化的时代，大家能偶尔放下装着各种社交软件的移动设备，放下不刷朋友圈不舒服的心，拿起笔，写写我们拥有几千年历史积淀的汉字，毕竟这才是我们的传统，这才是属于我们中华文明的符号。

这篇文案很长，却能吸引读者耐心地读下去。这篇文案前半篇将产品的研发、制作、售卖的过程用文字记录下来，后半篇将产品与其他同类产品进行了比较，最后又上升到汉字书写、中华文明符号的高度，可谓全篇都是干货。

这种用讲故事的方式介绍产品的文案很容易吸引消费者的注意力，使其愿意阅读。同时这种认真进行比较评测的文案，诚意十足，很容易击中消费者内心，促成购买。